ESG,
한 권에 담았다

ESG 전문가의 핵심 강의

ESG 공시부터 인증, 보고서 작성과 평가까지
초심자와 실무진 모두를 만족시키는 ESG 종합서

KICPA 한국공인회계사회

기업 경영의 새로운 패러다임, ESG

최근 기업 경영의 최대 화두는 단연 ESG일 것입니다. 이해관계자 자본주의의 확산으로 ESG의 중요성이 날로 확대되고 있습니다. 이제 기업은 재무 이익 극대화라는 전통적인 역할에서 벗어나 ESG 등 비재무적 성과까지 고려하여 경영활동을 수행해야 하는 새로운 환경을 마주했습니다.

초기의 ESG 활동은 주로 사회공헌 차원에서 이루어졌습니다. 기업들은 기부나 봉사활동을 통해 이해관계자들의 사회적 기대에 부응하면서 착한 기업이라는 이미지를 구축하고자 노력했습니다. 그러나 ESG는 착한 기업이 되기 위한 활동만이 아닙니다. 기업의 가치로 연결되는 ESG는 이제 생존을 위한 기업의 필수 활동이 되었습니다.

ESG 경영에 대한 요구가 증대되면서 정보공개에 대한 목소리도 커지고 있습니다. 국제 흐름에 발맞추어 우리나라에서도 지속가능성보고서 공시가 2025년부터 단계적으로 의무화될 예정이며 IFRS 재단 산하의 ISSB가 제정을 추진 중인 지속가능성공시기준이 향후 국제 표준이 될 것으로 예상됩니다.

지속가능성 관련 정보의 신뢰성을 높이기 위해서는 공시된 정보에 대한 인증도 반드시 필요하다는 인식 또한 대세가 되었습니다.

기업에게 ESG는 동전의 양면과도 같아 역량을 잘 갖춘 기업에는 사업을 확장할 수 있는 기회가, 그렇지 않은 기업에는 생존을 위협하는 위험요인이 됩니다. ESG 이슈에 대한 철저한 대비와 역량 강화가 반드시 필요한 이유가 여기에 있습니다.

정보 공시/보고, 가치평가, 인증 등 분야의 명실상부한 전문가인 공인회계사들은 ESG 경영 컨설팅과 지속가능성보고서 작성 및 인증 분야에서 활동 폭을 넓히고 있으며 주요국 사례에서와 같이 우리나라에서도 공인회계사들이 탁월한 전문성과 윤리성을 바탕으로 ESG 관련 분야에서 핵심적인 역할을 해야 한다는 사회적 기대는 앞으로 더욱 커질 것입니다.

이러한 움직임에 발맞추어 한국공인회계사회는 비재무정보 인증업무기준 개정, ESG 아카데미 운영, ESG 인증포럼 개최, ESG 안내서 발간 등 ESG와 관련된 다양한 사업을 선제적으로 실행하고 있습니다.

특히 이번에 발간하는 'ESG, 한 권에 담았다-ESG 전문가의 핵심 강의'는 2021년 9월 출간한 'ESG 바로보기-경영진을 위한 ESG 안내서'와 함께 공인회계사들의 전문지식을 일반 대중과 공유하기 위한 사회공헌 활동의 일환입니다. 'ESG 바로보기-경영진을 위한 ESG 안내서'가 ESG에 대해 궁금증을 가진 경영진과 일반인에게 초점을 맞춘 입문서라면, 'ESG, 한 권에 담았다 – ESG 전문가의 핵심 강의'는 ESG 업무를 담당하는 실무진은 물론 보다 깊이 있는 내용에 목말라하는 일반 독자들에게 ESG 공시/보고, 평가, 인증 등 ESG 생태계 전반에 걸친 지식과 노하우를 전달하고자 기획되었습니다. 특히 이 책자는 회계업계 내의 ESG 핵심 인력들로 구성된 'ESG 아카데미' 강사진들이 집필에 직접 참여하여 전문적이고 심도 있는 내용을 담아냈다는 점에서 의미가 깊습니다. 본회는 앞으로도 공인회계사들이 쌓은 전문 지식을 사회에 전달하는 지식공유·상생 플랫폼 구축을 위해 계속 노력하겠습니다.

이 책자는 총 6장으로 구성되어 있습니다. 1장 'ESG 동향'은 ESG 국내외 동향과 국제지속가능성 공시기준에 대해 다루고 있습니다. 2장 '기후변화'는 TCFD, CDP 등 기후 관련 보고 동향 및 기준에 대한 내용을 담고 있습니다. 3장 'ESG 정보 공시/보고 및 인증'에서는 IR프레임워크, SASB, GRI 등의 공시/보고 기준과 ESG 정보 인증에 대해 살펴보았습니다. 4장 '지속가능금융'은 지속가능금융과 ESG 채권/펀드 인증을, 5장 'ESG 평가'는 ESG 모범규준과 국내외 ESG 평가지표에 대한 유익한 내용을 담았습니다. 끝으로 6장 'ESG 관련 회계 및 세무'에서는 ESG와 관련된 실무적인 회계 및 세무 이슈를 꼼꼼하게 점검하였습니다.

이 책자의 발간을 위해 전문가의 식견을 아낌없이 담아 주신 집필진, 완성도를 높이기 위해 유익한 조언을 해주신 자문위원과 본회의 ESG연구·국제팀 구성원께 한국공인회계사회를 대표하여 회장으로서 감사의 마음을 전합니다.

지금 우리는 모두 ESG가 일으킨 기업 경영 패러다임 전환의 한가운데 서 있습니다. 이 책이 독자 여러분이 나아가야 할 길을 환하게 밝혀주는 길잡이가 되었으면 하는 바람입니다.

감사합니다.

2022년 12월

한국공인회계사회 회장 김영식

1장 ESG 동향

Environmental | Social | Governance

2장 기후변화

3장 ESG 정보 공시/보고 및 인증

3-7 ESG 정보 인증 136

4장 지속가능금융

5장 ESG 평가

Environmental | Social | Governance

6장 ESG 관련 회계 및 세무

Environmental | Social | Governance

1

ESG 동향

1-1
국내외 ESG 동향

1. ESG 관련 국제기구들의 활동 및 협정

기업을 둘러싼 환경은 언제나 변한다. 그러나 2008년 글로벌 금융위기 이후부터 최근까지의 변화는 이전과 비교할 수 없을 정도로 숨 가쁘게 전개되고 있다. 특히 지속가능한 사회에 대한 다양한 이해관계자들의 요구가 급증함에 따라, 국제적 차원에서 시작된 지속가능한 발전을 위한 움직임이 국가 단위, 지역 단위, 산업 단위에 이어 이제는 개별 기업 단위로 빠르게 확산되고 있다.

지속가능한 발전을 위한 국제 협정들은 최근 10여 년 동안 꾸준히 체결되었다. 그중 유엔 지속가능발전목표(UN Sustainable Development Goals, 이하 UN SDGs)[1]와 파리협정(Paris Agreement)[2]이 대표적이다. 제70차 유엔 총회에서 결의한 UN SDGs는 지속가능한 발전을 위한 다양한 주제를 다루는 국제적 의제이다. 지속가능한 발전의 이념을 실현하기 위해 설정한 인류 공동의 17개 목표를 2030년까지 달성하기 위해 국제 사회의 참여를 독려하고 있다.

지속가능한 발전을 위한 사안은 매우 다양하다. 이 중에서 환경 문제, 특히 기후변화 관련 사안은 범지구적인 최우선 주제로 여겨진다. 파리협정은 지구의 평균기온 상승을 산업화 대비 1.5°C 이하로 제한하는 것을 목표로 하고 있다.

특히 2021년 11월에 개최된 제26차 유엔기후변화협약 당사국총회(COP26)에서는 파리협정의 본격적 이행 방법을 논의하였다. 석탄을 직접적으로 명시하는 문구(석탄발전의 축소)를 포함시켰고 협정 제6조(국제 탄소시장 메커니즘)에 대한 세부 이행지침을 도출하여 파리협정 이행규칙(Paris Rulebook)을 모두 완성하였다.

이와 같은 지속가능한 발전을 위한 국제 협정들은 지역이나 국가 단위로 제도화되어 다양한 정책에 반영되고 있다. 유럽연합은 지속가능금융 행동계획(Action Plan on Financing Sustainable Growth)[3]을 제정하였고, 영국은 확장된 주주가치(Enlightened Shareholder Value)[4], 일본은 지

1 2015년 9월에 결의되었다.

2 기후변화에 대응하기 위한 전(全)지구적 협정이다. 2015년 12월에 195개국이 채택하였다.

3 지속가능금융의 법·제도적 기반 환경 구축, 금융위험 관리 개선, 금융시장 관행개선 등 3개 부문의 10개 항목으로 구성되어 있다(이상현, 2022).

4 궁극적으로 주주가치는 이해관계자의 이익까지 포함해야 한다는 개념이다.

속가능한 국부창출을 위한 투자자와 기업들의 협력을 제도화하고 있다. 우리나라도 지속가능성 관련 국제 협정을 달성하기 위한 국가 정책을 수립하고 지속가능발전기본법, 저탄소녹색성장기본법 등의 법령을 제정하였다.

최근 지속가능한 발전을 위한 추세는 산업 단위[5]를 넘어 개별 기업 단위의 대응이 필요한 단계로 옮겨가고 있다. 기업들은 국제 사회의 움직임에 발맞추기 위해 전통적인 재무적 가치 관점의 시각에서 벗어나 확대된 관점으로 기업 가치 전반을 조망하며 경영 활동을 수행하고 있다. 즉, 장기적인 관점에서 기업 환경을 바라보며 환경 및 사회적 책임을 기반으로 지속가능한 발전을 추구하는 지속가능경영체계를 구축하고 있다.

동시에 지속가능경영 패러다임을 올바르게 구축하고 이를 관리 및 감독하기 위한 정보 공시 체계에도 기업을 포함한 수많은 이해관계자들의 관심이 집중되고 있다. 기후변화에 대한 대응 등 전반적인 지속가능성 관련 사안에 관한 기업의 움직임을 관리, 감독, 평가하기 위해서는 적절한 정보의 산출이 필요하다. 이는 특히 경영 활동을 기반으로 기업을 평가하고자 하는 주요 이해관계자들에게 매우 중요한 과제로 대두되고 있다.

2. ESG 공시 관련 법률 및 제도

많은 사람들은 충분한 효익을 가져다준다면 기업은 지속가능성 관련 정보를 스스로 공시할 것이라고 믿었다. 실제로 대다수 기업에 의해 산출되는 지속가능성 관련 정보는 보통 자발적 공시 형태를 보여 왔다. 국제회계사연맹(International Federation of Accountants, IFAC)에서 전 세계 22개국의 시가총액 50대 또는 100대 기업을 조사한 바에 따르면 조사대상 기업의 92%가 지속가능성보고서를 발간하고 있다(국제회계사연맹, 2021b). 우리나라도 코스닥, 유가증권시장 상장사와 일부 비상장사를 대상으로 조사한 결과, 총 179개 기업이 지속가능성보고서를 발간하고 있다(고정연, 2022).

그러나 이와 같은 자발적 공시체계에서는 양질의 정보가 산출되기 어렵다는 한계와 더불어 기업이 자사에 유리한 정보만 선택적으로 공시할 수 있다는 문제점이 존재한다. 뿐만 아니라 국제적인 지속가능성 관련 정보 요구 추세에 발 빠르게 대응하기도 힘들다. 따라서 새로운 공시 체계가 필요

5 산업 단위에서도 국제적 동향과 국가적 움직임에 대응하기 위해 생물약제학 지속가능성 원탁회의(Biopharma Sustainability Roundtable), 코스메틱 유럽(Cosmetic Europe), 지속가능한 개발 추진(Driving Sustainable Development)과 같은 자발적인 이니셔티브를 구성하고 있다.

한데, 이를 위해 지속가능성 관련 공시 의무 법안의 국가별 제정이 고품질 정보 공시를 위한 핵심 수단이 될 것이라는 의견이 지배적이다. 이에 따라 각국 정부는 ESG 공시와 관련된 정책과 규정을 적극 제도화하고 있다.

유럽연합이 가장 선도적인 행보를 보이고 있다. 2018년 1월에 시행된 비재무보고지침(Non-Financial Reporting Directive, Directive 2014/95/EU, 이하 NFRD)이 대표적이다. 당시 NFRD는 유럽 내 임직원 500인 이상인 상장 대기업 등을 대상으로 전 세계에서 가장 엄격한 수준의 ESG 종합 정보 공시를 요구하였다. NFRD는 유럽 내 상장회사, 은행, 보험회사, 회원국 정부가 공익 실체로 지정한 기업을 대상으로 환경 보호, 임직원의 사회적 책임과 처우, 인권 존중, 부패 방지 및 뇌물 수수, 이사회의 다양성(연령, 성별, 교육 및 직업적 배경)과 관련된 각종 정책에 대한 공시를 요구했다.

그런데 NFRD는 기업의 재량권이 높아 국가별로 이를 해석하고 구현하는 과정에서 비교 가능성이 낮다는 문제가 제기되는 등 효과성에 대한 우려가 지속되어왔다.[6] 더욱이 '비재무보고지침(NFRD)'이라는 명칭부터 재무정보와는 큰 관련이 없을 것이라는 오해를 일으킬 소지도 있었다. 이러한 문제점들을 해소하고자 '비재무' 대신 '지속가능성보고'라는 용어를 사용해 NFRD의 개정안인 기업지속가능성보고지침(Corporate Sustainability Reporting Directive, 이하 CSRD)이 만들어졌으며, 추가로 별도의 보고기준을 제정하여 적용할 예정이다.

CSRD의 보고기준으로 활용될 유럽연합지속가능성보고기준(EU Sustainability Reporting Standards, ESRS)은 유럽재무보고자문그룹(European Financial Reporting Advisory Group, EFRAG)에 의해 개발되고 있으며, 2023년 6월에 그중 첫 번째 기준이 제정될 예정이다. CSRD는 지속가능성정보에 대한 의무공시대상의 확대와, 2024 회계연도부터 유럽연합 지속가능보고기준에 의거한 지속가능성 정보 공시 및 인증(제한적 확신 수준부터)의 의무화 등을 주요 내용으로 하고 있다. 직원이 250명 이상이거나 총자산이 2천만 유로를 초과하거나 순매출액이 4천만 유로를 초과하는 대기업은 2025회계연도부터, 상장 중소기업 등에는 2026회계연도부터 지속가능성 정보 공시 의무가 부여되며 중소기업에는 2년간의 유예기간이 허용된다. 이로 인해 의무공시대상 기업은 기존 NFRD 적용 시 11,600개사에서 CSRD 적용 시 50,000개사로 증가할 것으로 예상된다(유럽의회, 2022).

미국의 경우에는 증권거래위원회(Securities and Exchange Commission, SEC) 산하에 ESG 기후변화 TF가 설치되었으며, ESG 공시 및 단순화법(ESG Disclosure and Simplification Act)이 2021년 5월 하원을 통과했다. 이후 증권거래위원회는 2022년 3월 기후공시 의무화 규정안(이하

6 NFRD 공개협의회의 설문조사에 따르면 NFRD 정보 이용에 있어 큰 제약으로 비교 가능성을 언급한 비중이 약 84%로 가장 높게 나타났다.

증권거래위원회 공시 규정안)을 발표했는데, 이 규정안이 온실가스 배출량을 스코프 3까지 공시하고 공시 정보에 대한 인증도 의무화하고 있다는 점을 주목할 필요가 있다.

스코프 1, 2, 3 온실가스 배출량의 정의

영역	정의	대상
스코프 1 (직접 배출)	기업이 소유하거나 통제하는 배출원에서 발생하는 직접 온실가스 배출량	보일러, 화로, 터빈, 운송수단, 소각로, 온실가스 발생 화학 공정
스코프 2 (간접 배출)	기업이 구매한 전기, 열 또는 스팀에서 발생하는 간접 온실가스 배출량	구입하거나 다른 경로를 통해 기업의 조직적인 경계로 들어온 전기와 스팀
스코프 3 (기타 간접 배출)	가치사슬 내에서 발생한 스코프 2 배출량 외의 간접 배출량(업스트림[1)]과 다운스트림[2)] 배출량을 모두 포함)	구매 제품 및 서비스, 자본재, 연료/에너지 관련 활동, 운송 및 유통, 사업장 발생 폐기물, 임직원 출장/통근, 임차·임대 자산, 판매 제품 공정/사용 폐기, 프랜차이즈 자산, 투자자산 등

1) 업스트림 공급망은 원자재 조달에서 제조까지의 공급망을 뜻한다.
2) 다운스트림 공급망은 제품 생산 후 운송과 유통 등의 공급망을 뜻한다.

출처: IFRS재단(2022f), 저자 재구성

미국 증권거래위원회 기후 공시 의무화 규정 초안 요약

유형	공시 의무화 시기	
	스코프 1, 2	스코프 3
상장대기업	2023 회계연도	2024 회계연도
상장중소기업	2024 회계연도	2025 회계연도
소규모보고기업	2025 회계연도	면제

유형	스코프 1, 2 공시 시기	제한적 확신	합리적 확신
상장대기업	2023 회계연도	2024 회계연도	2026 회계연도
상장중소기업	2024 회계연도	2025 회계연도	2027 회계연도

출처: 미국 증권거래위원회(2022)

일본은 금융청과 도쿄증권거래소에서 기업지배구조지침 개정을 통해 인재 다양성 확보 방침 및 지속가능성에 대한 지배구조 공시 의무화를 진행하고 있다.

국내에서도 여러 관련기관들이 ESG 공시 관련 정책들을 발표하고 있다. 2021년 1월 금융위원회는 '기업공시제도 종합 개선방안'을 발표하여 2030년까지 국내 유가증권시장 상장사의 지속가능경영보고 의무화를 단계적으로 추진할 것을 공식화했다.

ESG 공시에 대한 단계적 의무화 방안

1단계(~2025년)		2단계(2025~2030년)		3단계(2030년~)
ESG 가이던스 제시 자율공시 활성화	▶	일정 규모 이상 기업 의무공시	▶	전(全) 유가증권시장 상장사 의무공시

기업지배구조보고서 공시 의무화 단계별 확대 방안

적용시기	2019년	2022년	2024년	2026년
자산 총액	2조 원 이상	1조 원 이상	5천억 원 이상	전(全) 유가증권시장 상장사

출처: 금융위원회(2021)

뒤이어 한국거래소에서 ESG 정보공개 가이던스[7]를, 탄소중립위원회에서는 2050 탄소중립 시나리오[8]와 2030 국가 온실가스 감축목표(Nationally Determined Contribution, NDC)[9]를 발표했다. 또한 금융위원회, 환경부, 기획재정부로 구성된 녹색금융 추진TF에서는 2020년 12월 녹색채권 가이드라인을 발간하는 등의 활동을 전개하고 있다.

한편 환경부는 2021년 12월 한국형 녹색분류체계(K-Taxonomy)를 발표, 2022년부터 자산 총액 2조 원 이상인 상장법인은 환경정보공개시스템에 환경정보를 공개하도록 했다. 이처럼 우리 정부도 ESG 활성화를 위해 다양한 활동을 전개하고 있다.

3. 투자자들의 ESG 정보 요구 증대

ESG 정보 공시는 오래 전에 시작되었지만 그동안 기업들의 실질적 참여는 저조했던 것이 사실이다. 하지만 최근 기업들의 적극적인 참여와 국가별 공시제도 구축을 위한 움직임이 활발해지고 있다. 다양한 원인 중에서 자본시장 참여자인 투자자들의 적극적인 정보 요구가 이와 같은 변화를 이끌고 있다는 의견이 지배적이다.

7 기업과 투자자의 지속가능경영에 대한 인식을 제고하고, ESG 정보공개의 확대를 통해 지속가능 투자 문화의 활성화를 유도하며, 기업이 자율적으로 지속가능경영보고서, 지속가능성보고서, 통합보고서 등의 이름으로 ESG 정보를 공개하는 경우 이를 위한 기본원칙 등에 대한 가이드를 제공하는 것을 그 목적으로 한다(삼일회계법인, 2021a).

8 시나리오는 2개 안이 있으며 두 가지 모두 국내 순배출량 0을 목표로 하고 있다. A안은 화력발전을 전면 중단하는 반면, B안은 화력발전이 일부 잔존하는 대신 CCUS(탄소포집·활용·저장) 기술 등을 적극 활용하는 방안이다.

9 2021년 10월 27일 국무회의에서 최종 확정되었다. 2030년까지 2018년 온실가스 배출량 대비 40% 감축을 목표로 하고 있다.

파리협정 이후 각국은 온도 상승 폭을 1.5°C 이하로 제한하기 위해 노력하고 있다. 현재 탄소가격 조정제도[10]를 도입한 국가들이 전 세계 연간 탄소 배출량의 20% 이상을 규제하고 있다. 이러한 저탄소 경제로의 전환 과정은 기업의 수입 감소뿐만 아니라 투자자의 장기적 수익률에 직접적인 영향을 미칠 가능성이 높다. 특히 2008년 전 세계적 금융위기 이후 기업의 지배구조에 대한 관심이 증대하였는데, 이는 기후변화 관련 사안을 포함한 각종 위험 및 기회에 대한 투명한 정보 요구로 이어졌다.

이와 같은 요구에 부응하기 위해 금융안정위원회(Financial Stability Board, FSB)[11]는 2015년 12월 기후변화와 관련된 재무정보 공시를 위한 태스크포스(Task force on Climate-related Financial Disclosures, 이하 TCFD)를 설립하였다. 이해관계자들이 더 풍부하고 정확한 정보에 입각해 투자의사결정을 할 수 있도록 돕고, 기후 관련 위험 및 기회에 대응하는 기업의 활동을 잘 이해할 수 있도록 지원하기 위해서였다. 이후 2017년 6월 TCFD가 'TCFD 권고안 및 적용 지침'을 발표함으로써 많은 기업들은 고품질의 비교 가능한 기후 관련 재무정보를 공시할 수 있게 되었다.

특히 노르웨이 국부펀드를 비롯한 거대 연기금을 중심으로 사회적 책임투자가 활성화됨에 따라 자본시장의 대규모 자금이 ESG 경영을 적극적으로 실천하는 기업으로 유입되고 있다. 세계 3대 연기금 중 하나인 우리나라 국민연금 역시 "2022년까지 책임투자 적용 자산군 규모를 기금 전체의 50% 수준으로 확대할 예정"이라고 밝힌 바 있다.

세계 최대 자산운용사 블랙록(Blackrock)은 2020년 1월 전 세계 CEO들에게 보내는 연례서한에서 기후변화 위험에 대한 대응과 ESG를 투자의사결정의 핵심 요소로 고려할 예정이라고 천명했다. 구체적으로는 지속가능성회계기준위원회(Sustainability Accounting Standards Board, 이하 SASB) 기준 또는 TCFD의 권고안에 기반하여 관련 정보를 공시할 것을 요구하였다.

이러한 투자자들의 ESG 정보 요구는 기업 가치 평가에 있어 ESG가 유용한 정보를 제공한다는 것을 방증한다. 즉, 전통적으로 기업 가치에 영향을 준다고 인식되던 재무적 요소 외에 현재 재무보고 내에 기술되지 않는 ESG 활동이 기업 가치와 유의미한 상관관계를 갖는다는 시장의 믿음이 형성되기 시작한 것이다.

---

10 유럽연합 역내에 물품을 수출할 때 수출국의 탄소배출 비용을 고려하여 유럽연합이 탄소배출량에 따라 관세를 부과하는 제도이다(본서 6-2장 ESG 세무 참조).

11 금융위기 예방 및 대처방안 연구, 국제금융시스템 안정성 강화에 대한 국제 협력 등을 위해 독일연방은행 총재의 제의로 1999년에 설립된 금융안정포럼(Financial Stability Forum)이 모태이다. 당초 G7 국가, 호주 등 12개 회원국 및 IMF, BCBS 등 10개 국제기구로 구성되었으나 2009년 우리나라를 비롯한 12개 국가 및 유럽위원회가 신규 회원국으로 가입하면서 금융안정위원회로 명칭을 개정하였다. 각국 중앙은행, 재무부, 감독기구 등이 회원기관으로 참여하고 있으며 우리나라에서는 한국은행과 금융위원회가 회원기관으로 활동하고 있다(이상현, 2022).

1-2
ISSB 설립과 공시기준 제정 동향

1. ISSB 설립

국가별 감독기구의 규제를 받는 재무정보는 국제적으로 널리 통용되는 고품질의 공용 기준을 활용한다. 반면, 지속가능성 관련 정보는 기업들이 자율적으로 기준을 선택하여 공시한다. 따라서 기업 간 비교가 힘들다. 또한 시간 흐름에 따라 정보를 확인하여야 할 때는 일관성 부족이라는 문제가 발생할 수 있다.

현재 시장에는 다양한 이니셔티브 및 기준이나 체계들이 존재하고 있으며, 같은 기업 안에서도 서로 다른 이니셔티브에 의해 정보를 산출하고 있다. 게다가 기업에게 유리한 정보만 선택해서 공시하거나, 그린워싱[12] 문제도 함께 발생해 정보 산출 과정의 신뢰성이 떨어지고 있는 실정이다.

이에 따라 왜곡된 정보를 토대로 자금 분배를 결정해야 하는 자본시장 참여자들은 오랫동안 불만을 제기해 왔다. 나아가 전 세계적 영향력을 가진 강력한 기준제정기구에 의해 높은 품질의, 투명하며, 신뢰할 수 있고, 비교가능한 ESG 정보에 대한 단일의 기준제정이 이루어져야 한다는 시장의 요구가 지속적으로 증가하였다.

마침내 국제회계기준재단(International Financial Reporting Standards Foundation, 이하 IFRS재단)[13]이 바로 그 역할을 수행할 수 있을 것이라는 데 의견이 모아졌다. 이에 IFRS재단은 IFRS 지속가능성공시기준을 제정할 별도의 위원회 설립과 TCFD, GRI(Global Reporting Initiative), SASB, 국제통합보고위원회(The International Integrated Reporting Committee, 이하 IIRC) 등 기존의 기준제정 전문기구들의 경험과 축적한 지식을 활용하기 위한 협력방안 그리고 국가별 정책과의 일관성 유지를 위한 조율 등을 논의하였다.

이 과정에서 주요 국제기구들의 지지가 이어졌다. 먼저 국제증권감독기구(International Organization of Securities Commissions, IOSCO)와 세계경제포럼(The World Economic Forum, WEF)의

---

12 Greenwashing, 실제로는 친환경적이지 않지만 마치 친환경적인 것처럼 홍보하는 '위장환경주의'를 가리킨다. 예컨대 기업이 제품 생산 전 과정에서 발생하는 환경오염 문제는 축소하고 재활용 등의 일부 과정만을 부각하여 마치 친환경으로 포장하는 것이 이에 해당한다.

13 2001년에 설립된 비영리기구이다. IFRS재단에서 만든 국제회계기준이 전 세계 140개국 이상에서 사용되고 있다. 우리나라 또한 과거에는 GAAP 방식의 회계기준을 쓰다가 2011년부터 IFRS 국제회계기준을 전면 도입해 사용하고 있다.

적극적인 지지 선언이 나왔다. 이어서 G7[14] 재무장관 및 중앙은행은 2021년 5월 국제통화기금(International Monetary Fund, IMF), 세계은행그룹, 경제협력개발기구(OECD), 유로그룹 및 금융안정위원회 수장들과의 회의를 통해 IFRS재단의 새로운 이니셔티브에 대한 지지를 선언하는 최종 성명서를 발표했다. 특히 국제증권감독기구의 지지선언은 전 세계 주요 금융시장 규제당국의 참여와 합의로 이어질 가능성을 높였다.

이 같은 지지 속에 IFRS재단은 재단 내에 국제지속가능성기준위원회(International Sustainability Standards Board, 이하 ISSB)를 설립했다. ISSB는 기준제정에 대한 네 가지 전략적 방향을 갖고 있다.

첫째, ISSB 지속가능성공시기준은 지속가능성 관련 위험 및 기회에 대한 투자자 중심의 정보로, 기존의 지속가능성보고기준(다중이해관계자 중심)과 명확히 구분된다. 이에 기업 가치 평가에 유용하고, 유의적인 지속가능성 관련 위험 및 기회에 대한 정보 제공을 목적으로 한다.

둘째, 환경·기후에 우선적으로 집중하고, 점차 제정 범위를 확대할 예정이다. ESG 측면에서 보면 기준 제정 범위는 환경(E) 부분 중 기후를 우선 제정하고, 나머지 지속가능성 사안인 기후 외 환경, 사회(S) 및 지배구조(G)에 대해서는 향후 전 세계 이해관계자들의 의견을 수렴하여 제정할 예정이다.

셋째, 국제 기준선(Global Baseline) 접근법을 통해 IFRS 지속가능성공시기준을 글로벌 지속가능성 정보 공개의 기준선으로 제안할 것으로 예상된다. 이미 국제 기준선 접근법에 대해 국제증권감독기구, 금융안정위원회, 세계경제포럼, G7, G20[15] 등 주요 국제기구들이 강력한 지지를 표명하였다. IFRS 지속가능성공시기준을 지속가능성 정보 공개를 위한 최소한의 공시기준으로 하며, 각 국가별로 법령 및 규제에 따라 공시사항을 추가할 수 있도록 하여 기존의 국제회계기준에 비해 재량권이 높아짐을 시사하고 있다.

마지막 넷째, 기존 이니셔티브와의 연대를 강화하고 기존 프레임워크를 적극 활용할 예정이다. IFRS재단은 2022년 1월 기후공시기준위원회(Climate Disclosure Standards Board, CDSB)를 합병하였으며, 가치보고재단(Value Reporting Foundation, VRF)[16]과도 같은 해 8월 통합했다. GRI와는 상호 협력 관계를 구축하는 등 기존의 이니셔티브를 적극적으로 활용할 예정이다. 이 밖의 국제 이니셔티브들과도 긴밀히 협력하여 상호운용가능성을 제고하기 위해 노력하고 있다.

---

14 주요 7개국(미국, 영국, 프랑스, 독일, 이탈리아, 캐나다, 일본)의 모임이다.

15 G7과 유럽연합 의장국 그리고 신흥시장 12개국 등 세계 주요 20개국(미국, 중국, 일본, 독일, 영국, 인도, 프랑스, 이탈리아, 캐나다, 대한민국, 러시아, 오스트레일리아, 브라질, 멕시코, 인도네시아, 사우디아라비아, 튀르키예, 아르헨티나, 남아프리카공화국, 유럽연합)의 모임이다.

16 SASB와 IIRC를 통합하여 만들어진 단체이다.

ISSB의 설립 및 기준제정에 대한 전략적 방향성

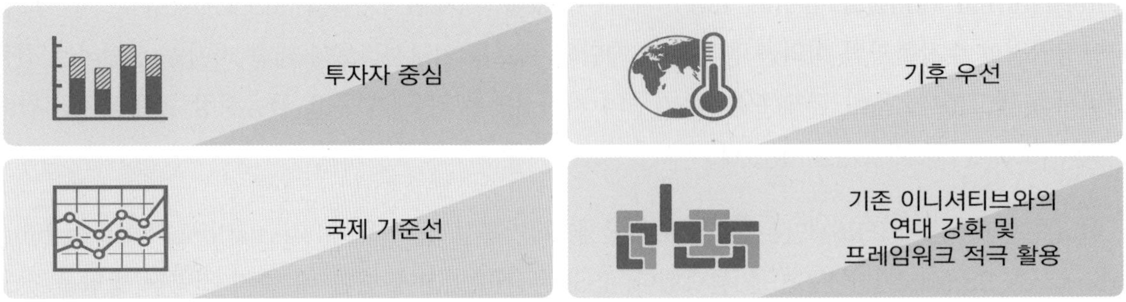

출처: IFRS재단(2021c)

특히 신속한 기준제정을 위하여 ISSB 설립 이전에 향후 제정할 기준의 토대가 될 수 있는 시안(Prototype)을 도출할 기술준비실무단(Technical Readiness Working Group, TRWG)을 구성했다. 기술준비실무단은 국제증권감독기구의 지지 아래 국제회계기준위원회(International Accounting Standards Board, IASB), 기후공시기준위원회, TCFD, 가치보고재단, 세계경제포럼으로 구성되었다. ISSB는 가치보고재단과 기후공시기준위원회를 통합하였으며, 국제회계기준위원회와 TCFD 등 기존 기준제정 전문기구들이 준비 과정에 참여했다. 국제증권감독기구와 국제 공공분야 회계기준위원회(International Public Sector Accounting Standards Board, IPSASB)는 참관인(Observer) 자격으로 참여하였다. 실무단의 주도로 도출된 시안은 실제 2022년 3월 발표된 IFRS 지속가능성공시기준 공개초안의 핵심 내용으로 활용되었다.

이러한 준비를 토대로 2021년 11월 제26차 유엔기후변화협약 당사국총회에서 ISSB의 공식적인 설립을 포함한 세 가지 중대 사항을 발표했다. 첫째, 고품질의 지속가능성공시기준의 국제 기준선을 개발하기 위해 ISSB를 설립한다. 둘째, 2022년 6월까지 기존 지속가능성공시기준 제정기구인 기후공시기준위원회(2022년 2월 통합 완료)와 가치보고재단(2022년 8월 통합 완료)을 ISSB와 통합한다. 셋째, 신속한 기준제정을 돕기 위해 구성된 기술준비실무단이 개발한 기후 및 일반 공시 요구사항의 시안을 발표한다.

ESG 경영의 선두기업이자 프랑스의 다국적 식품기업인 다농(Danone)의 전 대표이자 이사회 의장인 엠마뉴엘 파베르(Emmanuel Faber)가 초대 ISSB 위원장을 맡았다. G7 및 경제협력개발기구를 포함한 다양한 주요 국제기구 내의 지속가능성 관련 조직에서 의장직을 수행하여 온 그가 2022년 1월부터 3년간의 임기를 수행 중이다. 이어서 2022년 1월 기존 국제회계기준위원회의 부위원장직을 수행해온 수 로이드(Sue Lloyd)가 ISSB의 부위원장을 맡았다. 이로써 기준제정 절차에 대한 전문성뿐만 아니라 국제회계기준위원회와 ISSB 사이의 연계성도 확보할 것으로 기대된다.[17]

17 또한, 징동 후아(Jingdong Hua) 전 세계은행의 부회장이 ISSB 부위원장으로 임명되었으며, 한국의 백태영 위원을 포함하여 총 14인의 ISSB 위원이 선임되었다.

ISSB에 의해 제정될 기준은 기존 IFRS재단의 국제회계기준과 동등한 위치에서 지속가능성 관련 재무정보에 대한 공시 요구사항을 결정할 예정이다.

IFRS재단의 새로운 지배구조

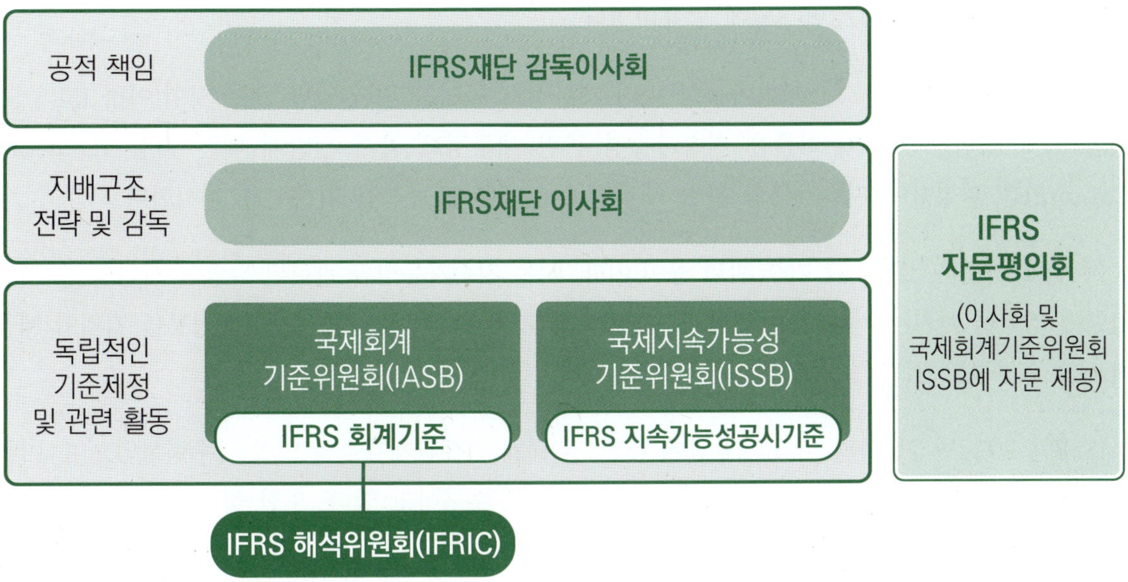

출처: IFRS재단(2021a), 저자 재구성

IFRS 지속가능성공시기준의 구성

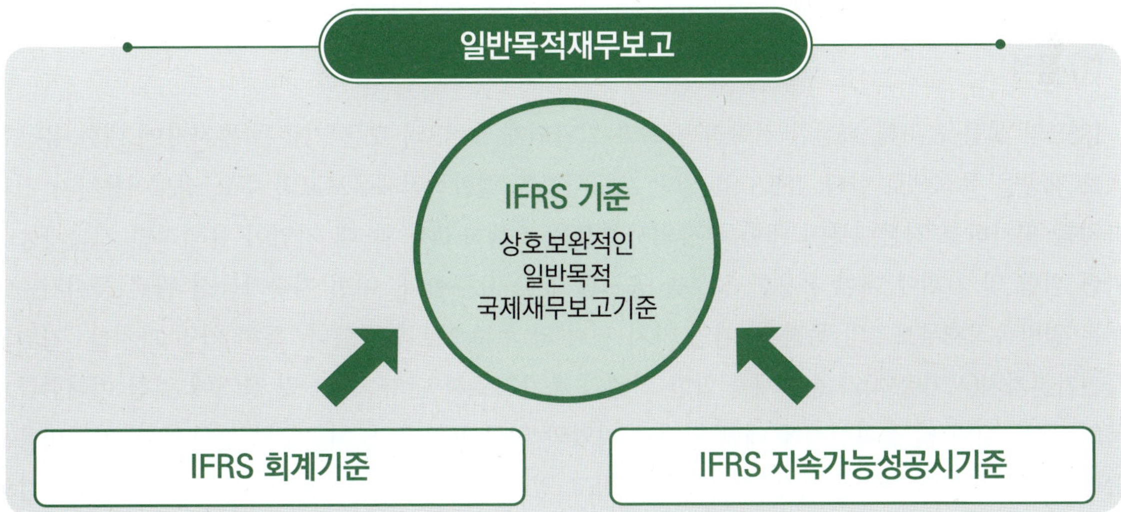

출처: 전규안, 정준희(2022)

2. ISSB의 기준 제정

ISSB는 투자자의 정보 요구 충족을 위한 지속가능성공시의 포괄적 국제 기준선이자, 광범위한 이해관계자들을 위한 국가별 요구사항과 양립할 수 있는 기준을 제정하기 위해 다음의 두 가지 기준에 대한 공개초안을 2022년 3월에 발표하였다.

첫 번째 기준은 'IFRS S1 지속가능성 관련 재무정보 공시를 위한 일반 요구 사항(이하 IFRS S1 일반 요구 사항)'이다. 이 기준은 지속가능성 관련 재무정보 공시 전반에 대한 핵심 요소(Core Content)를 설정하여 지속가능성 관련 재무정보에 대한 포괄적인 기준선을 제시한다.

두 번째 기준은 'IFRS S2 기후 관련 공시'이다. 이는 지속가능성과 관련된 다양한 사안들 중 기업가치에 영향을 미치는 기후 관련 위험 및 기회에 대해 투자자가 평가할 수 있는 정보를 기업이 제공하도록 요구하고 있다.

ISSB는 2022년 7월까지 이 공개초안에 대한 전 세계 이해관계자들의 의견을 수렴하였으며, 이를 검토 및 분석하여 2023년 초 최종 기준 발표를 목표로 수행하고 있다. 또한 향후 제정할 기준제정 안건에 대해서도 긴밀히 협의할 예정이다.

일반 요구사항 및 기후 관련 공시의 구체적 내용은 다음과 같다.

1) IFRS S1 일반 요구사항

(1) 목적

ISSB의 설립을 위해 설정한 전략적 방향과 일관되게, ISSB의 모든 기준은 투자자에 대한 유용한 정보 제공을 목적으로 한다. IFRS S1 일반 요구사항은 일반목적재무보고의 주요 정보이용자가 기업가치를 평가하고 자본배분에 대한 투자의사결정을 수행하고자 할 때 기업이 유의적인 지속가능성 관련 위험 및 기회에 대한 유용한 정보를 공시할 것을 요구한다. 이번 지속가능성 관련 공시기준에서는 일반목적재무보고의 목적을 '기업 가치 평가'의 수준으로 확장했다. 특히 기업 가치를 "기업의 자기자본가치(시가총액)와 순부채를 합한 기업의 총가치로서 단기, 중기 및 장기에 걸친 미래현금흐름의 금액, 시기 및 불확실성에 대한 기대와 기업의 위험 프로파일, 자금조달 접근성 및 자본비용을 고려한 현금흐름의 가치를 반영"한다고 기술하고 있다. 이로써 일반목적재무보고가 다루는 시간의 범주가 장기에 걸칠 수 있도록 명시한 것이다.

또한, IFRS S1 일반 요구사항은 모든 지속가능성 관련 위험 및 기회에 대한 '중요한 정보'를 제공할 것을 요구하고 있기 때문에 기업 내부적인 중요성 판단에 대한 주의가 반드시 필요하다.

(2) 적용 범위

IFRS S1 일반 요구사항은 IFRS 지속가능성공시기준에 따라 기업이 지속가능성 관련 재무정보를 작성하고 공시할 때 적용 가능하다. 특히 관련된 재무제표가 국제회계기준이 아닌 다른 회계기준에 따라 작성될 때에도 적용이 허용된다.

(3) 핵심 요소

IFRS S1 일반 요구사항은 지속가능성 관련 재무정보를 다음의 네 가지 핵심 요소에 중점을 두어 공시할 것을 요구하고 있다. 이는 TCFD의 네 가지 축(Pillars)에 기반한 접근법이다.

IFRS 지속가능성공시기준 핵심 요소

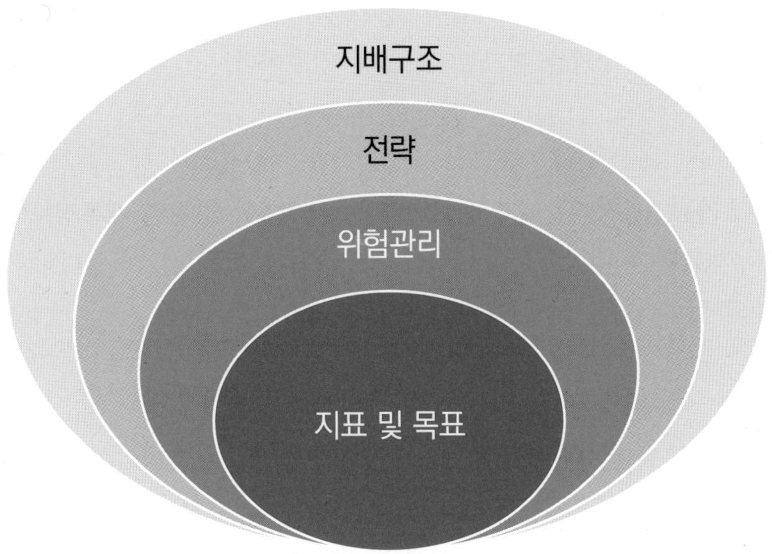

출처: 한국회계기준원(2022c)

첫 번째 핵심 요소는 지배구조이다. 기업이 유의적인 지속가능성 관련 위험 및 기회를 감독하거나 관리하기 위해 사용하는 지배구조 과정과 통제 및 절차에 대한 정보를 공시할 것을 요구한다. 지속가능성 관련 공시가 기업의 지속가능한 경영의 결과물이자 과정이라는 근본적인 역할을 수행하기 위해서는 지속가능성 관련 지배구조가 반드시 구축되어야 한다는 의견이 자본시장이나 학계를 비롯한 다양한 이해관계자들의 지지를 받고 있다. 지속가능성 경영 및 관련 공시를 위해서는 전사적 차원의 지지와 협력이 필수불가결하며 이를 위해서는 지배구조 확립이 선행되어야 한다. 감독 및 관리를 수행하는 의사결정기구를 명확히 지정하고 그 책임 또한 분명하게 규정함으로써, 나머지 핵심 요소들의 달성을 도울 필요가 있다.

두 번째 핵심 요소는 전략이다. 유의적인 지속가능성 관련 위험 및 기회에 대응하기 위한 기업의 전략이 재무계획 등 전략 계획에 포함되어 있는지, 해당 전략의 핵심인지를 평가할 수 있는 정보를 요구한다. 여기에는 유의적인 지속가능성 관련 위험 및 기회가 사업모델, 가치사슬, 전략, 재무제표에 미치는 영향에 대한 공시가 포함된다. 특히 가능한 경우에는 재무제표에 미치는 영향에 대한 양적 정보(단일 값 또는 범위)의 공시를 요구하고 있다. 만일 양적 정보가 힘들다면 질적 정보를 공시해야 한다. 어떤 형태로든 유의적인 지속가능성 관련 위험에서 생기는 불확실성에 대한 기업의 조정능력을 이해할 수 있는 정보가 필요하기 때문이다.

세 번째 핵심 요소인 위험관리에서는 기업이 지속가능성 관련 위험 및 기회를 어떻게 식별, 평가, 관리하는지, 이를 전체 위험관리 과정에 어떤 방식으로 통합하는지 이해할 수 있는 정보를 요구한다.

네 번째 핵심 요소인 지표 및 목표는 기업이 지속가능성 관련 위험 및 기회를 측정, 감독, 관리하는 방법을 이해하여 기업의 성과를 평가할 수 있는 정보이다.

(4) 일반사항

ISSB는 IFRS 지속가능성공시기준에 의해 산출되는 지속가능성 관련 재무정보와 국제회계기준에 의해 제공되는 재무제표를 동시에 고려할 수 있도록 일반사항들을 설계하였다. 둘 사이의 연계성을 고려하여 두 기준의 일반사항은 매우 유사한 형태를 보이고 있다.

● 보고기업

IFRS S1 일반 요구사항의 보고기업은 주재무제표에서 선택한 보고기업과 동일하게 정의된다. 즉, 국제회계기준에 의해 작성된 재무제표의 경우 연결실체를 기준으로 보고기업이 선택되므로 지속가능성 관련 재무정보 공시에 있어서도 연결실체에 대해 동일하게 적용한다. 지배기업뿐만 아니라 모든 종속기업에 대해서도 네 가지 핵심 요소에 중점을 둔 지속가능성 관련 위험 및 기회의 관리 및 감독을 수행해야 한다. 한편 보고기업은 종속기업 외에도 관계기업, 조인트벤처, 금융투자 및 가치사슬과 관련한 지속가능성 관련 위험 및 기회를 측정 및 공시해야 하므로, 요구 받는 정보의 범위가 상당히 넓다는 특징을 갖게 된다.

● 연계된 정보

지속가능성 관련 재무정보는 재무제표 속 정보와 연계되어 있을 뿐만 아니라, 서로 다른 다양한 지속가능성 관련 위험 및 기회들과도 밀접하게 연계되어 있다. 이로 인해 IFRS S1 일반 요구사항은 이러한 연계성을 평가할 수 있는 정보를 공시할 것을 요구한다.

● 공정한 표시

IFRS S1 일반 요구사항은 지속가능성 관련 위험 및 기회에 대한 정보를 충실하게 표현하도록 요구한다. 즉, 재무제표 정보와 마찬가지로 지속가능성 관련 재무정보도 목적적합하고, 충실하게 표현하며, 비교 가능하고, 검증 가능하며, 적시성 있고, 이해 가능하도록 표현해야 한다.

또한, 유의적인 지속가능성 관련 위험 및 기회를 식별하기 위하여 기업은 IFRS 지속가능성공시기준뿐만 아니라 SASB 산업별 기준, ISSB의 비강제적 지침(물 및 생물다양성 관련 공시를 위한 기후공시기준위원회 지침 등) 그리고 동종 산업의 관행 등을 고려하는 것이 허용된다.

● 비교정보

IFRS S1 일반 요구사항은 당기에 공시되는 모든 지표들에 대해 비교정보를 공시할 것을 요구한다. 이때, 양적 정보로 제공되는 지표 외에 서술형 정보 역시 목적적합한 정보일 때는 비교정보를 표시해야 한다. 이로써 지금까지 자발적 공시에서 부족하다고 지적되어 온 정보 간 비교 가능성 및 일관성을 확보하는 데 큰 도움을 줄 것으로 예상된다.

● 보고빈도 및 정보위치

지속가능성 관련 재무정보 공시는 재무제표와의 연계성을 고려하여 재무제표 공시와 동일한 시점에 이루어져야 한다. 같은 이유로 보고기간 또한 재무제표와 동일하다. 즉, 일반목적재무보고의 핵심 구성요소로서 지속가능성 관련 재무정보와 재무제표는 동일한 빈도와 시점에 공시해야 한다.

정보 위치는 일반목적재무보고의 일부로 다양한 위치에 공시할 수 있다. 사업보고서, 사업보고서 내 별도보고서, 경영진설명서(Management Commentary), 별도보고서 등 다양한 위치를 포괄적으로 허용하고 있다.

향후 유력시되는 정보위치 중 하나는 경영진설명서이다. 이는 국가에 따라 경영진단 및 분석의견(Management Discussion and Analysis, MD&A), 전략보고서, 통합보고서 등 다양한 이름으로 불리며, 일반목적재무보고의 일부를 구성한다. 현재 경영진설명서를 작성하기 위한 실무서(IFRS 실무서 2 '경영진설명서')가 개정되고 있는데, 이때 IFRS 지속가능성공시기준과의 관계 역시 고려될 것으로 예상된다.

다만, 우리나라를 포함한 다수 국가들의 경우 일반목적재무보고 내에 지속가능성 관련 정보를 공시하기 위해서는 관련 법규를 개정해야 하며 관련 규제들이 작동하도록 해야 할 것이다.

● 준수 문구

기업이 IFRS 지속가능성공시기준을 준수하였음을 기술하기 위해서는 IFRS S1 일반 요구사항 및 적용 가능한 IFRS 지속가능성공시기준의 모든 요구사항을 준수해야 한다. 기후 관련 특정 정보의 공시에 대한 요구사항을 명확히 설정한 IFRS S2 기후 관련 공시와 달리, IFRS S1 일반 요구사항의 경우 '모든 유의적인 지속가능성 관련 위험 및 기회'에 대한 정보를 기업 스스로 식별하고 공시할 것을 요구하고 있다. 다만, 현지 법규에서 특정 정보의 공시를 금지하는 경우에는 이러한 정보에 대한 공시 없이도 준수 문구를 기술할 수 있다는 예외를 허용하고 있다.

● 시행일

공개초안에서는 해당 기준의 시행일을 특정하지 않았으며, 추후 기준 발표 시 ISSB가 결정할 예정이다.

2) IFRS S2 기후 관련 공시

IFRS S2 기후 관련 공시는 ISSB가 최우선으로 선정한 주제인 기후 관련 정보 공시에 대한 상세한 요구사항을 다루고 있다. 특히 핵심 요소 중 전략과 지표 및 목표 측면에서 구체적인 공시 요구사항을 제안한다.

(1) 목적

IFRS S2 기후 관련 공시는 IFRS S1 일반 요구사항과 일관되게 일반목적재무보고의 주요 이용자에게 유의적인 기후 관련 위험 및 기회에 대한 정보를 제공하기 위해 개발되었다.

(2) 적용 범위

IFRS S2 기후 관련 공시는 기업에게 노출된 기후 관련 위험과 이용 가능한 기회들에 대해 적용된다. 구체적으로 기후변화로 인한 물리적 위험, 저탄소 경제 전환과 연관된 전환 위험 등 TCFD에서 기술한 핵심 기후 관련 위험에 초점을 맞춘다.

물리적 위험이란 홍수, 산불 등 기후변화로 발생하는 극단적인 자연재해로 인해 투자된 자산에 가해지는 경제적 비용 증가와 금융 시장에서의 손실 등과 같은 물리적 피해에 따른 손상 위험을 말한다. 전환 위험은 기후변화에 대응하기 위해 강화된 국가별 규제에 대응하는 과정에서 발생할 수 있는 급속한 정책 변화, 기술 발전, 사회 관념의 변화 등과 이로 인해 증폭되는 불확실성이 금융 시장에 미치는 위험이라고 볼 수 있다.

(3) 핵심 요소

● 지배구조

기업이 기후 관련 위험 및 기회를 감독 및 관리하기 위해 활용하는 지배구조 과정, 통제 및 절차에 대한 정보를 요구한다. 기후 관련 위험 및 기회의 감독을 수행하는 의사결정기구의 식별에서부터 기후 관련 정보 공시를 위한 핵심 요소인 전략, 위험관리, 지표 및 목표에 대한 의사결정기구의 관리 및 감독 과정까지 상세히 다루고 있다.

다만 다양한 지속가능성 관련 사안을 각각 별도의 지배구조로 다루기보다는, 하나의 지배구조 하에서 다룰 가능성이 크다는 점에 근거하여 공시의 효율성을 위하여 통합적인 공시를 허용하고 있다.

● 전략

IFRS S2 기후 관련 공시는 유의적인 기후 관련 위험 및 기회에 대한 기업의 대응 전략 정보를 크게 다섯 가지 부문으로 나누어 공시할 것을 요구하고 있다.

첫째, 사업 모형, 전략 및 현금흐름에 단기, 중기 또는 장기에 걸쳐 영향을 미칠 것이라고 합리적으로 예상되는 유의적인 기후 관련 위험 및 기회에 대한 공시를 요구한다.

둘째, 유의적인 기후 관련 위험 및 기회가 사업 모형 및 가치사슬에 미치는 영향에 대한 공시를 요구한다.

셋째, 유의적인 기후 관련 위험 및 기회가 전환 계획을 포함한 경영진의 전략 및 의사결정에 미치는 영향에 대한 공시를 요구한다.

넷째, 유의적인 기후 관련 위험 및 기회가 보고기간 말 기업의 재무상태, 재무성과 및 현금흐름에 미치는 영향 및 단기, 중기, 장기에 걸친 예상 영향에 대한 공시를 요구한다.

다섯째, 유의적인 기후 관련 위험에 대한 전략의 회복력(Resilience)을 평가할 수 있는 정보의 공시를 요구한다. 특히 기후 회복력 평가에는 시나리오 분석이 가장 적합한 방법론으로 제안되고 있는데, 실무적으로 어려운 경우엔 대체기법의 활용도 허용하고 있다.

● 위험관리

IFRS S2 기후 관련 공시는 기업이 기후 관련 위험 및 기회를 어떻게 식별, 평가 및 관리하는지에 대한 과정에 대한 정보를 공시할 것을 요구한다. 특히 기후 관련 위험의 식별, 평가 및 관리 과정이

기업의 전반적인 위험관리 과정뿐만 아니라 전사적 관리 과정에 통합되는 정도와 방법을 공시할 것을 요구하고 있다.

IFRS S1 일반 요구사항에 의해 보고기업이 연결실체 기준이기 때문에 해외 사업장 및 종속기업을 보유한 기업들은, 일반 위험관리 과정뿐만 아니라 기후 관련 위험관리 과정을 통합한 체계적인 관리가 필요하다.

● 지표 및 목표

IFRS S2 기후 관련 공시의 핵심 요소 중 가장 큰 부분을 차지하는 요소는 지표 및 목표이다. 기후관련 지표는 기후 관련 위험 및 기회를 측정, 감독 및 관리하는 방법에 대한 정보를 담고 있다. IFRS S2 기후 관련 공시는 지표를 모든 기업에 적용 가능한 산업전반 지표와 특정 산업에 초점을 맞춘 산업기반 지표의 두 가지로 구분하여 제안한다.

첫째 산업전반 지표는 해당 기업이 속한 산업이나 사업 모형과 관계없이 모든 기업이 공시해야 하는 일곱 가지 산업전반 지표 범주와 관련된 정보를 포함한다. IFRS S2 기후 관련 공시는 산업전반 지표 범주를 온실가스 배출량, 물리적 위험, 전환 위험, 기후 관련 기회, 자본배치, 내부탄소가격, 보상으로 설정하였다. 특히 온실가스 배출량 범주에서는 스코프 1, 2뿐만 아니라 스코프 3의 절대량 및 집약도[18] 공시를 요구하고 있다.

둘째 산업기반 지표이다. IFRS S2 기후 관련 공시는 모든 기업에 적용되는 산업전반 지표 외에 산업의 특성을 고려한 산업기반 지표를 제공하고 있다. 산업기반 지표는 산업별 공시주제와 관련이 있고, 해당 산업에 속하거나 사업 모형 및 근본적인 사업 활동이 해당 산업의 공통적인 특성을 공유하는 기업들과 관련된 지표를 의미한다.

SASB 산업별 기준은 산업별 구체적 지표를 통해 기업 가치에 기반해 의사결정하는 투자자에게 유용한 정보를 제공한다. 따라서 국제지속가능성공시기준의 산업기반 지표는 SASB를 기반으로 한다. 현재 IFRS S2 기후 관련 공시 산업기반 지표는 SASB 산업별 기준과 거의 동일하게 구성되어 있다.

산업기반 지표는 별첨 B를 통해 별도로 제공되지만 이 역시 IFRS S2 기후 관련 공시기준의 일부임이 분명하다. 산업기반 공시요구사항은 SASB 기준과 동일하게 산업 설명, 공시주제, 지표, 세부 프로토콜, 활동 지표로 구성된다. 현재 ISSB는 미국 주법(州法) 등을 기반으로 구성된 SASB 기준의 국제 적용 가능성을 개선하기 위해 노력하고 있다. 또한 가치보고재단에서 이전부터 진행하고 있는 다양한 프로젝트는 향후 IFRS재단에서 논의할 예정이므로 지속적인 향상이 이뤄질 것이라 예상된

18 단위 매출액당 온실가스 배출량

다. 현재로서는 향후 제정될 SASB 기준의 지표 및 세부 프로토콜이 활용될 가능성이 높으므로, 국내 기업들에게도 SASB 기준의 자발적인 적극 사용을 권장할 것으로 보인다.

IFRS 지속가능성공시기준 개발에 대한 산업 기반 접근 방식과 SASB 기준과의 연계성

SASB의 산업 기반 기준 개발 접근 방식은 해당 산업의 일반적인 기업의 기업 가치와 가장 관련된 지속가능성 공개 주제를 식별하여 기업이 투자자 및 기타 자본 시장 참가자에게 지속가능성 관련 위험 및 기회 범위에 대한 유용한 정보를 제공할 수 있도록 합니다.

SASB에서 사용하는 산업 기반 접근 방식을 포함한 SASB 기준은 다음과 같은 방식으로 구축되고 지원됩니다.

1. 기준 개발에 대한 산업 기반 접근 방식
   ISSB는 기준 개발 과정에 SASB에서 사용하는 산업 기반 접근 방식을 도입할 예정입니다. SASB가 사용하는 산업 기반 접근 방식은 의사결정에 유용한 정보를 필요로 하는 투자자와 비용 효율적인 정보를 생성하는 작성자에게 효용성이 높습니다.
2. 공개초안에 SASB 기준 포함
   a. 기후 관련 공개초안(Climate Exposure Draft)
      SASB 기준은 기후 관련 공개초안에서 산업 기반 공시 요구 항목의 참고사항이 될 수 있습니다. 기준 제정이 완료되면 이 요구 항목은 ISSB 기후 기준의 필수 구성 요소가 될 것입니다.
   b. 지속가능성 관련 공개초안에 대한 일반 요구 사항(이하 "일반 요구 사항 공개초안")
      일반 요구 사항 공개초안은 기업이 기업 가치를 평가하는 데 필요한 모든 지속가능성 관련 위험 및 기회에 대한 중요한 정보를 제공할 것을 제안합니다. 특정 IFRS 지속가능성 공개 요구 사항이 없는 경우 이 공개초안은 기업이 SASB 기준을 고려하여 지속가능성 관련 위험과 기회를 식별하고 적절한 공개를 개발할 것을 요구합니다. 이를 통해 IFRS 지속가능성공시기준은 시행 지침의 상태와 함께 처음부터 SASB 기준이 다루는 지속가능성 관련 위험과 기회의 범위를 활용할 수 있습니다.
3. SASB 기준의 국제적 적용 가능성 개선에 대한 약속
   a. SASB 기준의 국제적 적용 가능성을 해결하는 것은 ISSB의 우선순위이며 ISSB의 초기 작업 계획의 일부를 구성합니다.
   b. 이러한 약속에 따라 기후 관련 공개초안은 SASB의 산업 기반 기후 관련 요구 사항의 국제적 적용 가능성을 개선하기 위한 제안을 포함합니다.
   c. 국제적 적용 가능성(기후공시뿐만 아니라)에 대한 SASB의 지속적인 작업은 ISSB가 가능한 한 빨리 SASB 기준에 대한 제안된 변경 사항을 생성하는 것을 목표로 ISSB로 전환될 것입니다. ISSB는 일반 요구 사항 공개초안의 최종 버전이 발효되기 전에 SASB 기준의 국제적 적용 가능성을 개선하고자 합니다.
4. ISSB 산업 기반 요구 사항의 출발점
   SASB 기준은 ISSB의 산업 기반 요구 사항에 대한 출발점 역할을 합니다.
   a. SASB 기준은 현재까지 제정된 기준 상태(일반 요구 사항 공개초안에서 제안된 상태와 일치)와 함께 IFRS재단의 자료가 됩니다.
   b. ISSB는 SASB의 77개 산업 기반 기준의 발전과 향상에 대한 책임을 맡게 됩니다.
5. 현재 SASB 프로젝트
   SASB에서 현재 진행 중인 프로젝트는 ISSB로 이관되어 계속될 예정입니다. 그 전에 SASB는 현재 진행 중인 여러 SASB 프로젝트에서 제안된 변경안들을 발표할 예정입니다. 이러한 변경에 대한 제안들뿐만 아니라 기후 및 인적 자본 연구 프로젝트 및 기타 현재 진행 중인 SASB 프로젝트들이 ISSB에 이관될 것입니다. IFRS재단은 현재 자원이 확보된 대로 이러한 프로젝트를 진행할 계획이며 2022년에 계획된 ISSB의 의제에 대한 협의는 세부적인 제공 계획을 알려줄 것입니다.
6. SASB 기준 사용 장려
   ISSB는 작성자와 투자자가 이 전환 단계에서 SASB 기준을 계속해서 전폭적으로 지원하고 사용할 것을 적극 권장합니다.

출처: IFRS재단(2022b)

또한 IFRS S2 기후 관련 공시에서는 기후 관련 위험에 적응하거나 기후 관련 기회를 극대화하기 위해 기업의 설정 목표를 제안하고 있다. 이는 목표 및 전략적 목적 달성까지 진척을 평가하는 데 사용되는 지표, 해당 목표와 기후변화 관련 최신 국제 협약에서 창출된 목표와의 비교, 목표에 대한 제3자 검증 여부 그리고 모든 중요 단계와 중간 목표를 포함한다. 목표의 경우 모든 기업에 동일하게 적용된다.

3) 향후 제정될 기준의 방향성

IFRS 지속가능성공시기준 구조

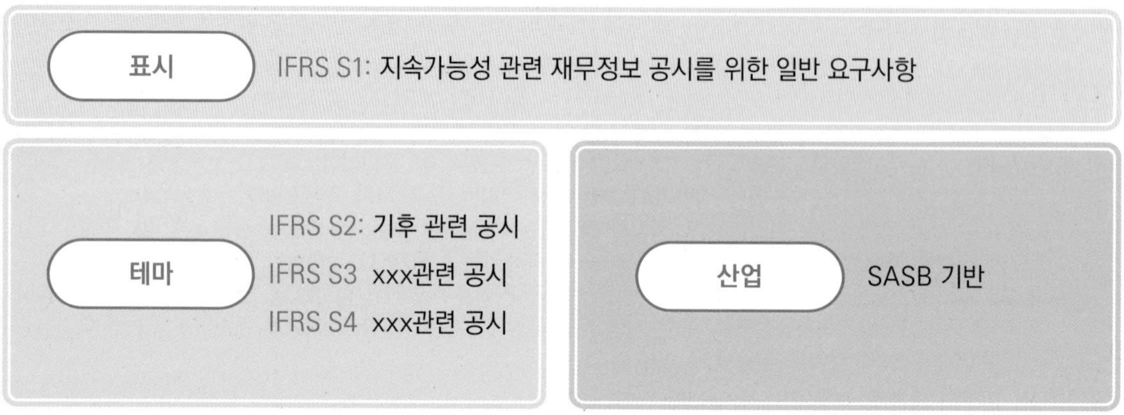

출처: IFRS재단(2021b), 저자 재구성

현재 IFRS 지속가능성공시기준 공개초안은 주제 및 산업별 구조로 구성되어 있으며, 추후 IFRS S2 기후 관련 공시가 된 다음 새로운 주제의 IFRS S3, S4가 제정될 것으로 보인다. 구체적으로 기업 가치에 미치는 영향의 중요성을 고려하고 기존에 구축된 전문성을 활용하기 위하여 기후공시기준위원회의 물, 생물 다양성과 관련된 환경 관련 주제를 포괄하거나, SASB 기준에서 다루는 다양한 지속가능성 관련 공시주제를 다룰 가능성이 존재한다.

다만, 현재 공개초안은 구성 자체가 최종 기준으로 확정된 것이 아니며 전 세계적인 의견 조회를 거쳐 최종 기준의 형태가 변경될 가능성이 존재한다. 따라서 IFRS S1 및 S2가 완성되기 전까지 국내 이해관계자의 의견을 최대한 전달하여 의견이 반영될 수 있도록 노력해야 할 것이다.

ESG,
한 권에 담다

Environmental | Social | Governance

2

기후변화

2-1
기후변화 및 기후관련 보고 기준/지침

1. 그린스완

그린스완(Green Swan)은 기후변화로 인해 미래에 발생 가능한 실물 금융경제에 미치는 위험과 인간의 삶에 직접적인 환경과 생태계 변화를 초래하는 위험을 뜻하는 말로, 나심 니콜라스 탈레브가 처음 제안한 뒤 큰 주목을 받고 있는 '블랙 스완(Black Swan)'[19]에서 파생된 개념이다.

블랙스완은 발생 자체는 물론 발생시기와 영향을 예측하기 어려우며, 일어났을 때 금융시장 전체를 뒤흔들 수 있는 거대한 사건을 가리키는 용어이다. 블랙스완은 세 가지 특징을 갖는다. 첫째, 예외적으로 일어나기 때문에 누구도 예상하기 어렵다. 둘째, 일어났을 때 그 영향이 사회 전반에 광범위하게 미친다. 셋째, 일어나고 난 뒤부터는 많은 사람들이 비슷한 상황을 사전에 예측할 수 있다고 믿는다. 그린스완 역시 과거 데이터 기반의 분석으로는 예측이 어렵고 영향력을 파악하기도 힘들다는 점에서 블랙스완과 유사한 속성을 지닌다고 볼 수 있다. 기후변화는 대표적인 그린스완이다. 국제결제은행(Bank for International Settlements, BIS)은 2020년에 발간한 '그린 스완: 기후변화 시대의 중앙은행과 금융 안정성' 보고서에서 기후변화를 '그린스완'으로 규정했다(국제결제은행, 2020).

블랙스완 vs. 그린스완

구분	블랙스완	그린스완
특징	- 예측하기 어려운 사건 - 사건 발생 시 영향력 파악이 어려움 - 발생 후에야 설명 가능 (예: 2008년 금융위기)	- 기후변화가 초래할 위험 - 인간의 삶에 막대한 영향력을 초래할 것으로 예상 - 발생 가능성이 높지만 구체적 시기는 예상하기 어려움 - 발생 가능성이 어느 정도 예상 가능함

그린스완은 블랙스완과 달리 예측이 가능하다. 우리는 주변에서 이미 경험하고 있는 기후변화의 징후들을 바탕으로 기후변화로 인한 위기 발생 가능성이 높다는 것을 예측할 수 있다. 국제결제은행이 제시한 기후변화로 인한 예측 가능한 위기로는 가뭄과 홍수의 증가와 이에 따른 자연지형의 급격

19 원래 심리학이나 사회학 등에서 많이 사용된 용어이며, 나심 탈레브가 2007년 '블랙스완'이라는 책을 발간한 후 많은 관심을 받게 되었다.

한 변화, 노동생산성 하락과 농작물 생산량 감소, 소비와 투자의 약화 및 무역흐름 단절, 자본투자의 변화 및 좌초자산의 발생, 경제 및 금융위기 발생으로 인한 금융 시스템 약화 등이 있다. 우리는 이러한 기후변화로 인한 위기에 대응하려면 시급하고도 중대한 행동이 필요하다는 결론을 분명하게 예측할 수 있다.

그린스완과 블랙스완의 또 다른 차이점은 파급력이다. 블랙스완은 실물과 금융경제에 영향을 미친다. 하지만 그린스완, 즉 기후변화로 인한 위기가 발생하면 물리적 위험과 이에 대응하기 위한 전환 위험을 예측할 수 없으며 복합적으로 기후환경과 사회에 곧바로 영향을 미칠 것이다.

또한 그린스완은 한번 발생하면 이전 상태로 되돌리는 것이 거의 불가능하며 지금까지 겪었던 어떤 위기보다 심각한 재난을 초래할 수 있다. 기후변화에 대해 적절한 조치를 취하지 않는다면 기후변화로 인한 소비력 감퇴가 기업 성장에 부정적인 영향을 미치며 투자 감소로 연결되는 등 경제적 측면의 충격 역시 매우 클 것으로 예상할 수 있다.

나아가 기후변화로 인한 물리적 위험은 인류의 거주지에 직접 영향을 미칠 것이다. 대규모 인구 이동을 촉발하여 글로벌 노동시장에 막대한 영향을 미칠 수 있으며, 이러한 위험 요인들은 물가나 금융시장의 안정성에도 강력한 위협으로 작용할 수 있다.

그린스완은 블랙스완보다 더욱 복잡한 방식으로 우리 사회에 영향을 미친다. 그린스완이 일으키는 물리적 위험과 전환 위험은 복잡한 연쇄 반응을 일으키며 예측할 수 없는 환경적·지정학적·사회적·경제적 변화를 몰고 온다.

국제결제은행의 보고서는 이와 같은 기후변화로 인한 위험이라는 그린스완으로 인한 위험에 대해 각국 정부의 국제적 협력과 금융의 역할이라는 두 가지 해결책을 제시한다. 기후변화에 대비하기 위해 각국 정부는 긴밀하게 협력하여 규제와 인센티브를 적절히 혼용해야 한다. 또한 금융기관은 자산 포트폴리오의 온실가스 배출량 측정과 저탄소화를 진행함으로써 기후변화에 따른 금융시장의 위험요인에 대비해야 할 것이다.

2. 기후변화 대응을 위한 국제사회의 노력

1) 2050 탄소중립

지구온난화로 인한 산불, 폭염, 태풍 등 극심한 기후 이변이라는 그린스완의 모습은 세계 어느 곳에서든 어렵지 않게 만날 수 있다. 1990년대 후반부터 기후변화 문제의 심각성을 인식한 국제사회는 이를 해결하기 위해 지난 1997년 선진국에 온실가스 감축 의무를 부여하는 교토의정서를 채택하였다. 이후 2015년에는 선진국과 개발도상국 모두에게 자발적 감축 의무를 부여하는 파리협정을 채택하였다.

또한, 2018년 10월 인천 송도에서 개최된 제48차 기후변화에 관한 정부 간 협의체(Intergovernmental Panel on Climate Change, 이하 IPCC) 총회에서는 '지구온난화 1.5℃ 특별보고서'를 승인했다.

IPCC는 이 보고서를 통해 지구 평균온도 상승을 2100년까지 1.5℃ 이하로 제한하기 위해서는 2030년까지 탄소 배출량을 2010년 대비 약 45% 이상 감축해야 한다고 밝혔다. 더불어 2040년대 중반에서 2050년대 초반 사이에 탄소중립을 달성하고 2060년대 중반에는 기후중립까지 달성해야 한다는 목표를 제시하고 있다.

탄소중립 목표 달성을 위한 글로벌 타임라인

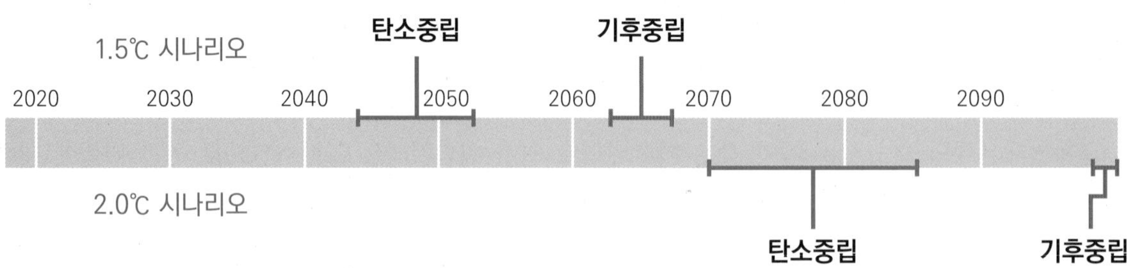

출처: IPCC(2018)

현실에서는 혼용되기도 하는 탄소중립(Net-Zero CO_2)과 기후중립(Net-Zero GHG)은 엄연히 구분되는 개념이다. 탄소중립이 7대 온실가스 중에서 이산화탄소(CO_2)의 순배출만 0으로 만드는 활동인데 반해, 기후중립은 7대 온실가스의 모든 순배출을 0으로 만드는 활동을 의미한다.

파리협정을 비준한 각국은 기후변화 대응 정책의 장기적 비전 관점에서 장기 저탄소 발전전략(Long-term Low Greenhouse Gas Emission Development Strategy, LEDS)을 유엔기후변화협약(United Nations Framework Convention on Climate Change, UNFCCC) 사무국에 제출해야 한다.

2) 우리나라의 탄소중립 추진 동향

우리나라는 2020년 탄소중립 사회로 전환하기 위한 장기 저탄소 발전전략을 수립했다. 이 전략에는 '2050년 탄소중립을 목표로 나아가겠다'는 비전 아래 5대 기본방향과 7대 부문별 추진 전략이 포함되었다.

대한민국 2050 탄소중립 전략

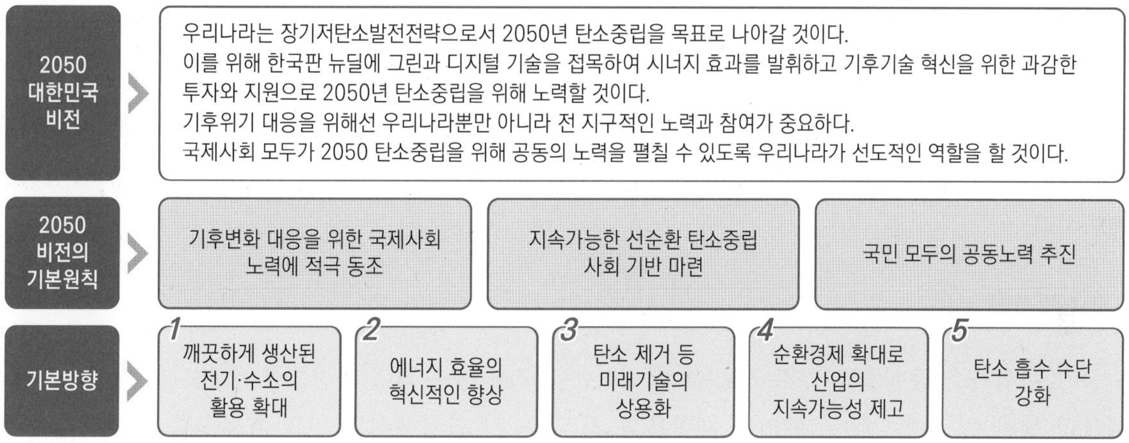

출처: 대한민국정부(2020)

7대 부문은 에너지 공급, 산업, 수송, 건물, 폐기물, 농축수산, 탄소흡수원으로 각 부문의 상황과 가용한 감축수단을 고려해 부문별 전략을 수립했다. 각 부문별 전략은 다음과 같다.

(1) 에너지 공급 부문

에너지 공급 부문은 국가 온실가스 총배출량의 약 36%를 차지하고 있다(이하 2017년 기준). 에너지 공급 부문의 2050 탄소중립 달성을 위해서는 전력 생산 체계를 기존 화석 연료기반 에너지 체계에서 태양광과 풍력 등 재생에너지 중심으로 변화시켜야 한다.

(2) 산업 부문

산업 부문은 국가 온실가스 총배출량의 약 37%를 차지하는데 업종별 특성을 반영해 산업의 경쟁력을 유지하면서 온실가스를 감축하는 방안을 마련해야 한다. 이를 위해서는 규제와 인센티브의 적절한 조화를 통해 에너지 효율 향상을 유도하고, 폐자원의 재사용 확대 및 원재료 사용량 감축을 위해 관련 정책과 기술개발을 강화해야 한다.

(3) 수송 부문

국가 온실가스 총배출량의 약 14%를 차지하는 수송 부문을 석유 연료 기반의 수송 시스템에서 수소, 전기 등 친환경차 중심으로 전환할 예정이다. 정부는 친환경 자동차의 경쟁력 강화를 지원하기 위해 관련 정책 및 연비 규제 등을 추진하기 시작하였으며 계속해서 확대하고 있다.

(4) 건물 부문

국가 온실가스 총배출량의 약 7%를 차지하는 건물 부문에서는 건물에서 사용되는 에너지 사용을 최소화하고, 건물의 에너지 효율을 극대화하며, 건물에 저탄소 에너지원을 공급하는 것이 가장 효과적인 감축 수단이다. 신축 건물에 대해서는 제로에너지건축물 의무화를 단계적으로 추진하고, 기존 건물에는 세금 감면이나 이자비용 지원 등 다양한 인센티브를 제공하여 그린리모델링을 활성화할 계획이다.

(5) 폐기물 부문

국가 온실가스 총배출량의 약 2.4%를 차지하는 폐기물 부문의 탄소중립을 위해서는 자원의 채취, 제품의 생산 및 유통, 소비, 폐기물 재활용과 처리 등 전 과정에서 자원의 효율성을 극대화해야 한다. 이를 위해 투입 자원의 양을 줄이고 자원의 선순환 체계를 구축하여 폐기물 발생을 근본적으로 줄이는 노력이 필요하다.

(6) 농축수산 부문

국가 온실가스 총배출량의 약 3.4%를 차지하는 농축수산 부문에서 대부분의 탄소는 식량 생산과정에서 발생한다. IT 기술을 활용한 스마트 농업으로 전환하여 불필요한 자원 투입을 최소화하고 저탄소 농업기술 보급을 활성화해야 한다.

(7) 탄소 흡수 부문

국내에서 산림 등을 통해 흡수되는 이산화탄소는 45.7백만 톤으로 에너지 분야 배출량의 7.4%에 해당하는 규모이다. 탄소흡수량을 확대하기 위해서는 무엇보다 산림의 노령화 문제를 해결해야 하므로 산림경영 혁신을 지속해서 추진해야 한다. 또한 목재제품 이용 활성화를 통해 탄소 저장량을 높일 필요성도 크다.

주요 부문별 감축 수단

부문	내용
에너지공급(전력·열)	1. CO_2 포집·저장·활용(CCUS) 2. 에너지믹스 개선 3. 수소경제 활성화 - 연료전지 도입 - 수소 공급
산업	1. 수소화 기술 및 원료 재활용 2. 신소재 전환 및 고부가 제품 확대 3. 기기 효율개선 4. 스마트 공장 및 산단 5. CO_2 포집·저장·활용(CCUS) 6. 저탄소 연·원료 사용 7. 산업공정 배출 감축
수송	1. 도로 부문 바이오연료 혼합 2. 친환경차 보급 포함, 평균연비 개선 3. 철도 부문 선진화 4. 항공 부문 선진화 5. 해운 부문 선진화 6. 교통 수요관리

부문	내용
건물	1. 건축물 에너지 효율 향상 2. 고효율 기기보급 3. 스마트 에너지 관리 4. 신재생 에너지 확대 및 미활용 열 활용
폐기물	1. 재활용·감량 2. 메탄가스 회수 - 관리형 매립지 - 생물학적 처리시설 3. 매립 부문 호기성 운영 강화 4. 바이오 플라스틱 대체
농축수산	1. 스마트 농업(농업·축산·수산)으로의 전환 2. 저탄소 농업기술 개발·보급 확대 3. 정책 수요자 참여 정책 활성화 4. 친환경 에너지 확대
탄소 흡수(산림)	1. 탄소흡수원 확대(신규조림, 재조림) 2. 탄소흡수원 유지·관리(산림경영) 3. 목재공급량 확대

출처: 2050 저탄소 사회 비전 포럼(2020)

2021년 10월, 정부는 2020년에 수립한 장기 저탄소 발전전략을 넘어서는 탄소중립 목표와 로드맵을 발표했다. 이 로드맵에는 2030년 온실가스를 2018년 대비 40%로 감축하고 2050년까지 석탄 발전을 중단한다는 내용이 포함되어 있다. 또한 제26차 유엔기후변화협약 당사국총회에서 다른 나라 정부들과 함께 국제사회에 '2030년까지 온실가스 40% 감축'이란 목표를 선언했다. 나아가 산림 파괴를 멈추고 토양 회복에 나서는 '산림·토지 이용 선언'과 메탄 배출량을 30% 감축하는 '국제 메탄서약'에도 서명하는 등 국제사회와 발맞추어 탄소중립을 추진하고 있다.

3. 탈석탄

파리협정에서 체결한 온실가스 감축 목표를 달성하기 위해서는 에너지 체계의 전환이 필수적이다. 특히 석탄은 전 세계에서 가장 높은 비중을 차지하는 전력 생산 에너지원이다. 2019년 기준 석탄을 태워 만든 전기가 전 세계 발전량의 36.4%를 차지했다. 이처럼 전 세계 에너지원이 석탄에 크게 의존하고 있는 가운데 'IPCC 1.5°C 특별보고서'는 지구 온도 상승폭을 1.5°C로 제한하기 위해서는 2050년 석탄발전의 비중이 0%에 수렴해야 한다고 권고하고 있다.

탈석탄 정책이 가장 활발하게 실행되고 있는 곳은 유럽연합이다. 이미 독일, 프랑스, 이탈리아를 포함한 유럽연합 15개 국가가 탈석탄을 선언했다(박시완, 김승완, 2019). 유럽연합의 탈석탄 정책은 1995년 이후 지속적으로 마련된 기후변화 대응 정책들과 관련이 있다. 실질적으로 유럽연합 총 발전설비용량에서 석탄, 석유 등 화석연료 기반의 발전설비는 급속히 감소했고 태양광, 풍력 등 재생에너지 발전 설비는 빠르게 증가했다. 그 결과, 2000년 24.4%였던 유럽연합의 석탄화력발전 비중은 2015년 17.5%로 감소했다.

영국은 가장 빠르고 강력하게 탈석탄 정책을 추진한 국가 중 하나이다. 영국은 2050년까지 온실가스 배출을 1990년 대비 80% 이상 감축한다는 목표를 2008년 기후변화법 제정을 통해 법제화했다. 이에 따라 2013년부터 석탄발전 비중이 급격히 감소하였으며, 2020년에는 1.8% 수준에 불과할 정도로 현저히 낮추는 데 성공했다. 2025년에는 모든 석탄발전소를 폐쇄할 예정이다.

1) 우리나라의 탈석탄 동향

대한민국 정부는 9차 전력수급기본계획을 통해 2020년부터 2034년까지 노후 석탄화력발전소 총 30기를 순차적으로 폐쇄한다는 방침을 발표했다. 또한 제26차 유엔기후변화협약 당사국총회에서 주요 40개국과 함께 2039년까지 석탄 화력발전을 중단한다는 탈석탄 선언에 서명하는 등 탈석탄 정책을 본격 추진하고 있다.

2) 탈석탄을 위한 금융의 역할

석탄 발전 관련 산업에 대한 투자는 기후변화로 인한 물리적 위험과 전환 위험에 따른 재무적 위험 모두 크다. 금융기관들은 이와 같은 탈석탄 위험 요소들에 대한 대응방안을 적극 마련하고 있다. 자금 공급의 원천인 금융기관이 탄소를 덜 배출하는 기업에 투자하고, 우선적으로 추진되는 탈석탄 정책 동참에 앞장선다면 기후변화로 인한 재무적 위험 가능성에 대비함과 동시에 저탄소 경제 전환의 촉매제가 될 것이다.

파리협정 이후 글로벌 금융기관들은 적극적으로 탈석탄 금융을 선언하고 있다. 씨티은행, 도이치은행, 스탠다드차타드은행 등은 이미 2018년 탈석탄금융을 선언한 뒤 해당 위험에 노출된 자산을 점진적으로 줄여가고 있다.

3) 우리나라의 탈석탄 금융 현황

국내 금융기관들도 탈석탄 금융을 적극적으로 추진하고 있다. 국내 주요 시중은행 및 금융기관은 기후변화 측면의 글로벌 이니셔티브에 참여하고 있다. 또한, 2021년 6월 기준 국내 금융기관 중 100개 기업이 석탄발전과 관련된 신규 프로젝트 파이낸싱(PF)과 채권에 대한 투자 중단을 선언했고, 그중 14개사는 탄소중립 목표를 구체적으로 수립했다(한국사회책임투자포럼, 2022).

기후변화 금융 이니셔티브 참여 금융기관(2021년 6월 기준)

기후변화 금융 이니셔티브	국내 금융기관 가입 현황
PCAF[1)]	신한금융그룹, KB금융그룹, 우리금융그룹, 하나금융그룹, 중소기업은행, DGB금융그룹, JB금융그룹, 한화자산운용 등
SBTi[2)]	우리금융그룹, KB금융그룹, 미래에셋증권, SK증권, 신한금융그룹, DGB 금융그룹, 중소기업은행 등
NZBA[3)]	신한금융그룹, KB금융그룹, 중소기업은행, JB금융그룹 등
EP[4)]	하나은행, KB국민은행, 한국산업은행, NH농협은행, 신한은행, 우리은행 등

1) 탄소회계금융협회(Partnership for Carbon Accounting Financials, PCAF)
2) 과학기반감축목표 이니셔티브(Science Based Target initiative, SBTi)
3) 넷제로 은행 얼라이언스(Net-Zero Banking Alliance, NZBA) 0.6 기준
4) 적도원칙(Equator Principles)

출처: 한국사회책임투자포럼(2022)

4) RE100

탄소중립을 달성하기 위해서는 일반 화석연료를 사용해 전력을 생산하는 전통적인 에너지 생산 체계에서 재생에너지를 이용하여 전력을 생산하는 탄소배출 제로 에너지 생산 체계로의 전환, 즉 RE100(Renewable Energy 100%) 달성이 필수적이다.

RE100 이니셔티브는 탄소중립 사회로 전환하기 위한 재생에너지 사용 촉진을 목적으로 자발적으로 만들어진 글로벌 이니셔티브이다. RE100 이니셔티브는 2014년 글로벌 비영리 단체인 The Climate Group과 탄소정보공개프로젝트(Carbon Disclosure Project, 이하 CDP)[20]가 재생에너지로 100% 전력 사용을 약속한 기업들, 즉 재생에너지 소비자로 구성된다. RE100 이니셔티브에 참여하기 위해서는 RE100 이니셔티브가 제시하는 기준에 부합해야 한다. 먼저 참여 기업은 2050년 재생에너지 100% 전환 목표를 수립하고, 적어도 2030년 60%, 2040년 90% 전환을 달성해야 한다. 둘째로 RE100 보고 템플릿이나 CDP 등을 활용하여 재생에너지 전환실적을 이해관계자에게 투명하게 공개해야 한다.

글로벌 RE100 이행수단으로는 인증서 구매, 전력회사와 녹색 전력 구매 계약 체결, 제3자 전력구매계약(Power Purchase Agreement, PPA), 자가 설비 등이 있다.

2022년 10월 기준 전 세계에서 RE100 이니셔티브에 가입한 기업/기관은 384개이다. 2021년 기준으로 이들 기업이 사용한 연간 총전력량은 약 390TWh, 중 총재생에너지량은 152TWh으로 총전력량의 45%를 재생에너지로 전환한 것으로 조사되었다(RE100, 2022).

20 기후변화 정보를 포함한 환경정보를 보고하는 글로벌 이니셔티브. 비영리 단체로 803개 금융기관이 서명기관으로 참여하고 있다(2-3장 참조).

국내도 2021년 산업통상자원부가 재생에너지로 생산된 전력을 기업이 선택해서 구매할 수 있는 한국형 RE100(K-RE100)을 도입하는 등 RE100 전환을 위한 다양한 제도를 추진하고 있다. 재생에너지 전환에 대한 글로벌 트렌드는 계속해서 강화되고 있다. 특히 최종제품을 생산하는 글로벌 기업은 자사 공급망 내 협력사들에게 재생에너지 사용을 점점 더 강하게 요구하는 추세다. 글로벌 투자자들도 피투자회사들의 재생에너지 사용 및 실적 공개를 요구하고 있다. 이와 같이 글로벌 고객, 규제기관, 투자자 등 글로벌 이해관계자의 재생에너지 전환에 대한 관심과 요구가 증가하는 상황에서 국내 기업들은 재생에너지를 전환 비용 측면에서만 접근하는 것이 아니라 회사 운영의 필수 활동이란 인식을 바탕으로 재생에너지 전환을 시기적절하게 추진해야 할 것이다.

또한 친환경 제품에 대한 소비자의 관심이 높아지고 있는 만큼 재생에너지 전환과 기후변화에 대한 적극 대응이 최종 소비자들의 기대에 부응함은 물론 새로운 기회가 될 수 있으므로 기업은 이를 위한 효과적인 방안을 모색해야 한다.

4. 관련 이니셔티브

1) PCAF

기후변화 대응을 위해서는 금융기관의 역할이 매우 중요하다. 금융기관은 자본 흐름을 기후변화 대응을 위한 방향으로 바꿀 수 있고, 금융시장에 관련 시그널을 보낼 수도 있다. 이런 과정에는 금융기관의 포트폴리오상 기후변화 위험과 해당 포트폴리오에서 배출되는 온실가스에 대한 이해가 필요하다. 그리고 이를 위해서는 금융배출량 측정이 필수적이다.

탄소회계금융협회(Partnership for Carbon Accounting Financials, 이하 PCAF)는 금융회사들(은행, 자산운용사, 연기금 등)의 자금 운용 및 흐름이 파리협정의 지구 기온상승 억제 목표에 부합하도록 하며 금융회사 자산 포트폴리오의 탄소배출 정보의 투명성을 위해 금융회사가 보유한 대출 및 투자자산에서 발생하는 탄소배출량을 측정, 관리 및 공시하기 위한 글로벌 이니셔티브이다. 파리협정 이후, 금융기관의 온실가스 회계가 필요해짐에 따라 금융 자산의 온실가스 배출량을 측정하고 평가하기 위한 투명하고 공통된 기준이 요구되었다. PCAF는 이와 같은 과정에서 설립된 PCAF의 목표는 금융기관 자본이 저탄소 산업에 투자되어 저탄소 경제를 달성하는 데 있다. 2022년 10월 기준 유럽, 미국, 일본 등 선진국을 중심으로 310여 개 금융회사가 참여하고 있다.

PCAF는 스코프 3에 해당하는 금융배출량을 측정하고 공시하는 방법론을 제공한다. 기간별 비교는 물론, 주식·채권뿐만 아니라 대출, 모기지, 상업용 부동산, 오토론 등 자산군별 비교도 가능하다.

PCAF의 금융배출량 측정 표준은 뱅크 오브 아메리카, 모건 스탠리, ABN AMRO 은행, 보스턴 공동 자산운용 등 16개 글로벌 금융기관들로 이루어진 PCAF 글로벌 코어 팀에 의해 개발되었다. 이 팀은 온실가스 프로토콜(Greenhouse Gas Protocol)이라는 기관에서 발표한 기업의 온실가스 배출량 측정 방법론인 온실가스 회계처리 및 보고기준(GHG Protocol for Corporate Accounting and Reporting Standard)과 온실가스 가치사슬(스코프 3) 회계처리 및 보고기준(GHG Protocol Corporate Value Chain(Scope 3) Accounting and Reporting Standard)을 고려하여 금융배출량 측정 표준을 개발했다.

금융배출량 측정 대상 6대 자산

구분	내용
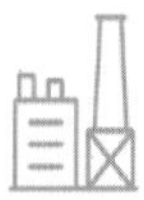 상장주식 및 회사채	- 상장주식이란 증권거래소 등에서 일반적으로 거래되는 주식임 - 금융기관의 재무상태표에 반영되는 모든 회사채와 상장 주식을 포함
 기업대출 및 비상장 주식	- 기업대출과 민간 기업에 대한 지분 투자(비상장)로 구성됨 - 기업대출은 영리/비영리 목적으로 금융 기관의 재무상태표에 반영되는 모든 대출 및 신용 한도를 포함 - 비상장 주식은 영리/비영리 목적으로 시장에서 거래되지 않고 금융기관의 재무상태표에 반영되는 모든 지분 투자를 포함
 프로젝트 금융	- 금융기관의 재무상태표에 반영되는 특정 목적의 프로젝트를 대상으로 한 모든 대출과 투자 - 특정 목적의 프로젝트는 화력발전, 풍력 및 태양광 발전, 에너지 효율 프로젝트의 건설 및 운영 등을 위한 자금조달 활동을 의미
 상업용 부동산	- 상업용 부동산의 구매 및 재융자, 투자 등 특정 영리 목적의 재무상태표에 반영되는 대출 - 상업용 부동산은 소매업, 호텔, 사무공간, 산업용 또는 대규모 다주택 임대와 같은 상업적 목적으로 사용되는 부동산 자산을 의미
 모기지	- 주택용 부동산의 구입 및 재융자를 위한 재무상태표에 반영되는 대출 - 주거 목적으로만 사용되고 소득 창출 활동 목적으로 사용되지 않는 부동산을 의미
 오토론	- 자동차에 대한 자금 조달을 목적으로 기업 또는 개인에게 제공한 재무상태표에 반영되는 대출 및 신용 한도

출처: PCAF(2020)

금융배출량 산정은 금융기관이 기후 관련 위험과 기회를 분석하고, 파리협약 이행 목표를 수립하며, 탈탄소화 시대에 맞는 효율적인 전략수립을 위해 필요하다. PCAF 회원으로 가입한 금융기관은 PCAF 방법론을 활용하여 여섯 가지 금융자산별 금융배출량을 측정할 수 있다.

PCAF 방법론에 따라 측정한 금융배출량은 먼저 금융기관 스스로 탄소중립 목표를 설정하고 이행 계획을 수립하는 과정에 필요한 기초 데이터로 활용할 수 있다. 또한 금융배출량은 기후변화 정책으로 인해 영향을 받게 되는 포트폴리오를 대상으로 한 스트레스 테스트 지표로 사용할 수 있다. 이를 통해 포트폴리오 내에 탄소 집약도가 높은 투자를 식별하여 위험 자산 노출을 최소화하는 등 기후변화 위험관리 전략을 수립할 수 있다. 또한 금융배출량 측정을 통해 저탄소 펀드, 녹색채권, 지속가능 연계채권, 녹색 모기지 등 저탄소 경제 전환에 부합하는 기후 친화적 상품 개발이 가능할 것이다.

금융기관이 PCAF 방법론을 활용하여 금융배출량을 측정하고 TCFD 프레임워크의 권고안에 기반하여 기후변화 대응을 위한 정보를 공시한다면, 투자자는 금융기관 간 스코프 3 배출량을 비교할 수 있을 뿐만 아니라 향후 금융기관이 기후변화로 인해 발생할 위험을 관리할 능력을 효과적으로 판단할 수 있을 것이다.

2) SBTi

과학기반 감축목표 이니셔티브(Science Based Targets initiative, 이하 SBTi)는 CDP, 유엔글로벌콤팩트(UN Global Compact, 이하 UNGC)는 세계자원연구소(World Resources Institute, WRI), 세계자연기금(World Wide Fund for Nature, WWF)의 4개 기관이 주도하고 있는 글로벌 기후변화 이니셔티브이다.

이 이니셔티브는 기업 등이 과학적 기반으로 온실가스 감축 목표를 수립할 수 있도록 가이드라인과 방법론을 제공하고 있다. 과학기반 감축목표 이니셔티브에서는 파리협정의 과학적 근거로써 지구 온도 상승을 산업혁명 이전 대비 2.0°C 이하로 억제하는 시나리오와 최근 강화된 1.5°C 이하로 억제하는 시나리오에 따라 감축 목표를 설정하는 것을 주요 내용으로 하고 있다.

기업 등이 과학기반 감축목표 이니셔티브에 가입하여 승인을 받고자 한다면, 관련 기준과 이미 개발되었거나 준용할 만한 산업별 가이드라인에 따라 온실가스 감축 목표를 수립해야 한다. 또한 온실가스 산정방법론을 제공하는 온실가스 회계처리 및 보고기준, 스코프 2 가이던스, 온실가스 가치사슬(스코프 3) 회계처리 및 보고기준을 모두 준수해야 한다.

기후변화 대응을 위해 기업의 과학기반 감축목표 참여가 중요한 이유는 크게 두 가지이다. 첫째, 기업의 경영활동이 환경에 끼치는 부정적 영향을 줄여 기후변화 대응에 기여해야 이해관계자들로부터 공감과 지지를 얻을 수 있기 때문이다. 둘째, 과학기반 감축목표에 참여하면 비즈니스 측면에서도 부가가치를 창출할 수 있기 때문이다. 온실가스 감축은 강화되고 있는 규제 대응에 따른 비용 절감은 물론 투자자의 관심 제고와 브랜드 가치 개선에 기여할 수 있다.

기후변화가 금융 산업에 미치는 실질적인 영향을 경험한 투자자들은 기업에게 더 많은 기후 관련 공시를 요구하고 있다. 금융기관들은 PCAF 방법론에 기반하여 금융배출량을 측정하고, 과학기반 감축목표 이니셔티브에 맞춰 감축목표를 수립한 뒤 이를 공시사항에 포함할 수 있다.

가이드라인 종류 및 개발 현황(2022년 11월 기준)

산업별 가이드라인	개발현황
알루미늄(Aluminum)	개발 착수
의류, 신발(Apparel and Footwear)	완료
항공(Aviation)	개발 중
건물(Buildings)	개발 중
화학(Chemicals)	개발 중
시멘트(Cement)	완료
금융(Financial Institutions)	완료
산림, 토지, 농업(Forest, Land and Agriculture, FLAG)	완료
정보통신(Information and Communication Technology, ICT)	완료
정유(Oil and Gas)	개발 중
전력(Power)	완료
철강(Steel)	개발 중
교통(Transport)	개발 중

출처: SBTi 홈페이지

3) 유럽연합 녹색분류체계

녹색분류체계(Taxonomy)는 환경 관점에서 지속가능한 경제활동, 즉 친환경 목적에 이바지하는 경제활동이 무엇인지 분류하기 위한 기준이다. 이런 기준이 필요한 이유는 어떤 활동이 친환경 활동인지 구분해야 관련 정책 수립, 투자자의 환경 친화적 투자, 기업의 환경경영 등에 대한 방향성과 구체적인 내용을 마련할 수 있기 때문이다. 또한 아예 친환경 활동이 아니거나 극히 미미함에도 불구하고 과잉, 과대, 허위 정보가 공개되는 그린워싱을 억제할 수 있기 때문이다.

2050년 탄소중립 달성을 목표로 그린딜(Green Deal)[21] 등 일련의 정책을 발표하고 있는 유럽연합은 세계 최초로 녹색분류체계 규정(EU Taxonomy Regulation)을 제정하여 2020년 7월에 발효했다.

유럽연합 녹색분류체계의 6대 환경 목표는 기후변화 완화, 기후변화 적응, 수자원 및 해양자원의 지속가능한 사용 및 보호, 순환경제로의 전환, 오염방지 및 통제, 생물다양성과 생태계의 보호 및 복원이다.

6대 환경 목표별 판단기준은 네 가지이다. 먼저 6대 환경 목표에 해당해야 하고, 다른 목표에 중대한 피해를 발생시키지 않아야 하며, 최소한의 사회적 안전기준[22]을 충족하는 경제활동이어야 하고, 경제활동별 기술 선별기준에 부합해야 한다.

4) 한국형 녹색분류체계

이와 같은 국제사회의 흐름에 발맞추어 우리 정부도 한국형 녹색분류체계를 수립했다. 정부는 2021년 12월 한국형 녹색분류체계 가이드라인을 발표하여 녹색분류체계에 따라 녹색경제활동을 분류하는 원칙과 기준을 제시했다. 가이드라인은 탄소중립 및 환경개선에 필수적인 녹색경제활동인 녹색 부문과 탄소중립이라는 최종지향점으로 가기 위한 중간과정에서 한시적으로 녹색분류체계에 포함된 전환 부문으로 구분되며 총 69개 세부 경제활동으로 구성되었다.

녹색 부문은 온실가스 감축(산업, 발전, 건물 등), 기후변화 적응, 물, 순환경제(자원순환 등), 오염(대기/해양오염 방지 및 처리), 생물다양성 분야로 구분되며, 총 64개 녹색경제활동으로 구성되어 있다. 전환 부문은 화석연료를 일부 포함하지만 녹색경제활동으로 넘어가기 위한 과도기적 경제활동으로 중소기업 사업장 온실가스 감축, 액화천연가스 및 혼합가스 기반 에너지 생산, 블루수소 제조, 친환경 선박 건조, 친환경 선박 운송 등 총 5개 활동으로 구성된다.

한국형 녹색분류체계에 해당하는지 판단하기 위해 검토대상 경제활동(프로젝트 단위, 자산 단위, 기업 단위)을 활동기준, 인정기준, 배제기준, 보호기준의 네 가지 기준에 따라 판단한다. 기준을 충족하는 경우 녹색분류체계에 적합한 것으로 판단한다.

---

21 2019년 12월 11일 유럽연합 집행위원회가 발표한 것으로, 2050년 기후중립 목표 달성을 위해 사회 전 분야를 전환하기 위한 정책패키지이다. 그린딜 발표 이후 후속 정책이 잇따라 발표되었는데, 2020년 1월에는 그린딜 추진을 위한 자금지원 방안인 '유럽 그린딜 투자계획(European Green Deal Investment Plan)'이 공개되었고, 3월에는 그린딜의 법적 기반인 '기후법(안)(European Climate Law)'이 마련되었다(김수현, 김창훈, 2020).

22 경제협력개발기구 다국적기업 가이드라인, 국제노동기구(International Labour Organization, ILO) 협약, 유엔 기업과 인권 이행지침(UN Guiding Principles on Business and Human Rights)

한국형 녹색분류체계 적합성 판단 절차 및 판단기준

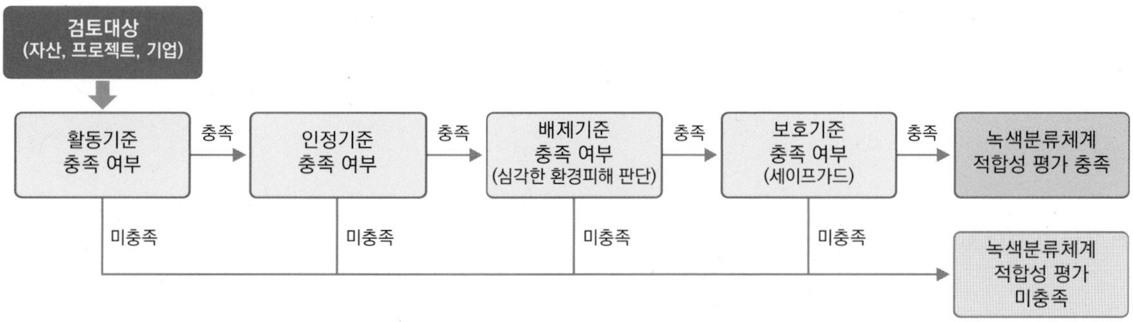

① 활동기준: 경제활동이 활동기준에 부합하는지 판단
② 인정기준: 경제활동이 6대 환경목표 중 하나 이상의 환경목표 달성을 위한 기술적 기준에 부합하는지 판단
③ 배제기준: 경제활동이 심각한 환경피해 판단기준(DNSH 기준)에 따른 요건에 부합하는지 판단
④ 보호기준: 경제활동이 인권, 노동, 안전, 반부패, 문화재 파괴 등 관련 법규를 위반하지 않는지 판단

출처: 환경부(2021)

이처럼 한국형 녹색분류체계는 어떤 경제활동이 녹색경제활동으로 인정되는지에 대한 원칙과 기준을 제시하고 있고 적합성 판단을 위한 활동기준, 인정기준, 배제기준, 보호기준을 구체적으로 기술하고 있다. 따라서 이를 잘 활용하면 녹색경제활동을 구분하고 그린워싱을 판별하는 데 많은 도움을 받을 수 있을 것이라 예상된다.

한국형 녹색분류체계와 유럽연합 녹색분류체계의 주요 내용

	한국형 녹색분류체계	유럽연합 녹색분류체계
6대 환경목표의 분류	1. 온실가스 감축 2. 기후변화 적응 3. 물의 지속가능한 보전 4. 자원순환 5. 오염 방지 및 관리 6. 생물다양성 보전	1. 기후변화 완화 2. 기후변화 적응 3. 수자원/해양자원의 지속가능한 사용 및 보호 4. 순환경제로의 전환 5. 오염방지 및 통제 6. 생물다양성과 생태계 보호 및 복원
경제활동의 분류	1. 녹색 부문 2. 전환 부문 (14개 분야의 69개 경제활동으로 규정)	1. 저탄소 부문(Own Performance) 2. 지원 부문(Enabling Activities) 3. 전환 부문(Transitional Activities) (NACE Code 기준 21개 분야의 615개 경제활동으로 규정)
판단기준	1. 활동기준 2. 인정기준 3. 배제기준 4. 보호기준	1. 하나 이상의 환경목표 달성에 상당한 기여 2. 다른 환경목표에 중대한 피해를 주지 않을 것 (DNSH: Do No Significant Harm) 3. 최소한의 사회적 안전기준 준수 4. 경제활동별 기술 선별기준에 부합하는 친환경 활동 식별 및 개발
법적 구속력 및 공시 여부	- 한국형 녹색분류체계 가이드라인으로 법적 구속력이 없음 - 한국형 녹색분류체계에 따른 공시여부나 관련 규정이 가이드라인에 포함되지 않음	- 유럽연합 녹색분류체계 내 공시 관련 규정을 명시하여 기업들의 분류체계에 따른 공시 의무를 부여 - 유럽연합 지속가능성보고 관련 법안(CSRD, SFDR 등)에 분류체계를 적용하여 유럽연합 녹색분류체계에 기반된 유기적인 공시 프레임워크를 구성

2-2
TCFD

1. TCFD 권고안

1) TCFD 소개

TCFD는 전 세계 기업 및 기관의 기후변화 관련 정보 공시를 촉진하기 위한 글로벌 협의체이다. 2015년 국제기구인 G20의 요청에 따라 금융안정위원회가 설립했다. TCFD는 위험관리 관점에서 기후변화가 기업에 미치는 영향을 기업 경영과 의사결정에 체계적으로 반영하도록 하여 체계적인 기후변화 대응을 촉진하는 것을 목표로 하고 있다. TCFD는 2017년에 TCFD 기후관련 재무공시 권고안(Recommendations of the Task Force on Climate-related Financial Disclosures, 이하 TCFD 권고안)과 함께 TCFD 권고안의 적용 지침(Implementing the Recommendations of the Task Force on Climate-related Financial Disclosures)을 발표하여 기후변화 정보 공시기준을 구체화하였고, 이후 2021년 10월에는 적용 지침을 개정 보완하였다.

2022년 10월 기준 전 세계 95개국 3,400여 개 기업/기관이 TCFD 및 TCFD 권고안에 대한 지지를 선언하였다. 국내에서도 127개 기업/기관이 참여하고 있는데 그중 금융회사가 59개로 가장 많다.

G20 회원국의 중앙은행을 중심으로 하는 TCFD는 금융권의 기후변화 대응촉진을 우선적으로 추진하고 있는 이니셔티브다. 이에 따라 TCFD 권고안은 모든 산업에 대한 공통지침 외에 금융권과 비(非)금융권을 구분한 보충지침을 제시하고 있다. 이 지침에 따라 은행, 보험사, 자산 소유사, 자산 운용사 등 금융 기업들은 비금융권 기업보다 광범위하고 구체적인 요건에 따라 정보를 공시해야 한다.

TCFD는 기후변화 정보를 투자자 등 이해관계자들이 쉽게 접근할 수 있는 보고서 형태로 공시하도록 기업에게 권고하고 있다. 예를 들어 종전부터 발행하는 사업보고서에 기후변화 정보를 포함하도록 하거나, 특정 규모 이상 기업은 별도 보고서로 발행할 것을 요구한다. 보고 기간도 기존 재무정보 보고기간과 동일하게 공시하도록 권고하고 있다. 기후변화 정보 역시 정기적인 공시를 요구하고 있는 셈이다.

2) TCFD 권고안의 핵심 요소별 요구 사항

TCFD 권고안은 크게 지배구조, 전략, 위험관리, 지표 및 목표 네 가지 주제로 구성된다.

첫째, 지배구조는 기업의 최고의사결정기구가 기업경영과 산업활동에 기후변화가 미치는 위험과 기회를 어떻게 관리하고 감독하는지, 이러한 위험과 기회를 평가 및 관리할 책임이 있는 경영진(C-Level)과 조직은 어떠한지에 대한 정보를 요구한다.

둘째, 전략은 기후변화로 인한 단기 또는 중장기적인 환경변화가 기업의 영업전략이나 재무계획 등에 미치는 영향을 어떻게 분석 및 공시하고 있는지, 평균기온 1.5°C 이내 상승 등 지구온난화 시나리오에 따른 기후변화가 경영 전략에 어떤 변경을 초래하거나 연관성이 있는지에 대한 기업의 분석현황을 공시하도록 요구하고 있다.

셋째, 위험관리는 위험과 기회 차원에서 기후변화가 기업에 미치는 영향을 분석 및 관리하는 기업 내부 프로세스에 대한 정보 공시를 요구한다. 더불어 이러한 프로세스가 기존의 기업 위험관리 체계에 어떻게 통합되어 있는지를 다룬다.

넷째, 지표 및 목표는 기후변화 관련 위험과 기회를 평가 및 관리하기 위한 정성적 또는 정량적인 지표가 무엇이며 이러한 지표들의 관리목표와 이행성과에 대한 정보 공시를 요구하고 있다.

TCFD 권고안의 핵심 요소별 요구 사항

지배구조	전략	위험관리	지표 및 목표
기후변화와 관련된 위험과 기회에 대한 조직의 지배구조를 공개	기후변화와 관련된 위험과 그러한 정보가 중요한 조직의 사업, 전략 및 재무 계획에 미치는 실질적 및 잠재적 영향을 공개	조직이 기후변화와 관련된 위험을 식별, 평가 및 관리하는 방법을 공개	해당 정보가 중요한 곳의 기후변화와 관련된 위험과 기회를 평가하고 관리하는 데 사용되는 지표 및 목표를 공개
권고 정보공개	권고 정보공개	권고 정보공개	권고 정보공개
a) 기후변화와 관련된 위험과 기회에 대한 이사회의 감독을 설명	a) 조직이 단기, 중기 및 장기에 걸쳐 확인한 기후변화와 관련된 위험과 기회를 설명	a) 기후변화와 관련된 위험을 식별하고 평가하기 위한 조직의 프로세스를 설명	a) 조직이 전략 및 위험 관리 프로세스에 따라 기후변화와 관련된 위험과 기회를 평가하기 위해 사용한 지표를 공개
b) 기후변화와 관련된 위험과 기회를 평가하고 관리하는 경영진의 역할을 설명	b) 기후변화와 관련된 위험과 기회가 조직의 사업, 전략 및 재무 계획에 미치는 영향을 설명	b) 기후변화와 관련된 위험을 관리하기 위한 조직의 프로세스를 설명	b) 스코프 1, 스코프 2 그리고 해당되는 경우 스코프 3 온실가스(GHG) 배출량 및 관련 위험을 공개
	c) 2°C 이하의 시나리오를 포함하여 다양한 기후변화와 관련된 시나리오를 고려하여 조직 전략의 회복력을 설명	c) 기후변화와 관련된 위험을 식별, 평가 및 관리하는 프로세스가 조직의 전반적인 위험 관리에 통합되는 방법에 관해 설명	c) 기후변화와 관련된 위험과 기회를 관리하기 위해 조직에서 사용하는 목표 및 목표 대비 성과를 설명

출처: TCFD(2017), 저자 재구성

2. TCFD 권고안의 적용 지침

1) 지배구조

(1) 기후변화와 관련된 위험과 기회에 대한 이사회의 감독

기업의 이사회 또는 산하 위원회가 기후변화와 관련하여 의사결정을 진행하는 체계(안건 상정이나 검토, 의사결정의 기준과 절차)를 구체적 사례와 함께 설명한다. 이사회 또는 이사회 산하 위원회가 기업전략, 예산 심의, 사업 계획 및 기타 의사결정 시 기후 위험을 고려하는지(고려한다면 구체적으로 어떤 검토 사례가 있는지) 설명하고, 기후변화를 고려한 의사결정(예: 저탄소 사업투자 및 연구개발비)에 대한 주요 비용집행, 관련 경영 목표와 실행성과에 대한 관리감독 체계와 기준을 구체적으로 명시한다.

(2) 기후변화와 관련된 위험과 기회를 평가하고 관리하는 경영진의 역할

기후변화 위험과 기회를 사업운영, 사내 관리체계 운영 및 기업 의사결정에 반영하는 데 있어 경영진은 어떠한 역할과 책임을 갖고 있으며, 경영진에 대한 성과평가 시 그러한 역할과 책임이 어떻게 반영되는지에 대하여 구체적으로 설명한다. 경영진이나 내부 관리부서(협의체)가 이사회 또는 이사회 산하 위원회에게 기후변화 관련 내용을 보고하는 체계에 대해서도 설명이 필요하다. 또한 경영진과 내부조직이 다루는 기후변화 정보의 유형, 범위, 정보수집 경로, 빈도 등에 대해서도 서술한다.

[Case Study] 모건 스탠리의 TCFD 보고서상 지배구조 정보 보고 내용

① 이사회 및 경영진 리더십

- 리스크 위원회에 기후 위험관리의 책임을 부여하고, 최고위험책임자(Chief Risk Officer, 이하 CRO)가 위원회에 기후변화 관련 업무 보고
- 후보 추천 및 지배구조(Nominating and Governance) 위원회는 지배구조원칙 및 ESG 이니셔티브(지속가능경영보고 포함) 감독
- 최고지속가능책임자(Chief Sustainability Officer, 이하 CSO)와 환경 및 사회 위험관리 그룹은 위원회에 정기적으로 기후변화 이슈 보고

② 위험관리 리더십

- CRO는 기후 위험을 감독하고, 여러 위원회는 비즈니스 운영과 관련된 기후 위험 감독
- 유럽의 규제 기관인 PRA(Prudential Regulatory Authority) 대응을 위해 유럽, 중동 및 아프리카 CRO를 기후변화로 인한 재무 위험 책임자로 임명
- 환경 및 사회 위험관리 그룹은 기후 및 환경/사회적 위험의 전략과 정책 관리
- 글로벌 프랜차이즈 위원회, 이사회, 후보 추천 및 지배구조 위원회는 관련 정책과 전략 승인
- 정책과 전략에는 회사의 접근 방식, 실사 프로세스, 관리 지침, 위원회 구성 방침 등을 포함

③ **지속가능성 지배구조**

- GSF(Global Sustainable Finance)그룹은 정책, 활동 제품 및 서비스 전반에 걸쳐 지속가능경영 주도
- CSO와 부회장 아래 소속되어 있는 GSF의 업무영역에는 기관 증권, 자산 관리 및 투자 관리 전반에 걸친 리더십 뿐만 아니라 환경 및 사회 위험 경영과 재무 위험 경영을 포함
- GSF의 핵심 역할은 기후변화를 기업 의사결정, 고객 솔루션 및 비즈니스 활동에 통합하는 것
- GSF 내 모건 스탠리 지속가능한 투자 연구소는 저탄소 솔루션을 포함한 지속가능경영 분야 투자 및 금융을 가속화하기 위한 분석 제공
- 모건 스탠리 지속가능한 투자 연구소는 투자자에게 인사이트 제공 및 지속가능한 금융인재 육성
- 연구소의 자문위원회는 모건 스탠리의 기후변화대응 접근방식이 포괄적이고 엄격하며 혁신적이도록 지원
- 회원에는 비즈니스, 학계, 시민 사회 단체 및 독립 이사 등의 전문가 포함
- 자문위원회는 지속가능성 우선 순위에 대한 의견을 제공하기 위해 1년에 2회 정기 회의 개최

출처: 모건 스탠리(2020)

2) 전략

(1) 조직의 단기 및 중장기 위험과 기회

향후 기후변화가 기업에게 미치는 영향을 토대로 어떠한 위험이나 기회가 있는지 단기적, 중기적 또는 장기적으로 구분하여 설명한다. 특히 기업이 소유하고 있는 자산, 운영 중인 사업장 및 시설에 영향을 미치는 요인, 기업의 재무현황이나 운용 계획에 영향을 미치는 요인으로 구분하여 설명하면 좋다. 또한 기후변화 위험은 지리적 요인(국가나 지역), 산업유형(제조나 서비스 등) 별로 크게 다를 수 있으므로 이와 같은 구분에 따라 설명하는 것이 바람직하다.

(2) 기후변화와 관련된 위험과 기회가 조직의 사업, 전략 및 재무 계획에 미치는 영향

기후변화가 기업에 미치는 영향에 대해서 설명할 때는 다음과 같은 관점에서 구분하여 설명하면 보다 구체적인 위험과 기회 제시가 가능하다.

- 공급망 또는 가치사슬
- 기업의 기후변화 적응(Adaptation) 및 탄소감축(Mitigation)
- 저탄소 연구 개발 투자
- 사업장 및 시설, 장비, 운송수단의 운영
- 타 사업장 또는 법인의 인수 또는 매각, 신규 사업투자
- 금융과 자본 접근성
- 주가 영향과 회계

재무계획(향후 기업의 수입과 지출)에 영향을 미치는 위험을 설명하는 경우 기후변화로 인한 위험과 기회 요인이 미래 재무계획에 어떻게 반영되는지, 어떠한 기후변화 위험이 우선적으로 반영되었

는지 서술하는 것이 좋다. 또한, 기후변화가 미래의 재무성과에 미치는 영향과 관련된 위험 분석 시에는 재무성과 영향의 근거와 향후 위험의 변동성을 함께 설명하는 것이 바람직하다. TCFD 권고안의 적용 지침에 따라 향후 탄소배출량 감축목표와 관련하여 자사뿐만 아니라 가치사슬(원재료 공급사와 고객사 등)의 구체적인 감축활동 추진 계획을 함께 제시하는 것도 권장된다.

CDP에 참여하는 기업이 이와 같은 분석을 진행할 경우, CDP 답변서에 공시한 기후변화 위험 및 기회(예: 기후변화 위험의 시간적·공간적 범위와 발생가능성, 재무영향, 관리비용 등)와 TCFD 보고서의 공시내용이 얼마나 일관성을 유지하고 있는지에 대한 점검도 실무적으로 매우 중요할 것으로 보인다.

(3) 기후변화 시나리오를 고려한 기업 전략의 회복력

기후변화는 미래의 불확실성을 내포한 위험 요인이자 기회 요인이다. 이에 근거해 TCFD는 기후변화 영향의 향후 불확실성 또는 변동성이 앞서 분석한 기업의 위험과 기회에 어떠한 변화를 초래하는지 설명할 것을 권고하고 있다. 기후변화의 불확실성 분석은 먼저 현재 유엔기후변화협약(UNFCCC)이나 IPCC와 같은 기후변화 관련 국제조직에서 논의되고 있는 기후변화 시나리오를 감안하여 진행한다. 이어서 이러한 불확실성이 먼저 분석한 기후변화 위험과 기회, 기업전략, 비즈니스, 재무계획에 어떠한 변화를 초래하는지에 관한 영향 발생의 사유, 과정, 시점 등을 분석한다.

예를 들어, 기업이 감축해야 할 온실가스 배출량은 1.5℃와 2℃ 시나리오별로 달라지는데 이를 정량적으로 분석하면 감축량 변동에 따른 기업의 감축비용 변화를 분석할 수 있다. 또한 TCFD 권고안의 적용 지침에서 기후변화 시나리오 검토 시 기업영향에 대한 정량수치 제시를 강조하고 있으므로 이를 고려한 수치기반 분석이 중요할 수 있다.

기후변화 시나리오 분석이란?

기후변화 시나리오 분석은 미래 기후변화로 인해 변화될 물리적, 시장적, 산업적, 정책적 변화를 정의한 후(시나리오 정의), 이러한 시나리오가 기업경영과 전략, 재무계획에 어떠한 영향을 주는지 분석하는 과정을 의미한다. 1.5℃ 또는 2℃ 시나리오가 대표적인 기후변화 시나리오이다. 최근에는 1.5℃ 시나리오 기준으로 기업의 탄소감축 목표를 선언하는 기업이 점차 많아짐에 따라 둘 중 1.5℃ 시나리오가 더 중요해질 것으로 예상된다.
시나리오 분석은 대표적 시나리오(예: 1.5℃)를 한 개 설정한 뒤 이를 기초로 기업영향을 분석하고 대응 방안을 제시한다. 다만, 일부 글로벌 기업이 특정 주제에 대해 여러 가지 시나리오(1.5℃, 2℃ 시나리오 등)를 비교분석하는 사례도 존재한다. 예를 들어 1.5℃ 및 2℃ 시나리오를 각각 구분하여 금융기업의 거래 산업별 배출전망치(Business-As-Usual, BAU)와 감축목표를 구분하여 분석하고 각 시나리오별 감축필요량 및 감축비용의 차이를 분석한 사례가 있다.

TCFD에서는 기후변화 시나리오 분석을 크게 네 가지 단계로 설정한다.

① 위험 중요성 평가 단계:
기업에게 중요한 구체적 위험과 기회 요인을 도출하는 작업이다. 즉, 기업경영 전략이나 재무계획에 영향도가 높은 위험, 향후 노출도가 높을 것으로 판단되는 위험, 이해관계자의 관심도가 높은 위험 등의 요건을 감안하여 해당 기업에게 중요한 위험이 무엇인지 분석하는 과정이다. 이 단계에서는 시장과 기술에 대한 영향, 기업 평판이나 국가정책 및 법률에 대한 영향, 사업장과 설비에 대한 물리적 영향 등을 고려한다.

② 시나리오 범위 설정 단계:
이전 위험 중요성 평가 단계에서 중요하다고 판단된 기후변화 위험에 대하여 정성적(예: 국제 탄소국경조정제도 도입으로 인한 우리 기업의 수출제품 규제), 정량적(예: 2025년 이후 탄소국경조정제도 도입에 따라 2030년에는 국내 철강업계 수출제품의 50%, 2040년에는 100%가 규제대상에 포함될 것)으로 미래 변화의 내용을 정의하는 작업을 의미한다. 이때는 기후변화 시나리오와 시나리오의 변동성, 기업의 특정 사업장이 기후변화에 노출된 정도를 고려하여 시나리오 범위를 구체화한다.

③ 비즈니스 영향평가 단계:
이전에 구체적으로 정의한 위험이나 기회가 기업에게 어떠한 영향을 주는지에 관해 기업비용(원재료, 운영 등), 수익, 공급망, 영업일수 변동, 위험 발생 시점을 통해 구체적으로 평가하는 작업이다.

④ 위험관리 및 대응 단계:
앞 단계에서 분석한 기후변화 영향을 관리하기 위한 방안을 수립하는 단계이다. 사업 모형의 변화, 사업이나 금융 포트폴리오 구성의 변경, 기후변화 관련 역량이나 기술투자 등 기업의 대응방안에 대한 분석을 포함한다.

3) 위험관리

전략 부문에서 주로 미래(단기 및 중장기) 기후변화 위험과 이에 대한 기업영향과 시나리오에 대한 정보 공시를 요구한다면, 위험관리 부문은 기업의 내부 프로세스 관점에 따른 정보 공시를 다룬다. 위험을 식별하고, 평가하고, 관리하는 프로세스와 이들이 기존 체계에 통합되는 과정이 주요 내용이 된다.

(1) 기후변화와 관련된 위험을 식별하고 평가하기 위한 조직의 프로세스

기후변화 위험을 식별하고 평가하는 기업의 조직과 해당 조직의 역할과 함께 기후변화 위험의 분석방법, 시기, 프로세스, 결과를 정리하고 보고하는 체계를 다룬다. 기후변화 관련 위험을 기술, 시장, 정책과 같은 전환 위험과 재해, 온도, 해수면, 기후와 같은 물리적 위험 두 가지로 구분하여 분석한다. 또한 이러한 위험의 발생가능성과 잠재적 발생규모를 평가하는 프로세스에 대해서도 공시해야 한다.

(2) 기후변화와 관련된 위험을 관리하기 위한 조직의 프로세스

이전 단계에서 식별 및 분석한 기후변화 위험을 완화, 회피, 수용 또는 통제하는 등 다양한 대응방향에 대해 의사결정하는 프로세스를 설명해야 한다. 다양한 기후변화 위험 중에서 우선적으로 대응이 필요한 위험에 대한 선별과 관리의 수준, 관리 경과에 대한 보고와 대응방향에 대한 결정 과정도 포함된다.

(3) 기후변화와 관련된 위험을 식별, 평가 및 관리하는 프로세스가 조직의 전반적인 위험관리에 통합되는 방법

일반적으로 기업에는 내부통제, 재무관리, 산업공정 관리처럼 기존의 사업을 원활히 수행하는 데 있어 핵심적인 위험을 정기적으로 모니터링, 평가 및 대응하는 프로세스가 존재한다. TCFD는 이러한 기업의 기존 위험관리 프로세스에 기후변화 위험 및 기회에 대한 관리활동을 어떻게 통합하여 관리하고 있는지 서술하도록 권고하고 있다.

기후변화 관련 기업의 주요 위험 및 기회 유형

전환 위험		
구분	내용	재무영향
정책과 법률	탄소가격제도 도입확대, 배출보고의무 강화, 탄소국경조정제도 등 국제규제, 회계기준 탄소요건 강화	벌금, 컴플라이언스 비용, 운영 비용 증가, 수출기업 원가상승, 고탄소 자산가치 손상/조기 상각
기술	해당 산업의 저탄소 기술 전환, 신기술에 대한 투자 실패, 저배출 기술 전환 비용	기존 제품의 수요 감소, 신기술 연구개발비 증가, 신사업 자본투자 증가, 내부전문조직/전문가 추가 비용
시장 위험	고객사 저탄소 요건 강화, 기후변화로 인한 시장 불확실성 강화, 원료비 인상	고탄소 상품/서비스의 수요 감소, 물 관리 비용 증가, 에너지 비용 증가
평판	소비자의 선호도 변화, 특정 산업분야의 부정적 이미지 강화	산업의 매출 감소, 기업 매력도 감소
금융 및 투자	투자자 기후변화 고려 확대, 고탄소 금융 축소 및 저탄소 금융과 펀드 확대	고탄소 기업 금융환경 및 자금유동성 악화, 주가 악영향

물리적 위험		
구분	내용	재무영향
급성위험	홍수나 태풍 등 자연재해 증가	교통장애나 공급망 마비로 인한 매출 감소, 홍수 등 자연재해로 인한 매출 감소와 자산가치 감소
만성위험	강수량 패턴 변화, 평균온도 및 생태변화, 해수면 상승	산업의 운영여건 변화로 인한 비용 증가, 생태변화로 인한 특정 어종 및 어획량 감소, 고위험 지역 보험료 인상

주요 기회 요인		
구분	내용	재무영향
자원효율성	기후변화로 인한 에너지 효율성 강화와 교통개선, 효율적인 프로세스 증가, 재활용 확대, 물 낭비 감소	사업장의 운영비용 절감, 효율적 생산으로 인한 수익증가, 고정자산의 가치증가
에너지	저탄소 에너지원 사용확대, 친환경 정책 및 인센티브, 기후변화 대응 신기술 확대, 탄소시장 확대, 분산형 에너지 확대	에너지 비용 감소, 화석연료 가격변동으로 인한 위험 노출 감소, 저배출 기술 강점 기업의 매출 상승, 저탄소 기업의 자본 접근성 증가와 평판개선
제품 및 서비스	저탄소 제품 및 서비스 확대, 기후변화 관련 보험상품 증가, 친환경 기술혁신 및 신기술 강화, 저탄소 산업활동 증가, 소비자 선호도 변화	탄소감축형 제품이나 서비스의 매출 증가, 기후변화 규제 대응에 필요한 지식기반 솔루션 수요증가, 저탄소 친환경 기업의 기업경쟁력 강화
시장	신규시장 확대, 공공 부문의 인센티브 증가	기업의 금융자산 접근성 및 비용감소 효과, 신흥시장 진출 시 기업경쟁력 강화
회복력	재생에너지 활용도 증가, 에너지 소싱 다각화	기업의 자산가치 개선, 기후변화 대응력 강화를 통한 제품 및 서비스 안정성 개선
금융	저탄소 펀드 및 금융상품 확대	저탄소 사업 금융여건 개선 및 유동성 강화

출처: TCFD(2021b), 저자 재구성

4) 지표 및 목표

(1) 기후변화와 관련된 위험과 기회를 평가하기 위해 사용한 지표 공개

핵심적인 기후변화 위험 및 기회를 평가하기 위해 기업이 관리하는 지표를 나열하고 지표별로 구체적인 정의와 수치 현황을 공시한다. 예를 들어, 탄소배출량, 물 소비량, 에너지 소비나 토지이용 현황, 폐기물 배출과 같은 기후변화 관련 지표를 말한다. 이러한 환경적 지표를 재무지표와 연계하여 집약도로 나타낼 수 있으며, 기업 내부적으로 효과적인 탄소관리를 위해 기업 내 탄소가격을 운용할 수도 있다.

또한 기업의 저탄소 제품이나 서비스 생산량, 이를 통한 매출액 등 기업의 저탄소 사업 포트폴리오 전환과 관련된 정보 공시가 필요하다. 내부 탄소제도(부서별 탄소배출량 한도설정이나 수행성과 현황에 대한 지표, 또는 내부적 탄소거래량 또는 탄소배출권리의 가격에 대한 정보) 관련 정보 공시도 이 항목에 해당한다.

(2) 스코프 1, 2, 3 온실가스 배출량 및 관련 위험 공개

탄소배출량은 스코프 1, 스코프 2, 스코프 3 온실가스 배출량 공시가 기본 범위이다. 특히 스코프 3의 경우에는 TCFD 권고안의 적용 지침의 금융권 보충지침 부분에서 PCAF 기준에 대한 준수를 명시하고 있으므로 이 기준을 준수한 금융상품별 온실가스 배출량 산정 및 공시가 필요하다. PCAF 기준은 국제표준에서 요구하는 총 15개의 스코프 3 항목 중 투자와 관련된 세부적인 산정기준을 제시하고 있다.

기본적으로 온실가스 수치는 연도별 전사 및 사업장, 주요 배출시설별로 절대적인 배출량을 기준으로 보고한다. 이외에도 비즈니스 성과지표와 연계된 형태로서 단위 매출액당 온실가스 배출량 또는 생산된 제품 유형별 개당 온실가스 배출량 등 과거추세에 따른 목표를 설정하여 이를 관리 및 공시하는 기업도 있다.

(3) 기후변화 대응 목표 및 목표대비 성과 공시

현재 국내외 기업들이 많이 활용하고 있는 대표적인 방법은 기준년도 대비 온실가스 배출량에 대한 감축률을 제시하고 이에 대한 성과를 서술하는 것이다. 이를 위해 기업들은 대부분 SBTi에서 제시하고 있는 기준을 준용하고 있다. 예를 들어, SBTi에서 제시하는 스코프 1과 2 연도별 감축률인 4.2%를 반영하여 온실가스 배출량을 2030년까지 2020년 대비 42% 감축하겠다는 목표를 제시해야 한다.

온실가스 감축목표 외에도 재생에너지 소비량(또는 전체에너지 소비량 중 재생에너지 소비 비중), 핵심 제품의 1개 생산당 온실가스 배출량(또는 제품 1개당 생애주기 전체의 배출량), 단위 매출액당 온실가스 배출량 등에 대해서도 목표를 설정했다면 이행성과에 대해 설명하면 좋다. 이행성과는 보통 매년 설정된 정량적 목표 수치대비 초과달성 혹은 미달 수준을 정량적으로 보고하고, 이러한 차이가 발생한 이유(예: 핵심적인 감축수단별 감축효과, 사업 확대 혹은 축소로 인한 생산량 변화 등)를 구체적으로 설명한다. 재생에너지 소비의 경우, 기업에서 목표를 설정할 때 SBTi 등 글로벌 이니셔티브에서 요구하는 수준을 감안하면 외부의 자발적 표준을 준수하는 목표 수립이 가능하다.

기업이 기후변화와 관련된 정량적 목표를 수립할 때는 주로 지표 표기 방법(예: 절대량, 집약도, 비중), 목표가 적용되는 시간 프레임(예: 2030년 중기 목표, 2050년 넷제로 목표), 지표 정의 또는 목표 설정 시 준용한 기준(예: SBTi, TCFD, 온실가스 회계처리 및 보고기준, RE100 등)의 내용을 고려할 수 있다.

기후변화 목표 및 지표 설정 사례

기후변화 연관성	지표 예시	측정단위
온실가스 배출량	방법론, 배출계수를 포함한 스코프 1~3 배출량	이산화탄소환산톤(tCO_2e)
	제품 또는 매출액 원단위 온실가스 배출량(탄소집약도)	tCO_2e/제품 또는 매출액
	건물 에너지 집약도	면적당 에너지사용량(GJ/m^2)
탄소 감축량	재생에너지 사용량(또는 총에너지 소비량 중 비중)	GJ 또는 %
	온실가스 감축량(또는 총배출량 중 비중)	tCO_2e 또는 %
저탄소 제품	저탄소 제품에 대한 매출액(또는 총매출액 중 비중)	금액 또는 %
저탄소 연구 및 개발 투자 비용	저탄소 연구 및 개발 투자 비용(또는 총매출액 중 비용)	금액 또는 %
기후변화 위험 및 기회 노출 정도	기업이 분석한 전환 위험, 물리적 위험 또는 기후변화 관련 기회에 노출된 기업의 자산 또는 매출액 또는 그 비중 (예: 홍수 위험지역에 위치한 사업장 면적 또는 비율)	금액 또는 %

3. TCFD 권고안의 최신 개정 현황

2021년 10월 업데이트된 TCFD 권고사항은 전략 부문과 지표 및 목표 부문에 대한 요건을 강화했다. 주요 내용은 아래와 같다.

TCFD 권고안 주요 내용

TCFD 요건 구분		분야	주요 내용
지배구조			업데이트 없음
전략	a) 단기 및 중장기 위험/기회	은행	탄소관련자산 기존 1개 부문(에너지)에서 4개 부문(에너지, 수송, 원재료/건물, 농업/식품/목재)으로 확대
	b) 기후변화가 사업, 전략 및 재무계획에 미치는 영향	전(全) 산업	- 기후변화 위험이 재무계획에 미치는 영향 공시 강화 권고 - 저탄소경제 전환계획(자사 및 가치사슬의 감축목표와 세부적인 감축활동, 기타 전환 촉진활동) 공시 권고
	c) 기후변화 시나리오 고려한 기업 영향		기후변화 이슈가 재무실적에 미치는 정량적 영향 공시강화 권고
위험관리			업데이트 없음
지표 및 목표	a) 기후변화 위험/기회 관련 지표	전(全) 산업	산업전반 지표 마련 및 해당 지표 기반 미래 전망치 공시 권고
		은행, 보험사, 자산소유사, 자산운용사	금융 포트폴리오가 2°C 시나리오에 얼마나 일치하는지 공시 권고 ※ 일치 정도 공시 시 참고 기준: Measuring Portfolio Alignment Technical Considerations
	b) 스코프 1~3 온실가스 배출량	전(全) 산업	중요성 평가와 관계 없이, 스코프 1, 2 공시 권고
		은행, 보험사, 자산소유사, 자산운용사	- 스코프 3 공시 검토 촉구 - (PCAF 기반) 금융 비즈니스별 배출량 공시 권고 ※ 스코프 3 산정 시 참고 기준: 온실가스 회계처리 및 보고기준 ※ 금융 비즈니스별 배출량 공시 시 참고 기준: PCAF
	c) 기후변화 위험/기회 관련 목표/성과	전(全) 산업	- 위험 및 기회 분석과 연계된 목표 공시 권고 - 중장기목표(예: 2050 탄소중립)의 경우, 중간목표 (예: 2030 감축목표) 공시 권고

출처: TCFD(2021b), 저자 재구성

4개 분야로 확대된 탄소 관련 자산의 구체적 내용은 다음과 같다. 여기에 해당되는 산업들은 TCFD가 정보 공시를 요구하고 있는 비금융권 산업분야로 볼 수 있다.

탄소관련 자산

분야	에너지	수송	원재료/건물	농업/식품/목재
내용	- 석유 및 가스 - 석탄 - 발전산업	- 항공 화물 - 여객 항공 운송 - 해상 운송 - 철도 운송 - 트럭 운송 서비스 - 자동차 및 부품	- 금속 및 광업 - 화학 - 건축 자재 - 자본재 - 부동산 개발	- 음료수 - 농업 - 포장 식품 및 육류 - 종이 및 임산물

이와 같은 TCFD 권고안을 토대로 현재 미국이나 유럽의 다수 국가가 여러 기준 및 규정안을 준비하고 있으며, 기후변화 관련 정보 의무공시 규제의 기초가 되고 있다.

주요 주체별 기후 보고·공시 접근법

항목	TCFD 권고안	ISSB 기준안 (IFRS재단)	증권거래위원회 공시 규정안 (미국)	CSRD안 (유럽연합)
기후 보고·공시 표준 개발 현황	확정	의견 수렴 중	의견 수렴 중	의견 수렴 중
공시 의무 여부	개별 국가에서 결정	개별 국가에서 결정	의무	의무
공시 위치	연차보고서	일반목적 재무보고의 일부	연차보고서	연차보고서
최초 적용일[1]	N/A	개별 국가에서 결정	FY2023	FY2024
공시내역 인증	개별 국가에서 결정	개별 국가에서 결정	필수[2]	필수[3]
지배구조, 전략, 위험에 관한 정보	필수	필수	필수	필수
시나리오 분석 내용	필수	필수	조건부	필수
스코프 1, 2 온실가스 배출량	필수	필수	필수	필수
스코프 3 온실가스 배출량	조건부	필수	조건부	필수
평균기온 상승폭을 2°C(또는 미만)로 제한하기 위한 전환 계획[4]	권장	필수	비필수	필수

1) 최초 적용일은 기준 및 규정 적용에 따른 최초의 보고기간을 의미함. 증권거래위원회의 제안 사항은 기업 규모에 따라 단계적으로 적용할 예정
2) 증권거래위원회는 인증 수준을 제한적 확신에서 단계적으로 합리적 확신으로 강화하는 일정을 제시하고 있으며 인증 범위는 스코프 1, 2 배출량임
3) 유럽연합은 제한적 확신으로 시작하나 궁극적으로 합리적 확신으로 강화할 것으로 예상되며, 인증 범위는 모든 공시 내역임
4) ISSB는 기업이 자체 수립한 목표/전환 계획을 국제 기후협약(현재 기준 파리협약)과 비교해 공시하도록 요구. 유럽연합은 목표와 전환 계획을 처음부터 파리협약에 부합하는 방식으로 수립하여 공시할 것을 요구

출처: EY한영회계법인(2022), 저자 재구성

2-3
CDP

1. CDP 소개

CDP(탄소정보공개프로젝트)는 영국에 본부를 둔 동명의 비영리 기구인 CDP에 의해 전 세계 91개국에서 수행되고 있는 글로벌 기후변화 프로젝트이다. 기후변화가 기업에 기회와 위기로 작용한다는 인식을 공유하는 세계 금융기관들에 의해 지난 2000년에 시작되었다.

주요 연기금을 포함한 515개의 금융기관(운영자산 106조 달러)이 CDP 서명기관으로 참여하여 기업의 환경 관련 정보공개를 요청하고 있다. 이에 따라 전 세계 9,600개 이상의 기업들이 CDP를 통해 온실가스 배출량, 기후변화로 인한 위기와 기회, 탄소경영전략을 공개하고 있으며 CDP는 기업의 답변 내용을 분석하여 금융기관과 이해관계자들에게 제공하고 있다(한국생산성본부인증원, 2021).

CDP는 2003년 기업의 기후변화 정보의 공개를 요청하는 CDP 기후변화(Climate Change) 프로그램을 시작했다. 이어서 CDP 물 안보(Water Security) 프로그램을 통해 물 관련 정보를, CDP 산림(Forests) 프로그램을 통해 산림과 생물다양성 관련 정보를 각 기업에 요청하는 등 환경 정보 공개 요청 프로그램을 차례차례 도입했다. 또한 공급망의 기후변화 위험관리를 위한 CDP 가치사슬(Supply Chain) 프로그램과 도시의 기후변화 관련 정보를 다루는 CDP 도시(Cities) 프로그램도 운영하고 있다.

CDP는 요구한 양식에 맞춰 기업이 제출한 정보들을 취합, 평가 및 분석한 뒤 이를 전 세계 투자자, 정부 및 공공에게 공개함으로써 환경 및 기후변화에 대한 기업들의 관리를 촉진하고 있다.

CDP는 매년 시가총액을 기준으로 각 프로그램의 정보공개 대상 기업을 선정한다. 기후변화 프로그램의 대상이 되는 한국기업은 시가총액 기준 200대에 속하는 기업이다.

CDP 프로그램 주요 일정

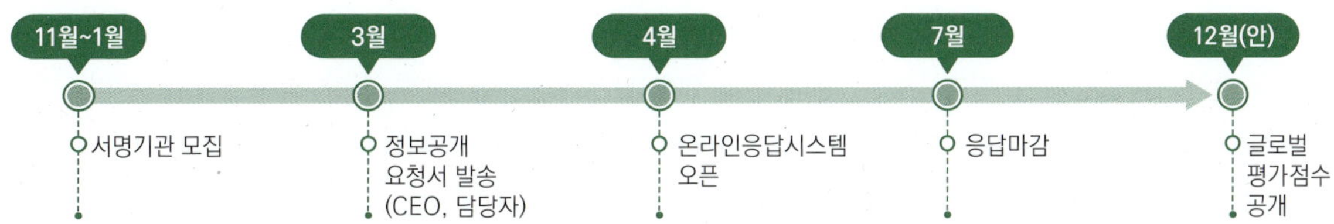

CDP는 매년 3월 정보공개대상 기업을 대상으로 이메일 요청서를 발송한다. 대상기업은 첨부된 링크를 통해 온라인응답시스템(Online Response System, ORS)에 접속해 CDP에서 요청한 질문 항목에 대한 자사의 활동을 기재하게 된다. 통상적으로 7월 말까지 관련 정보를 입력하여 CDP에 제출할 수 있다.

본서에서는 CDP의 다양한 프로그램 중 기후변화와 물 안보 프로그램에 대해 설명하기로 한다.

CDP 이니셔티브의 특징

- 부문 기반 요구 정보 차별화
- 지속가능한 기업으로의 전환을 위한 미래지향적 지표 질문 강화
- TCFD 권고사항 통합
- 기후변화, 물 안보, 삼림파괴 분야 간 연계성 강화
- 기업 및 도시단위 보고 플랫폼 수립

2. CDP 기후변화

1) 참여현황

2021년 답변서 제출 기준 전 세계 13,000개 이상 기업이 CDP 기후변화 이니셔티브에 참여하고 있으며, 우리나라의 경우 2021년에 242개 기업이 CDP를 통해 기후변화 관련정보를 공개하였다.

2) 평가체계

기업이 제출한 CDP 답변서는 각각의 질의항목별로 4개 주제(공개, 인식, 경영, 리더십) 중 일부(예: 공개와 인식 항목만 평가) 또는 전부(4개 주제 모두 평가)에 대해 정량 점수로 평가된다. 기업 답변서의 등급을 평가할 때는 각 주제별 평가점수를 합산하는데, 아래 그림과 같이 합산점수를 기준으로 각 주제별로 특정점수 이상을 취득해야 그보다 높은 등급으로 평가 받을 수 있다.

평가주제별 점수분포에 따른 기업평가 등급 분류

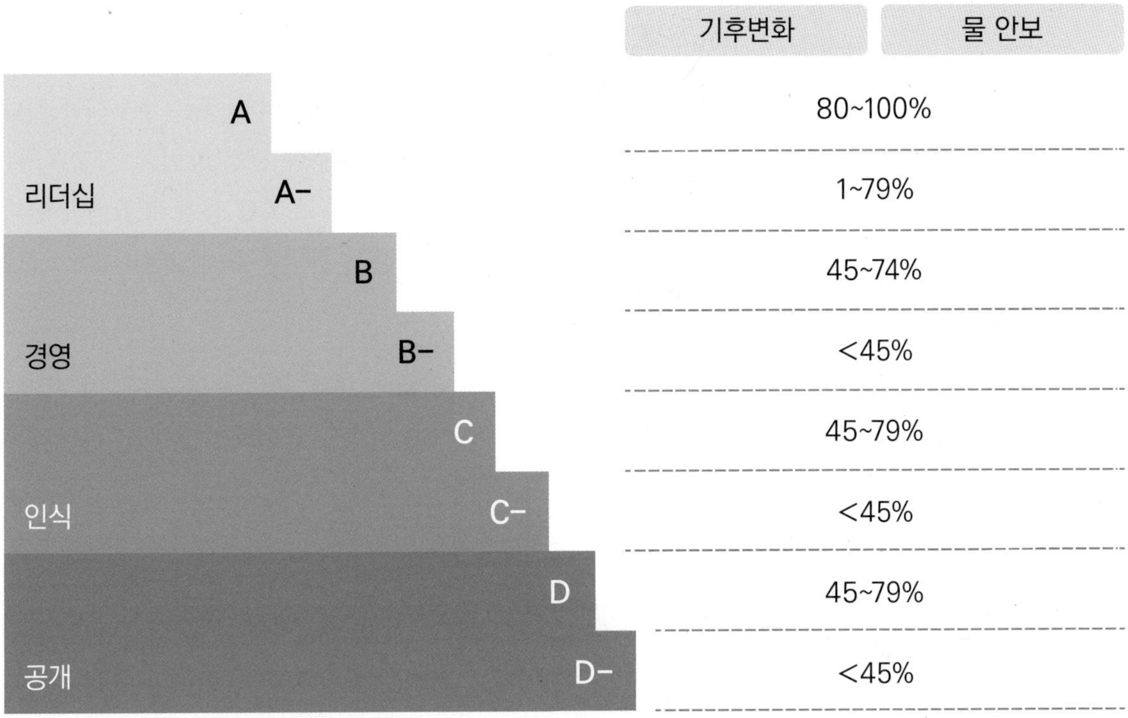

평가주제	평가 주제에 대한 설명
공개	기업 응답의 완성도 평가
인식	환경이슈, 위험, 사업에 미치는 영향에 대한 기업의 인식수준 평가
경영	환경이슈 대응을 위한 기업의 활동, 정책, 전략 평가
리더십	환경경영 관련 우수사례 및 리더십 평가

출처: CDP(2022c)

예를 들어, 인식 점수가 만점 기준 45% 이상이 되지 않는다면 해당 기업의 평가등급은 C-이며, 인식 점수가 만점 기준 80점 이상이라면 B 등급을 받을 수 있는 자격이 된다. 그리고 B 등급이 B-이냐 B이냐에 대한 판단은 관리 기준의 만점(100%) 기준 비율에 따라 판단한다. 따라서 최종적으로 리더십 점수가 80% 이상이면 최고등급 A를 받을 수 있다. 세부 기준은 매년 점진적으로 업데이트되고 있다.

3) 답변서 구성

CDP에 참여하고자 하는 기업은 기후변화 대응과 관련된 다양한 정보를 제출해야 한다. 답변서 작성을 위해서는 기후변화 대응 지배구조, 위험 및 기회 파악 현황 등과 함께 온실가스 배출량에 대한 정보도 필요하다.

기업 지배구조와 관련해서는 무엇보다 기후변화 관련 담당자의 책임과 성과평가에 대한 정보가 요구된다. 전략 부문에서는 기후변화 관련 위험 분석과 이를 기업 전략과 의사결정에 반영하는 프로세스에 대한 정보가 요구된다. 온실가스 감축 목표와 관련해서는 답변서를 제출하는 전년도 기준 스코프 1~3 온실가스 배출현황, 기업의 온실가스 감축목표, 감축활동 추진현황 등을 보고해야 한다. 구체적으로 온실가스 배출현황 보고에는 스코프 1~3별로 온실가스 배출량 산정 방법론, 제3자 기관의 데이터 검증여부와 관련 증빙문건, 온실가스 배출과 관련된 에너지 소비량 등을 포함해야 한다. 감축목표 보고 시에는 글로벌 규범(SBTi 등) 요구 사항을 충족하거나 인증을 받았는지, 탄소중립 목표를 포함하고 있는지에 대한 정보를 포함해야 한다.

기후변화 위험과 기회와 관련해서는 기후변화로 인한 자연재해 변화, 정책이나 시장 및 산업의 변화 등에 대한 분석, 분석 결과의 기업 경영상 반영현황에 대한 설명을 요구하고 있다. 이는 앞장에서 살펴본 TCFD의 요건과 유사하다.

CDP 기후변화 답변항목 구성

구분	답변항목	주요 내용
C0	소개(Introduction)	기업소개 및 보고년도
C1	지배구조(Governance)	기후변화관련 의사결정 권한, 내부 인센티브 제도
C2	위험과 기회(Risks and Opportunities)	기후변화 위험 파악 및 관리 시스템, 주요 기후변화 위험 및 기회 분석 결과
C3	사업 전략(Business Strategy)	기후변화 대응 전략, 기후변화 시나리오 적용
C4	감축목표 및 성과(Targets and Performance)	온실가스 감축목표, 온실가스 감축활동
C5	배출량 산정방법(Emissions Methodology)	온실가스 산정 방법론
C6	배출량 데이터(Emissions Data Scope 1, 2, 3)	온실가스 배출량, 원단위 배출량
C7	배출량 세부내역(Emissions Breakdown Scope 1, 2)	국가별, 사업별 배출량
C8	에너지(Energy)	에너지 비용, 에너지 소비 유형 및 비율, 재생에너지 사용 비율
C9	그 밖의 기후변화 관련 지표(Additional Metrics)	기타 환경관련 지표 및 저탄소투자
C10	검증(Verification)	온실가스 배출량 검증
C11	탄소가격 시스템(Carbon Pricing)	배출권거래제 및 탄소 크레딧
C12	인게이지먼트(Engagement)	정책 및 협력사 인게이지먼트
C13	특정 섹터에 속하는 기업에만 표시함(Module Dependencies)	농산물, 식음료&담배, 제지&임업
C14	포트폴리오 임팩트(Portfolio Impact)	포트폴리오 기후 영향 측정 및 분석
C15	생물다양성(Biodiversity)	생물다양성 영향 평가 및 관리
C16	서명(Sign Off)	기업 대표자의 서명

출처: CDP(2022a)

4) 기업 CDP 대응 품질제고를 위한 제언

CDP의 요구조건은 매년 강화되고 있으며 평가기준 역시 계속 까다로워지고 있다. B 이상의 높은 등급을 취득하기 위해서는 특히 경영과 리더십 부문에서 좋은 점수를 획득해야 한다. 이를 위해 필요한 주요 활동은 다음과 같다.

- 기후변화 위험 및 기회 분석 구체화

기후변화 위험과 기회에 대한 정보는 구체적이고 정량적이어야 한다. 위험의 구체적 설명과 위험 발생 및 관리의 사례를 제시함으로써 구체성을 높일 수 있고, 위험에 따르는 영향과 이에 대한 관리 비용의 정량적 산정을 통해 정량화할 수 있다.

- 기업의 감축목표에 대한 과학기반 감축목표 이니셔티브 요구조건 준수의 중요성

CDP는 과학기반 감축목표 이니셔티브에서 요구하는 민간기업의 스코프 1~3 감축률을 반영하여 평가하고 있으므로, 이를 준수하여 기업의 온실가스 감축목표를 수립하는 것이 중요하다. 최근에는 SBTi를 통해 감축목표를 인증 받는 기업들도 늘어나고 있는데 SBTi 인증을 받게 되면 CDP 평가 가산점을 획득할 수 있다.

- 스코프 3 배출량 데이터의 신뢰성 제고 및 관리 중요성

스코프 3의 경우 총 15개 세부 배출유형이 존재할 만큼 다양하다. 또한 스코프 3 배출유형 중에는 기업이 통제할 수 없는 인자와 관련 깊은 항목도 있다. 예를 들어 구매 원자재의 탄소배출량이란 인자는 기본적으로 원자재 생산자만 통제할 수 있고 이를 구매한 기업은 통제할 수 없다. 그 밖의 여러 이유로 기업이 매년 산정하는 스코프 3 배출량 산정식은 PCAF의 금융배출량 측정 방법론을 제외하면 국제적으로 표준화되어 있지 않다. 따라서 기업이 산정하는 과거 스코프 3 배출량 데이터의 신뢰도를 개선하고, 믿을 수 있는 데이터를 기초로 감축목표를 설정한 뒤 감축활동을 추진하면 CDP에 효과적으로 대응할 수 있을 것이다.

- 기업 소비 에너지의 재생에너지화 확대

기업의 소비 전력 중 재생에너지 활용 비중은 CDP 기업평가 A등급으로 진입하기 위한 중요 요건 중 하나이다. 따라서 제조 기업이 많은 우리나라가 앞으로 CDP 요건을 충족하려면 기업 소비 에너지의 재생에너지화 확대에 실질적 비용을 가장 많이 써야 할 것이다.

5) 스코프 3 배출량에 대한 보고

국내외 많은 기업이 스코프 3 온실가스 배출량을 산정할 때 주로 참고하는 온실가스 가치사슬(스코프 3) 회계처리 및 보고기준은 총 15개의 스코프 3 항목에 대해 설명하고 있다. CDP 또한 아래 항목에 대해 각각의 배출량 산정식, 구체적 배출량, 보고 범위를 명시하도록 요구하고 있다. TCFD는 금융권 중심의 이니셔티브인만큼 주로 투자와 관련된 배출량 산정을 매우 구체적으로 요구하고 있다.

15개 공시요구 항목

1	외부구매 제품/서비스	9	다운스트림 운송&물류
2	자본재	10	판매된 제품의 가공
3	스코프 1, 2 불포함 에너지 제품	11	판매된 제품의 사용
4	업스트림 운송&물류	12	판매된 제품의 폐기
5	운영과정에서 발생된 폐기물	13	다운스트림 임대자산
6	출장	14	프랜차이즈
7	직원통근	15	투자
8	업스트림 임대자산		

출처: 온실가스 프로토콜(2011)

각 항목별 스코프 3 배출량 산정 절차는 다음과 같다.

① 글로벌 규범과 보고 기업의 데이터 가용성을 감안한 산정식 내부 표준화

② 현재 국내외 기관에서 제시하고 있는 온실가스 배출계수(예: 원재료 A에 대한 구매 분량당 탄소배출량에 대한 국제연구자료)에 대한 전반적 조사를 통한 배출계수 구체화

③ 정기적 배출계수 산정 및 관리

④ 감축활동 수행 및 감축실적의 정량적 반영방안 검토

3. CDP 물 안보

1) 참여현황

2021년에 제출한 답변서 기준으로 전 세계 3,368개 기업이 CDP 물 안보 이니셔티브에 참여하고 있다. 전 세계적으로는 참여 기업 수가 많지만 우리나라는 아직 일부 대기업 등 19개 기업만 참여하

고 있는 실정이다. 이에 따라 여기서는 주로 CDP 물 안보가 기업에게 요구하는 정보를 살펴보고자 한다.

CDP 물 안보 답변항목 구성

구분	답변항목	주요 내용
W0	소개(Introduction)	기업소개 및 보고연도
W1	현황(Current State)	수자원의 사업상 중요도, 물 관련 데이터의 모니터링, 전년 대비 취수량, 방류량 변화, 인게이지먼트
W2	비즈니스 영향(Business Impacts)	물 관련 부정적 영향, 법규 위반 및 제재조치
W3	절차(Procedures)	물 위험 평가 절차
W4	위험과 기회(Risks and Opportunities)	물 위험 및 기회 요소와 대응
W5	사업장 기준 회계(Facility-Level Accounting)	사업장별 취수량, 방류량, 재사용량
W6	지배구조(Governance)	수자원 관련 정책, 의사결정구조, 수자원관련 정책에 영향을 미치는 행위 관여(인게이지먼트)
W7	사업 전략(Business Strategy)	수자원 관련 전략, 자본지출, 시나리오분석
W8	목표(Targets)	정량/정성 목표
W9	검증(Verification)	물 관련 데이터의 검증
W10	서명(Sign Off)	기업 대표자의 서명

출처: CDP(2022b)

CDP 물 안보는 총 11개 주제로 이루어져 있다. 여러 항목 중에서 물 관리 지배구조, 기업의 물 관리 전략과 목표, 물에 대한 위험과 기회 분석, 물 데이터에 대한 제3자 검증 여부 등 CDP 기후 관리와 동일한 관점의 질의 항목들이 존재한다.

2) CDP 물 안보 참여기업 준비사항

(1) 물 데이터

CDP 물 안보는 다양한 물 관리 데이터를 요구하고 있다. 답변서를 기준으로 할 때 W1 기입을 위해서는 다음과 같은 정보의 취합이 필요하다.

물 데이터

구분	내용
취수	전사 및 사업장별 총취수량, 취수원별 취수량, 취수 수질
방류	전사 및 사업장별 총방류량, 방류지별 방류량, 처리 방법별 방류량, 방류기준별 수질 및 온도
재활용	전사 및 사업장별 용수 소비량 및 재활용량

또한 취수와 방류 및 처리방식에 대한 구체적인 답변이 필요하다.

취수와 방류 및 처리방식

구분	내용
취수원	지표 담수(빗물 및 습지, 강, 호수로부터의 취수 포함), 염수/해수, (재생 가능한) 지하수, (재생 불가한) 지하수, 생산수/동반수, 제3자로부터의 취수(상수도 등)
방류지	지표수, 염수/해수, 지하수, 제3자에게 방류
처리방식	단순방류, 1차, 2차, 3차 처리

(2) 물 위험 평가

CDP 물 안보에 참여하고자 하는 기업은 우선 세계자원연구소의 물 자원 위험 지도(Aqueduct Water Risk Atlas), 세계자연기금의 수질 위험 필터(Water Risk Filter) 등 국제기구에서 제공하고 있는 물 위험 평가도구를 이용하여 각 사업장들이 물 위험에 어느 정도 노출되어 있는지에 대한 정량적 평가를 선행해야 한다. 더불어 물 위험에 대한 정성적 분석을 진행하여 결과를 도출한 뒤, 이 결과를 비즈니스 전략에 어떻게 반영하고 있는지 검토해야 답변서를 원활하게 작성할 수 있다.

물 위험 평가

구분	내용
핵심주제	유역 내 수자원 이용가능성, 유역 내 수질, 유역 내 이해관계자와의 수자원 분쟁, (현재) 주요 원자재/원료 물 위험,물 관련 규제, 생태 시스템 및 서식지 현황, 모든 임직원의 물 접근성
이해관계자	고객, 종업원, 투자자, 지역사회, NGOs, 지역 단위의 기타 수자원 이용자, 규제기관, 유역 관리기관, 지역단위의 법으로 정해진 특수 이해관계자 집단, 협력업체, 지역단위의 물 공급업체

CDP와 TCFD 비교

<table>
<tr><th>구분</th><th>CDP</th><th>TCFD</th></tr>
<tr><td>운영기구</td><td>CDP Worldwide(영국기반 NGO)</td><td>금융안정위원회(FSB)</td></tr>
<tr><td>이니셔티브 발족연도</td><td>2000년</td><td>2015년</td></tr>
<tr><td>참여현황</td><td>(2021년 기준) 전 세계 13,126개 기업이 기후변화 부문 답변 참여, 3,368개 기업이 물 안보 부문 답변 참여</td><td>3,400 여 개 이상 기관이 TCFD 지지 선언</td></tr>
<tr><td rowspan="2">요구하는 정보</td><td colspan="2">요구하는 정보 중 공통 항목이 다수 존재</td></tr>
<tr><td>- 기후변화 관리 거버넌스 및 전략
- 기업의 기후변화 위험 및 기회 분석 및 관리현황
- 기후변화 관련 목표 및 추진현황
- 스코프 1~3 온실가스 배출량</td><td>- 기후변화 관련 기업 거버넌스
- 기업의 기후변화 관리 전략
- 기후변화 위험관리
- 기후변화 관련 지표 및 목표
- (금융권의 경우) 금융상품별로 세분화된 스코프 3 배출량</td></tr>
<tr><td>기업참여 강제성 여부</td><td colspan="2">- 기업의 자발적 의사결정에 따라 참여결정(비강제적)
- 규모 및 산업유형에 관계없이 모든 기업이 참여 가능</td></tr>
<tr><td>이니셔티브 참여방법</td><td>CDP에서 제시한 표준화된 답변양식에 따라 온라인 답변서 제출</td><td>- 자발적 지지선언
- 기업 발간 보고서 내에 TCFD에서 요구하는 정보 포함</td></tr>
<tr><td>기업 평가여부</td><td>답변서를 기초로 기업의 기후변화 관리 수준을 A부터 F까지 평가하여 외부에 공표</td><td>별도의 평가과정 및 기준 없음</td></tr>
<tr><td>참여 일정</td><td>기업이 매년 7월 말까지 CDP 답변서 제출
→ 매년 말 CDP의 평가결과 발표</td><td>- 구체적으로 요구하는 월 단위 일정 없음
- 단, 사업보고서 등 기존 재무관련 보고서 공시 일정과 일관되도록 권고하고 있음</td></tr>
<tr><td>이니셔티브의 지침 및 요구 사항 갱신주기</td><td>1년(매년 3~4월에 갱신된 요건 발표)</td><td>비정기적(가장 최근 규정 개정은 2021년 10월 이루어짐)</td></tr>
<tr><td>기타</td><td>CDP Worldwide는 기업 온실가스 감축목표 수립기준 제시 및 목표 인증 이니셔티브인 SBTi의 공동 운영사 중 한 곳임</td><td>국내외 금융권을 중심으로 확산되고 있는 이니셔티브임</td></tr>
</table>

Environmental | Social | Governance

3

ESG 정보 공시/보고 및 인증

3-1
ESG 보고서 작성 및 보고 체계 구축

1. 이해관계자 요구 사항의 변화

오래 전부터 기업은 이해관계자와의 소통을 위해 사업보고서와 재무제표를 통해 각 사업연도의 성과를 공시해왔으며, 전통적으로 이 정보에 가장 관심을 큰 갖는 이해관계자는 투자자와 이사회였다. 그런데 이제 투자자와 이사회 외에도 기업의 성과를 주목하는 이해관계자들이 점점 늘어나고 있다. 고객사, 협력업체, 지역사회, 정부 및 규제기관 등 기업을 둘러싼 여러 이해관계자들이 기업이 창출하는 다양한 유형의 성과에 대해 관심을 높여가고 있는 추세이다.

사실 종래의 사업보고서와 재무제표는 이해관계자들이 원하는 기업의 스토리 중 한 부분에 불과하다. 투자자를 포함한 폭넓은 이해관계자는 기업의 장기적인 가치 창출과 기업이 사회에 미치는 광범위한 영향에 대해 보다 전략적이고 포괄적인 정보를 요구하고 있다. 특히 우리나라에서 ESG 공시 의무화가 시작되는 2025년부터는 ESG 공시가 재무공시만큼 중요한, 또는 재무공시와 통합되어 기업의 가장 중요한 공시가 될 것으로 예상된다.

비즈니스를 영위하는 과정에서 기업은 ESG와 관련된 다양한 위험이나 기회와 직면한다. 위험은 기업 가치에 부정적인 영향을 미치는 현금유출을 야기하고, 기회는 기업의 가치를 증대하는 새로운 성장동력이 될 것이다. 물론 ESG와 관련된 위험과 기회의 수준이 모든 산업과 기업에서 동일하지는 않다. 어떤 산업은 ESG 관련 기회 요소가 훨씬 더 클 수 있고, 어떤 산업은 위험에 대응하는 것이 더욱 시급할 것이다. 중요한 것은 지금 우리 기업과 기업이 속한 산업이 직면한 위험과 기회가 무엇인지를 꾸준하고 정확하게 찾아 내는 것이다.

ESG 경영은 기업이 ESG 관련 위험과 기회를 주기적으로 평가하고, 이에 대한 대응전략을 수립하고, 전략 실행 과정을 이해관계자들과 소통하면서 피드백을 받고, 이 피드백을 고려하여 다시 위험과 기회의 평가를 업데이트하고, 이를 근거로 전략을 수정해 나아가는 일련의 선순환 사이클을 돌려가는 과정이라 할 수 있다. 여기서 ESG 공시는 기업이 ESG 경영 전략과 이행 과정을 이해관계자들과 커뮤니케이션하는 가장 효과적인 수단 중 하나이다.

다양한 이해관계자들은 기업이 ESG의 맥락에서 위험과 기회를 평가하고 사업 전략을 형성하는 방법을 찾아내고자 노력한다. 이 궁금증을 해소하기 위해 ESG 보고는 질적 및 양적 관점에서 ESG와 관련된 중요한 위험과 기회를 공유하고, 이러한 위험과 기회가 사업전략에 끼치는 영향에 대한 설명을 포함한다.

1) 사회·환경적 가치에 대한 공시 요구

ESG 공시에 대한 관심이 집중되는 가운데 이해관계자들이 요구하는 정보는 단순한 실적 취합을 뛰어넘어 환경이나 사회에 미치는 영향에 대한 가치평가로 확대되고 있다. 기존의 ESG 보고가 투입물과 산출물에 초점을 맞추었다면, 최근에는 한 단계 더 나아가 그 결과와 결과가 미치는 영향은 물론 이 영향의 화폐적 가치까지 공시해야 한다는 요구가 확산되고 있다.

사회·환경적 가치에 대한 공시 요구 변화

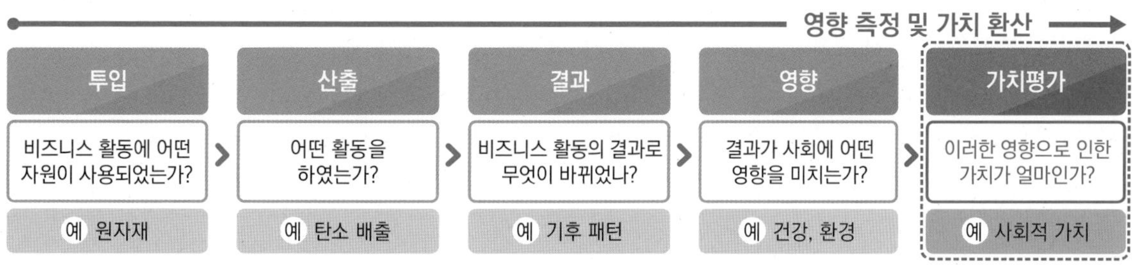

사회·환경적 가치는 기업의 ESG 목표 이행 경과의 평가를 위한 매우 효과적인 수단이 될 수 있다. 사회·환경적 가치를 기업의 전략 방향에 따른 ESG 목표의 기준으로 설정한 뒤 매년 이행경과를 측정한다면, 그 결과값을 ESG 성과 관리와 평가에 유용하게 활용할 수 있다. 또한 이러한 과정을 ESG 보고서에 담아 이해관계자들과 소통하면 기업의 ESG 성과에 대한 신뢰를 높일 수 있을 것이다.

사회·환경적 가치는 기업 단위, 특정 제품 단위, 프로젝트 단위로도 평가할 수 있다. 기업 단위로 평가된 가치는 일반적으로 ESG 보고서에 포함되어 공시되며, 특정 제품이나 프로젝트 단위의 평가는 용도에 따라 별도 보고서 형태로 발간되기도 한다.

2) 인사이드-아웃 vs. 아웃사이드-인

한편 기업의 공시에 대한 이해관계자들의 요구 변화는 또 다른 방향으로 전개되기도 한다. 기존에는 기업이 외부에 배출하는 탄소배출량 정보와 같이 기업의 비즈니스가 사회와 환경에 미치는 영향(인사이드-아웃)에 대한 공시가 중심이었다. 그러나 최근에는 기후변화와 같이 기업이 속한 환경이 기업에 미치는 영향(아웃사이드-인)에 대한 공시가 요구되고 있다.

인사이드-아웃과 아웃사이드-인 공시 비교

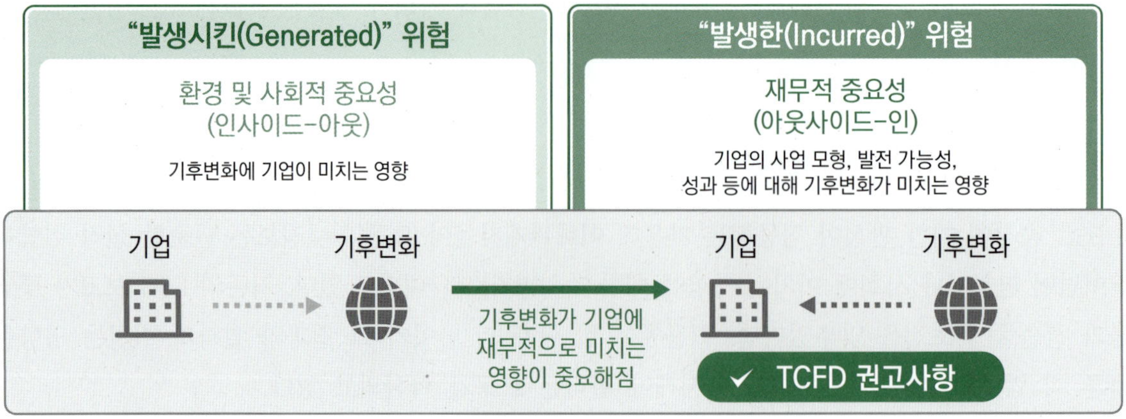

아웃사이드-인의 대표적인 예는 TCFD에 따른 공시이다. TCFD는 지구 기온의 상승 수준에 따른 시나리오 분석을 공시에 포함하도록 기업에게 권고하고 있다. 예를 들어 산업화 이후 지구의 기온이 1.5 ℃ 또는 2 ℃ 상승할 경우, 이 상황이 각각 기업의 재무상태, EBITDA[23], 현금흐름 등에 미치는 영향을 분석하고, 이 과정에서 발생하는 기업의 위험 및 기회 요소와 이에 대응하기 위한 기업의 전략은 무엇인지 공시하는 것이다.

기후변화와 관련된 위험, 기회 및 재무적 영향

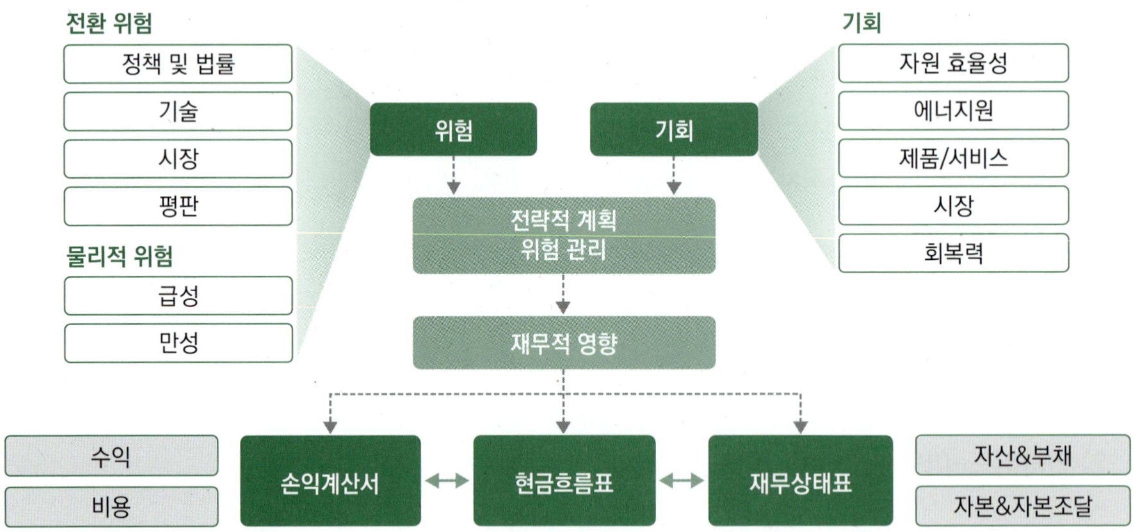

출처: TCFD(2017), 저자 재구성

23 이자비용, 세금, 감가상각비, 무형자산상각비 차감 전 이익

3) ESG 정보 생태계

전 세계적으로 강화되고 있는 ESG 정보에 대한 공시 의무 기조가 범국가적으로 확대되고 있다. 이에 따라 다양한 내·외부 이해관계자들의 요구에 부합하도록 기업이 ESG 정보를 명확하고 투명하게 공시해야 할 필요성이 커졌다 2019년 8월 세계경제포럼이 제시한 ESG 생태계 지도(ESG Ecosystem Map)에 따르면 빠르게 변화하는 ESG 정보 생태계는 투자자, 주요 기준 및 프레임워크 제정 기구, 데이터 제공 기관, 인증기관, 기타 이니셔티브 및 기관 등 다양한 주체로 구성되어 있다.

ESG 생태계 지도

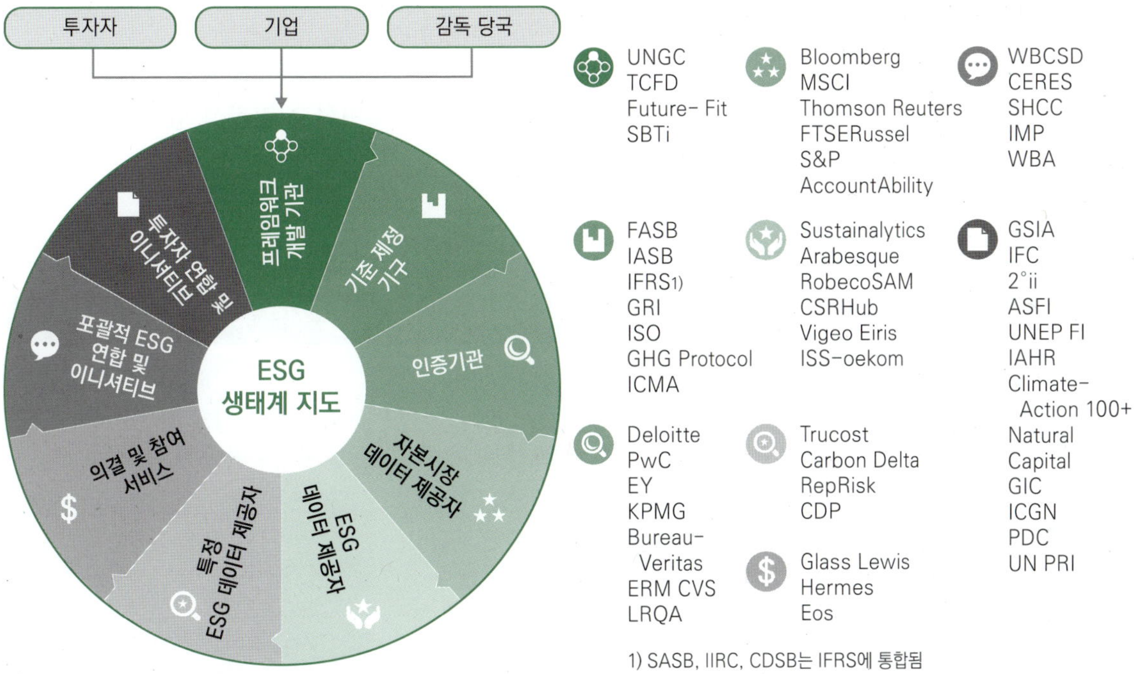

출처: 세계경제포럼(2021a), 저자 재구성

ESG 정보의 활용 방식이 주체별로 서로 다를 수 있고, 복잡한 ESG 정보 생태계와 지역별 인식 차이 등으로 인해 기업이 ESG 정보 공시의 방향성을 수립하는 일은 쉽지 않을 것이다. 그러나 불투명한 ESG 정보 공시는 곧 ESG 투자를 저해할 수 있으므로 전략적 의사결정을 바탕으로 ESG 정보 공시에 대해 면밀히 접근해야 한다. 이에 따라 기업에게 요구되는 올바른 ESG 정보 공시의 방향성과 함께, 대표적인 ESG 정보 공시 방법이자 이해관계자와의 소통 방식 중 가장 효과적이라고 할 수 있는 지속가능성보고서를 작성하는 프로세스를 살펴보고자 한다.

4) 기업의 ESG 공시 성숙도에 따른 구분

기업의 성숙도는 공시를 통해 ESG 스토리를 얼마나 잘 전달하는지에 따라 세 단계로 나눌 수 있다.

먼저 성숙도가 가장 낮은 후발주자 기업은 이해관계자가 관심을 갖는 ESG 주제나 기업의 중요한 ESG 이슈를 파악하지 못한 채 자선활동 위주로 공시한다.

중간주자 기업은 중요한 ESG 이슈를 파악하고 이에 대해 보고한다. 하지만 비즈니스 목적과 연결된 핵심 ESG 전략에 대한 보고는 부족한 수준이다. 또한 일관된 ESG 보고를 적시에 하기 위한 데이터 관리 프로세스 시스템 기능이나 이사회의 감독 기능이 미흡하다.

선두주자 기업은 이사회 등에서 정기적으로 검토된 ESG 전략에 딱 맞는 ESG 보고 기준을 채택하고, 비즈니스 목적과 전략에 연결된 ESG 정보를 공개한다. 또한 투명하고 일관성 있는 공시를 위한 통제 시스템 및 지배구조를 마련하고 있다.

기업의 ESG 공시 성숙도에 따른 구분

① 후발 주자	② 중간 주자	③ 선두 주자
A 기업의 사회적 책임에 대해 문서화하거나, 웹사이트에 공개하지 않음	A 지속가능성보고서를 발간하고, 웹 페이지에 관련 정보 공개	A ESG 전략은 이사회/위원회에서 정기적으로 검토하고 핵심운영에 포함
B 중요한 ESG 이슈를 파악하지 못함	B 사업목적에 ESG를 연계하고 핵심운영에 포함하는 등의 일관된 ESG 전략의 부재	B 일반적으로 인정되는 ESG/지속가능성 기준 및 보고체계를 채택하고 사업목적과 전략에 연결된 ESG 정보 공개
C 투자자, 기타 이해관계자의 ESG 주제에 대한 관심과 의견을 고려하지 않음	C ESG보고를 적시에 일관되게 하기 위한 데이터 수집 프로세스 기능 부족	C 공시에 관한 견고한 절차, 통제 및 지배구조 마련됨
D 기업의 ESG에 대한 노력은 자선 활동에 고정되어 있음	D 이사회 감독 기능 미흡	

5) ESG 정보 공시 의사결정

ESG 정보 공시의 방향성을 결정하기에 앞서 정보 공시의 목적과 활용도에 대해 검토해야 한다. ESG 정보를 소비하는 주체는 매우 다양하며 ESG 정보 생태계의 주체에 따라 필요한 대응 수준 역시 서로 다르게 나타날 수 있다. 따라서 어떠한 목적에서 정보 공시가 필요하고(why), 정보 공시의 대상은 누구이고(for whom), 공시 범위는 어디까지이고(how much), 보고서를 어떻게(how) 구성하고 무엇을(what) 공시할 것인지 공시 채널은 어디인지(where) 등을 종합적으로 고려해 의사결정할 수 있어야 한다. 이 외에도 사회·경제적 변화와 같은 외부 환경 요소와 전사 경영 전략, 기업 내부 자원 및 역량 등의 경영 요소를 고려하여 ESG 정보 공시와 지속가능성보고서에 포함되는 콘텐츠를 구성해야 한다. 요컨대 효과적인 커뮤니케이션을 위해 모든 ESG 정보를 공개하기보다는 ESG 및 지속가능성 관련 이슈 중 기업과 관련된 '중요 정보'를 집중적으로 관리하고 보고하는 것이 관건이라고 할 수 있다.

2. ESG 보고서의 구성

1) 보고서 개요

ESG 보고서의 전반적 구성을 이해하기 위해서는 먼저 보고서 초반의 개요 부분을 확인하여야 한다. 보고서 개요에는 보고서 작성 기준, 보고 대상 기간, 보고 범위, 인증 기준, 이해관계자의 의견 청취를 위한 문의처 등이 기재되어 있다.

2019년까지만 해도 대부분의 국내 기업들은 GRI 기준만을 적용해 보고서를 작성했다. 그러나 블랙록이 2020 연례서한에서 TCFD와 SASB에 따른 공시를 요구하면서 TCFD와 SASB를 적용하는 기업들이 크게 증가하고 있다.

보고 대상 기간은 사업연도와 동일한 기간으로 하되 일반적으로 보고서 발간 시점까지의 주요 내용을 포함한다. 이러한 경우 보고 기간에 대한 설명이 보고서 개요에 다음과 같이 포함된다.

> 예시: "본보고서는 2021년 1월 1일부터 2021년 12월 31일까지의 지속가능경영 활동과 성과를 담고 있습니다. 정보의 적시성 및 중요성을 고려하여 주요 성과에 대해서는 2022년 상반기 데이터를 포함하였습니다."

보고 범위는 ESG 성과를 집계한 대상 기업의 범위로, 일반적으로 회사와 종속회사를 포함하며 때론 협력사 성과까지 포함하기도 한다. 보고 범위는 ESG 이슈에 따라 다를 수 있으며, 일부 항목의 보고 범위가 개요에 기재된 범위와 다른 경우에는 해당 항목에 대한 보고 범위를 주기 등으로 별도 표시한다.

2) 지속가능성보고서 발간 프로세스

우리나라의 경우 일정 규모 이상의 유가증권시장 상장사는 2025년부터, 모든 유가증권시장 상장사는 2030년부터 지속가능성 관련 정보 공시 및 지속가능성보고서 발간이 의무화된다. 특히 최근 ESG에 대한 관심이 증가하면서 의무 보고 대상이 아닌 비상장사들도 선제적인 보고서 발간을 통해 이해관계자와의 소통을 강화하는 등 ESG 및 지속가능성보고서에 대한 수요가 늘어나고 있다. 발간하는 목적과 내용에 따라 지속가능성보고서를 발간하는 프로세스는 기업마다 다소 차이가 있으나, 일반적으로 보고서 주제 선정, 기획, 작성 및 디자인, 인증의 과정을 거쳐 발간된다.

지속가능성보고서 발간 프로세스

단계	주요 내용
주제 선정	정보 공시 대상 선정을 위해 이슈 풀 선정, 대내외 환경 분석, 중요성 평가, 유효성 검토 등을 하는 단계
기획	보고서를 작성하기 위해 기획 방향성과 목차를 선정하는 단계
작성 및 디자인	세부 목차를 기준으로 자료를 수집하고 유관부서 인터뷰 등을 통해 보고서를 실제로 작성 및 디자인하는 단계
인증	제3자 외부인증을 통해 보고 내용에 대한 신뢰성을 획득하는 단계

(1) 주제 선정

지속가능성보고서의 주제 선정은 자유롭다. 즉, 기업이 스스로 중요하다고 판단한 이슈에 대하여 관련 경영활동과 성과를 기술하는 방식이다. ESG와 관련된 이슈는 매우 다양하지만, 각 이슈별 중요도가 모든 기업과 산업에 동일하지는 않다. 따라서 각 기업은 비즈니스 환경과 가치사슬 등을 고려하여 중요한 이슈가 무엇인지 스스로 평가한 뒤 중요 이슈 위주로 이해관계자들과 의사소통하게 된다.

보고서 주제 선정을 위해서는 먼저 ESG 및 지속가능경영 트렌드, 국제 가이드라인 등에서 요구하는 중점사항, 기업의 경영 환경, 전년도 지속가능성보고서 등을 반영하여 이슈 풀을 선정한다. 이어서 도출된 이슈 풀에 대한 기업의 내·외부 환경을 분석한다. 이때는 외부 전문가를 대상으로 설문조사를 실시하거나, 유사 업종 내 다른 기업이 발간한 보고서나 보고 대상 기간 중 보도된 관련 언론기사를 분석하면서 해당 기업과 관련이 높은 이슈를 검토한다. 내부적으로는 최고경영자가 참석하는 경영전략회의나 이사회에서 논의된 안건들의 지속가능성 연계성을 분석하며, 이슈 풀을 기준으로 지속가능성 주제에 대한 사내의 인지 수준을 반영하기도 한다. 도출된 이슈 풀과 내·외부 환경 분석 결과를 바탕으로 영향도가 높은 순위에 따라 우선 보고대상이 되는 중요 이슈를 선정하는 '중요성 평가'를 실행한다.

기업은 투자자, 임직원, 고객, 협력업체, 지역 사회 등을 포함한 다양한 이해관계자들과의 관계에서 가치를 창출하기 때문에 기업의 입장에서 모든 이해관계의 균형을 맞추는 일은 매우 어렵다. 그러나 균형을 위해 이사회와 경영진은 '중요한 것이 무엇인지' 도출하고 회사와 이해관계자들이 ESG 진행 상황을 측정할 수 있는 최선의 방법을 찾아야 한다.

(2) 기획

보고서 기획 단계는 중요성 평가 결과를 바탕으로 지속가능성보고서의 목차를 구성하는 단계이다. ESG 및 지속가능성에 대한 기업의 전략 방향과 커뮤니케이션 방식을 반영하는 과정이라고 할 수 있다. 보고서 목차는 기업이 중요하게 생각하는 ESG 및 지속가능성 이슈를 중심으로 구성하는데, 대표적인 유형은 크게 세 가지로 분류할 수 있다.

첫째, 이슈 중심형이다. 지속가능경영의 중요 이슈를 도출하여 이슈별로 대응되는 전략과 성과를 강조하기 위한 유형이다. 각 사업 부문 및 사업 운영상 발생하는 ESG 이슈를 중심으로 이루어진다. 중요 이슈로 도출된 항목에 대한 집중적인 보고가 가능한 반면, 선택과 집중에 따라 누락되는 정보가 있을 수 있으므로 데이터나 부록 구성 시 면밀한 주의가 필요하다.

둘째, ESG형이다. 기업의 전략 방향성에 지속가능경영을 포함시키고, 환경·사회·지배구조 등 각 영역의 주요 활동을 중심으로 구성한다. 가장 간결하고 활동 구분이 명확하지만, 개별 기업의 중요 이슈나 특성을 드러내기는 어려울 수 있는 유형이다.

셋째, 이해관계자형이다. ESG 방향성 및 관련 활동이 이해관계자에게 제공하는 가치를 중심으로 보고서를 구성한다. 고객, 임직원, 지역사회 등 이해관계자별로 목차가 구성되는데, 복수 이해관계자들의 관심 이슈가 동일한 경우에는 내용이 중복될 수 있다는 단점이 있다.

최근에는 세 유형 중에서 주요 이슈에 대한 기업의 전략과 성과를 강조하는 '이슈 중심형'이 많이 사용되고 있다.

기획 단계에서 기업은 지속가능경영 활동과 메시지를 효과적으로 전달할 수 있는 유형을 선택하여 목차를 구성하며, 내부 현황 조사 및 유관부서 협의를 통해 보고서에 공시 가능한 내용과 수준을 확정한다.

(3) 작성 및 디자인

이 단계에서는 앞서 확정된 보고서의 기획 방향과 목차를 반영하여 ESG 및 지속가능성 정보를 수집할 서식을 개발한다. 유관부서 및 담당자를 대상으로 보고서 작성을 위한 내부 정책과 상세

활동을 파악할 수 있는 자료를 요청하며, 정성적 서술 외에 환경·사회·지배구조 관련 정량적 성과를 반영할 수 있는 데이터도 수집한다. 이어서 수집된 데이터와 자료를 분석하여 지속가능성보고서에 강조할 만한 내용을 도출하며, 유관부서와의 인터뷰와 질의 회신 등을 통해 보고서 초안을 작성한다. 초안 완성 후에는 작성할 때 사용한 글로벌 공시기준이나 원칙, 프레임워크, 가이드라인 등에 위배되는 보고서 내용이 없는지 점검해야 한다. 이후에는 보통 주제를 효과적으로 표현할 수 있도록 외부 전문 업체를 통해 윤문, 보고서 디자인, 인쇄 등의 과정을 진행한다.

(4) 인증

완성된 보고서에 대한 제3자 외부인증을 통해 보고서 내용의 신뢰성을 확보하는 단계이다. 현재는 지속가능성보고서의 제3자 인증이 ESG 정보 공시의 필수 항목은 아니지만 점차 의무화되는 추세이다.

3. ESG 커뮤니케이션

1) 커뮤니케이션 채널 수립

ESG 정보를 공개하는 방법은 기업마다 상이할 수 있다. 따라서 이해관계자들 입장에서는 필요한 ESG 정보를 적시에 확보할 수 있는 채널을 잘 선택해야 한다. 기업이 ESG 커뮤니케이션에 성공하기 위해서는 이해관계자들의 요구 관여 형태에 따라 정기 또는 수시 커뮤니케이션 채널 확보 방안을 적극적으로 모색해야 한다.

투자자, ESG 평가기관, 규제 및 감독 기관, 기타 일반 이해관계자 등 상시적으로 ESG 정보를 수요하는 ESG 정보 소비자에 대응하기 위해서는 ESG 및 지속가능성보고서 발간과 같은 정기적인 공시 체계를 구축하는 것이 효율적이다. 특히 ESG 평가기관은 외부에 공개된 정보를 기반으로 ESG 수준을 평가하고 분석한 결과를 투자자들에게 제공하기 때문에, 기업 입장에서는 ESG 및 지속가능성보고서 등의 수단을 활용하여 ESG 정보 공시의 일관성을 유지하는 일이 중요하다.

반면에 투자자가 기업을 대상으로 특정 ESG 이슈에 대한 의사소통을 요청하거나, 주주 서한 발송이나 주주 제안 및 의결권 행사 등을 통해 ESG 이슈에 대해 직접 관여하게 되면 보다 적시에 대응할 수 있는 수시 커뮤니케이션 채널 확보가 중요해진다. 예를 들어 담당자가 특정 ESG 이슈에 대한 정보를 수시로 업데이트하는 웹사이트를 마련하거나, ESG 이슈별 별도 보고서 발간 또는 보도자료 배포 등을 통해 필요 정보를 투자자들에게 수시로 전달할 수 있어야 한다.

기업들이 ESG 정보를 공개하는 방식은 다양하다. 국내 기업에서 일반적으로 볼 수 있는 유형은 보고서를 책자로 인쇄하거나, 기업의 웹페이지에 PDF 보고서 파일을 업로드하는 방식이다. 조금 더 활발한 커뮤니케이션을 시도하는 기업들은 여기에 더해 웹페이지 내에 개설한 ESG 마이크로사이트[24]에 보고서 내용을 게재하고, 다른 관련 사이트의 정보를 링크하는 형식으로 다양한 정보를 제공하기도 한다. 또한, 이 마이크로사이트라는 채널을 통해 이해관계자들과의 양방향 소통을 시도하기도 한다. 최근에는 금융감독원의 전자공시시스템(Data Analysis, Retrieval and Transger System, DART)[25]상 자율공시로 ESG 보고서를 공시하는 국내기업들도 늘어나고 있다.

2) ESG 보고서 발간

일반적으로 ESG 보고서는 기업이 선택한 ESG 공시기준에 따라 각 사업연도의 성과를 반영하여 작성된다. 각 사업연도의 성과를 전기 보고서와 비교하여 기업의 대응 과정을 분석할 수 있다는 장점이 있다. 하지만 보고서 자체로는 양방향 소통이 어려워 이해관계자들의 관심에 대한 능동적 대응이 쉽지 않은 편이다.

ESG 보고서는 기업에 따라 다양하게 불리는데, 가장 일반적인 제목은 '지속가능경영보고서'이다. 보고서에 담기는 정보에 따라 'ESG 성과 보고서', 'TCFD 보고서', '책임광물보고서' 등으로 표현되기도 하며, 재무제표 등 재무보고와 함께 통합보고서 형태로 발간되기도 한다. 포스코 그룹은 '기업시민보고서'라는 제목을 사용하고 있다.

이처럼 보고서의 제목은 다양하지만, ESG 관련 정보를 담고 있으면 모두 'ESG 보고서'로 통칭하고 있다.

지금부터 코스메틱 회사인 로레알과 석유가스회사인 MOL Group의 ESG 보고서, 그리고 독일의 화학기업 BASF의 ESG 마이크로사이트에 대해 살펴보고자 한다.

(1) 로레알의 ESG 보고서

2013년부터 로레알은 2020년까지의 ESG 관련 기업 목표를 선언한 뒤, 이에 대한 이행 경과를 매년 이행 보고서(Progress Report) 형태로 보고하고 있다. 당초 계획했던 장기 목표의 마지막 연도인 2020년에는 8년간의 이행 결과를 종합하여 보고(Closing Report)하였으며, 이어서 2030년까지의 장기 목표를 선언하는 보고서(Commitments for 2030 Report)를 발간하였다.

---

24 조직에서 특정 상품 혹은 서비스를 좀 더 세분화된 타겟 사용자에게 제공하기 위해 제작하는 서브페이지 사이트를 의미한다.

25 상장법인 등이 공시서류를 인터넷으로 제출하고, 투자자 등 이용자는 제출 즉시 인터넷을 통해 조회할 수 있도록 하는 종합적 기업공시 시스템이다.

재무제표가 기업의 과거 성과를 보여주는 방식이라면, ESG 보고의 이용자는 기업이 ESG 관점에서 갖고 있는 목표와 전략과 이에 대한 이행 경과를 보고 싶어 한다. 이와 같은 측면에서 로레알의 ESG 보고서는 정보이용자의 니즈에 가장 부합한 형식이라 할 수 있다.

로레알의 ESG 보고서

2018 Progress Report

2019 Progress Report

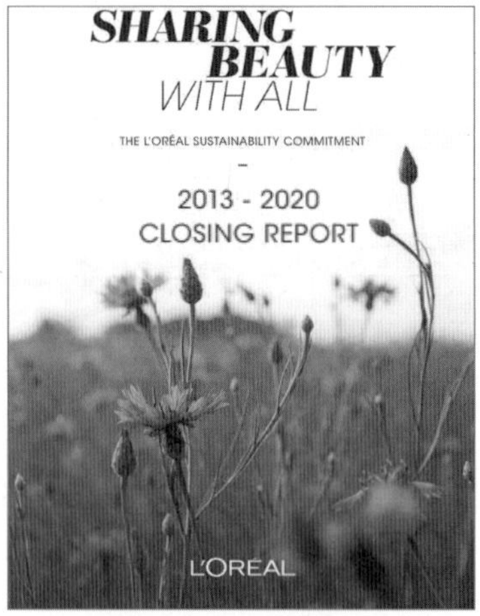

2020 Closing Report

Commitments for 2030

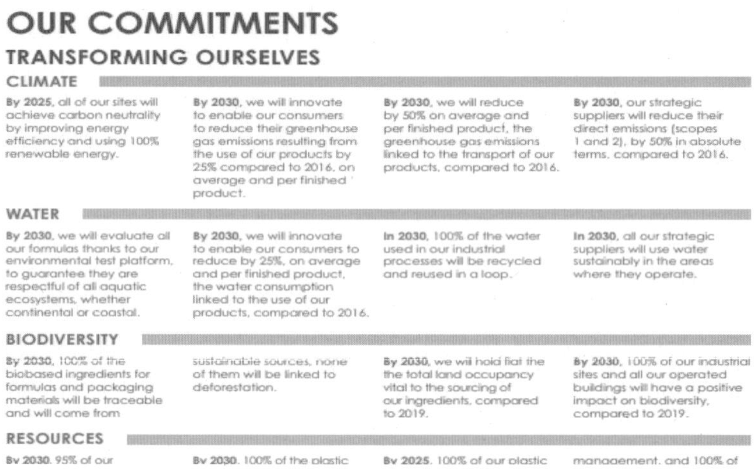

OUR COMMITMENTS

TRANSFORMING OURSELVES

CLIMATE

By 2025, all of our sites will achieve carbon neutrality by improving energy efficiency and using 100% renewable energy.

By 2030, we will innovate to enable our consumers to reduce their greenhouse gas emissions resulting from the use of our products by 25% compared to 2016, on average and per finished product.

By 2030, we will reduce by 50% on average and per finished product, the greenhouse gas emissions linked to the transport of our products, compared to 2016.

By 2030, our strategic suppliers will reduce their direct emissions (scopes 1 and 2), by 50% in absolute terms, compared to 2016.

WATER

By 2030, we will evaluate all our formulas thanks to our environmental test platform, to guarantee they are respectful of all aquatic ecosystems, whether continental or coastal.

By 2030, we will innovate to enable our consumers to reduce by 25%, on average and per finished product, the water consumption linked to the use of our products, compared to 2016.

In 2030, 100% of the water used in our industrial processes will be recycled and reused in a loop.

In 2030, all our strategic suppliers will use water sustainably in the areas where they operate.

BIODIVERSITY

By 2030, 100% of the biobased ingredients for formulas and packaging materials will be traceable and will come from sustainable sources, none of them will be linked to deforestation.

By 2030, we will hold flat the the total land occupancy vital to the sourcing of our ingredients, compared to 2019.

By 2030, 100% of our industrial sites and all our operated buildings will have a positive impact on biodiversity, compared to 2019.

RESOURCES

By 2030, 95% of our

By 2030, 100% of the plastic

By 2025, 100% of our plastic

management, and 100% of

출처: 로레알 홈페이지

(2) MOL Group의 ESG 보고서

2021년에 SASB의 우수 공시로 선정된 MOL Group의 ESG 보고서는 다른 기업들과 달리 화려한 그림 등 이미지 요소가 전혀 없다. 이 보고서는 연차보고서에 포함되어 재무보고와 함께 통합보고서 형태로 발간되었다.

많은 기업들이 재무보고서(사업보고서, 재무제표 등)는 글자와 숫자 위주로 작성하는 반면, ESG 보고서에는 기업의 비즈니스와 ESG 성과를 좀 더 효과적으로 표현하기 위하여 시각적 요소를 많이 사용한다. 재무보고서는 정보이용자들이 필요에 의해 자발적으로 찾는 정보이기 때문에 그들에게 필요한 정보만 명확하게 담으면 된다. 이에 반해 현실적으로 ESG 보고서는 최근까지도 찾아보는 정보이용자가 그리 많지 않았다. 그러다 보니 정보이용자의 눈길을 끌고 전달력을 조금이라도 더 높이기 위해 시각적 요소를 활용하고, 보고서의 핵심 내용을 담는 하이라이트 섹션을 구성하는 등 다양한 시도를 할 수 밖에 없었을 것이다.

그러나 MOL Group의 ESG 보고서는 ESG 활동과 성과에 중점을 두어 재무보고와 동일한 형식으로 이미지가 전혀 없이 정량적 정보와 정성적 정보만을 담고 있다. 즉, ESG 이슈에 대응하기 위한 지배구조, 전략, 위험 평가 절차, 목표와 성과지표에 대한 설명과 함께 엑셀 파일 형식의 데이터 팩을 보고하는 방식이다. 화려한 그림이나 도식 없이 ESG 성과만으로 충실하게 커뮤니케이션하겠다는 기업의 자신감이 느껴지는 사례라고 할 수 있다.

MOL Group의 ESG 보고서

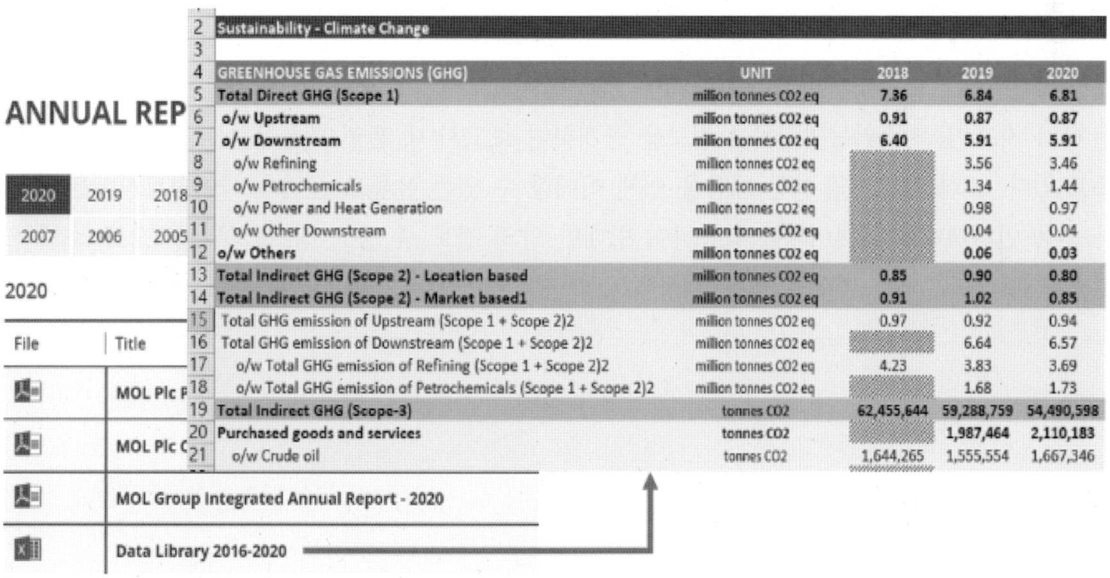

	Sustainability - Climate Change				
3					
4	GREENHOUSE GAS EMISSIONS (GHG)	UNIT	2018	2019	2020
5	Total Direct GHG (Scope 1)	million tonnes CO2 eq	7.36	6.84	6.81
6	o/w Upstream	million tonnes CO2 eq	0.91	0.87	0.87
7	o/w Downstream	million tonnes CO2 eq	6.40	5.91	5.91
8	o/w Refining	million tonnes CO2 eq		3.56	3.46
9	o/w Petrochemicals	million tonnes CO2 eq		1.34	1.44
10	o/w Power and Heat Generation	million tonnes CO2 eq		0.98	0.97
11	o/w Other Downstream	million tonnes CO2 eq		0.04	0.04
12	o/w Others	million tonnes CO2 eq		0.06	0.03
13	Total Indirect GHG (Scope 2) - Location based	million tonnes CO2 eq	0.85	0.90	0.80
14	Total Indirect GHG (Scope 2) - Market based1	million tonnes CO2 eq	0.91	1.02	0.85
15	Total GHG emission of Upstream (Scope 1 + Scope 2)2	million tonnes CO2 eq	0.97	0.92	0.94
16	Total GHG emission of Downstream (Scope 1 + Scope 2)2	million tonnes CO2 eq		6.64	6.57
17	o/w Total GHG emission of Refining (Scope 1 + Scope 2)2	million tonnes CO2 eq	4.23	3.83	3.69
18	o/w Total GHG emission of Petrochemicals (Scope 1 + Scope 2)2	million tonnes CO2 eq		1.68	1.73
19	Total Indirect GHG (Scope-3)	tonnes CO2	62,455,644	59,288,759	54,490,598
20	Purchased goods and services	tonnes CO2		1,987,464	2,110,183
21	o/w Crude oil	tonnes CO2	1,644,265	1,555,554	1,667,346

▶MOLGROUP Sustainability information 122

CLIMATE CHANGE & ENVIRONMENT

Climate related disclosures are produced in accordance with the recommendations of the **Task Force on Climate-related Financial Disclosures** (TCFD) and consistent with the **Greenhouse Gas Protocol**. Reference index below:

TCFD DISCLOSURE OVERVIEW

	GOVERNANCE: GOVERNANCE AROUND CLIMATE-RELATED RISKS/OPPORTUNITIES	AR PAGE
A	Board oversight of climate related issues risks/opportunities	38
B	Management's role in assessing and managing climate related risks /opportunities	38
	STRATEGY: ACTUAL/POTENTIAL IMPACTS OF CLIMATE-RELATED RISKS/OPPORTUNITIES ON THE BUSINESSES, STRATEGY & FINANCIAL PLANNING	**AR PAGE**
A	Identified climate related risks/opportunities on the organization's short, medium and long term	16-17
B	Impact of climate related risks/opportunities on the businesses, strategy and financial planning	16-17
C	Resilience of the strategy, considering different climate related scenarios incl. a 2 degree or lower scenario	16-17
	RISK MANAGEMENT: IDENTITICATION, ASSESSMENT AND MANAGEMENT OF CLIMATE-RELATED RISKS	**AR PAGE**
A	Processes for the identification and assessment of climate related risk	12
B	Processes for the management of climate related risk	12
C	Processes for identifying, assessing and managing climate related risk are integrated into risk management	12
	METRICS AND TARGETS: METRICS AND TARGETS USED TO ASSESS AND MANAGE RELEVANT CLIMATE-RELATED RISKS/OPPORTUNITIES	**AR PAGE**
A	Metrics used to assess climate related risks/opportunities	121
B	Disclosure of greenhouse gas emissions Scope 1, 2 and 3	122-123
C	Targets used to manage climate related risks/opportunities, and performance against targets	121

A description of **governance mechanisms** at both Board and Management level can be obtained from the Corporate Governance Report. A description of MOL Group's long-term **strategy** and the use of **scenarios** can be obtained from the Strategic Outlook section inside the Management Discussion & Analysis. Processes for the identification, assessment, management of **climate related risks**, as well as references to mitigating actions on acute and chronic risks, can be obtained from the Integrated Risk Management Report inside the

출처: MOL Group 홈페이지

3) ESG 마이크로사이트를 통한 공시

마이크로사이트를 통한 ESG 정보 공시의 우수사례로는 BASF를 들 수 있다.

BASF는 ESG 보고서를 발간하는 동시에 ESG 마이크로사이트를 통해 보고서 본문 내용과 연계되는 GRI 지표 및 지속가능발전목표 정보를 공개하여 보고서 내 관련 내용을 빠르게 찾을 수 있도록 돕고 있다. 또한 보고서의 본문 내용을 쉽게 이해할 수 있는 유튜브 클립을 마이크로사이트에 링크하거나, 인터랙티브 미디어[26]를 활용하여 방대한 양의 정보 중 중요 정보를 우선적으로 소개하고, 이해관계자가 원하는 세부 내용을 선택해서 확인할 수 있는 기능을 제공하고 있다.

26 사용자의 동작에 프로그램이 반응하고 프로그램의 반응에 사용자가 영향을 받는 상호작용하는 미디어로 커뮤니케이션 수단의 한 종류이다.

BASF의 ESG 마이크로사이트

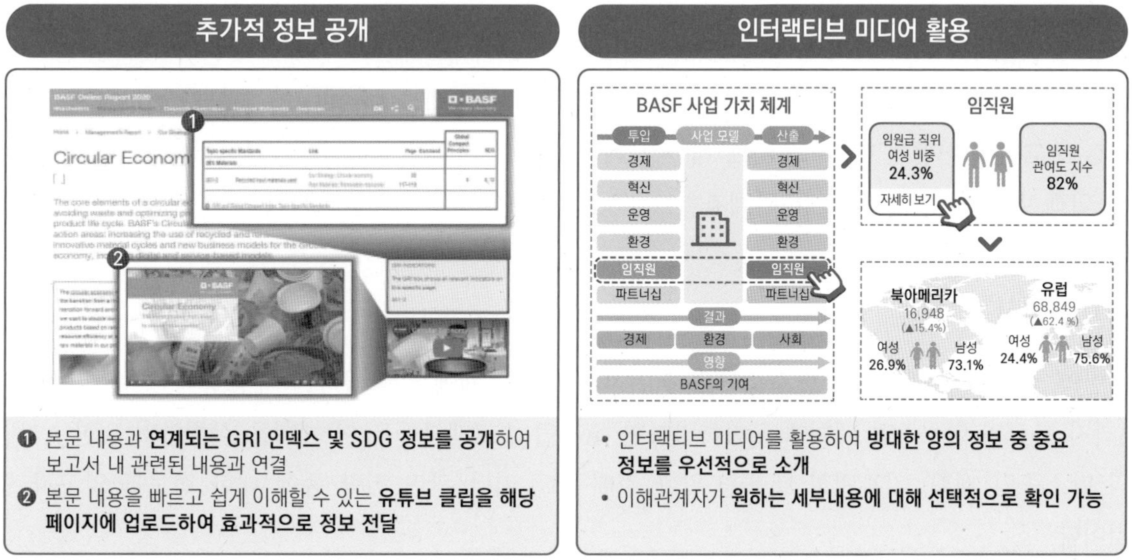

출처: BASF 홈페이지

4) 지속가능성 보고 개선방안

이전의 전통적인 지속가능성 보고는 더 많은 이해관계자를 대상으로 더 많은 정보를 공시하는 방향이었다. 그러나 최근의 ESG 정보 공시는 기업의 특성을 고려하여 핵심 이해관계자를 선정한 뒤, ESG 정보 공시 품질 개선을 위해 핵심 이해관계자가 요구하는 정보 항목이나 공시 수준을 반영하는 방향으로 변화하고 있다. 특히 과거에는 ESG 관련 추진 계획이나 활동을 나열하는 정보 공시가 주를 이루었던 반면, 최근에는 ESG 목표와 개선 성과를 중심으로 커뮤니케이션하고 재무성과와 연계하여 ESG 경영 전략 추진 및 내재화를 강화하는 추세라고 볼 수 있다. 이처럼 점차 강화되는 ESG 정보 공시 요구와 투자자들의 관심 증대에 탄력적으로 대응하기 위해 기업은 ESG 정보 공시 체계를 주기적으로 점검하고 개선해야 한다.

지속가능성 보고 개선방안

	핵심 이해관계자 선정	공시 채널 다양화	성과 연계 강화
현재	• 다수의 이해관계자 및 공시정보	• 보고서 중심	• ESG 계획, 활동 중심
개선 방안	• 기업 특성 고려 -상장/비상장, 주주비율, 고객/정책 영향력 등 • 정보 품질 개선 -핵심 이해관계자 요구 정보 항목/수준 반영	• 이해관계자 또는 주제별 정보 공시 -공급망, 다양성, 탄소 등 • 홈페이지 활용 증대로 기존 보고서와 시너지 -적시성/유동성 등 고려	• ESG 개선 목표와 성과 중심 -목표의 연간 개선성과를 일관성 있게 지속공시 • 재무성과와 연계성 강화 -비재무/ESG 성과와 재무성과 (과거/미래) 연계성 분석

4. 이해관계자별 ESG 보고서 활용 방식

앞에서 살펴본 바와 같이 ESG 보고서는 기업에 대해 이해관계자가 관심을 갖는 중요한 ESG 이슈를 도출하고 그에 대한 기업의 전략과 성과를 커뮤니케이션 하는 것이다. 따라서 각 이해관계자별로 ESG 보고서를 어떻게 활용하는지에 대한 사례를 살펴보는 일은 ESG 보고서를 통한 효과적인 소통을 위해 유용할 수 있다. 이해관계자별로 ESG 보고서 활용 사례를 살펴본다.

1) 고객사

만약 A기업의 고객사가 탄소중립을 선언하고 협력업체에서 발생하는 배출량이 포함된 스코프 3까지 자사의 탄소중립 계획에 포함하였다면, A기업의 고객사들은 이 계획을 실행하기 위한 A기업의 탄소중립 계획, 기후변화 대응을 위한 지배구조, 기타 관련 전략 등에 대한 정보를 알고자 할 것이다.

그런데 ESG 보고서에 담긴 이와 관련된 내용이 부족할 경우, A기업에 추가 자료를 요청할 것이고 극단적으로는 거래 단절을 요청할 수도 있다. 실제로 이미 유럽연합 소재 자동차 회사의 공급망 내 기업들은 이러한 요구를 여러 차례 받고 있다.

2) 임직원

ESG 보고서를 통해 일과 삶의 균형, 임직원의 역량 강화, 다양성 등과 관련하여 기업이 어떤 목표와 전략을 갖고 있는지에 대해 임직원과 효율적으로 소통할 수 있다. 입사지원자의 경우 지원자의 가치관이 해당기업의 비전에 얼마나 부합하는지 확인하기 위해 ESG 보고서를 살펴보기도 한다.

3) 협력업체

A기업에 납품하는 협력업체는 A기업의 ESG 보고서를 통해 A기업에 납품하기 위해 ESG 관점에서 무엇을 준비해야 하는지를 확인할 수 있다. 즉, A기업이 어떤 ESG 이슈에 대응하고 있는지, 이에 맞추기 위하여 협력업체는 어떤 내용을 준비해야 하는지, A기업이 협력업체의 ESG 역량 강화를 위해 어떤 지원을 제공하고 있는지에 대한 정보를 ESG 보고서를 통해 확인할 수 있다.

4) 투자자, ESG 평가기관

투자자나 ESG 평가기관은 ESG 보고서를 통해 해당 기업이 장기적인 가치 창출을 위한 지배구조, 전략, 위험관리 체계 등을 효과적으로 운영하고 있는지에 대해 확인한다. 특히, 기업이 ESG 보고서를 발행하지 않으면 ESG 평가기관은 평가를 위한 정보가 매우 제한 받게 된다. 따라서 ESG 보고서 발행 전에는 ESG 등급을 매우 낮게 평가했다가 보고서를 발행하기만 해도 해당 기업의 평가 등급을 높여주는 일이 빈번하게 일어나고 있다.

3-2
ESG 공시

1. 기업공시제도 종합 개선방안

2021년 1월 금융위원회는 기업의 공시 부담 경감, 투자자 보호 강화, ESG 책임투자 기반 조성을 위하여 '기업공시제도 종합 개선방안'을 발표하였다. 여기에는 ESG 책임투자 활성화를 위해 기업지배구조보고서 및 지속가능경영보고서 등 ESG 정보 공시를 단계적으로 의무화하는 방안이 포함되어 있다.

기업공시제도 종합 개선방안 기본 방향성

투자자는 이해하기 쉽고, 기업 부담은 줄어드는
"시장 친화적인 공시제도"

투자자 이용 편의 제고
- 사업보고서 편제 체계적 개편
- 사업보고서 설명서 발간
- 전자공시시스템 체계 개편 등

기업 공시부담 경감
- 분기보고서 작성부담 대폭 경감
- 소규모기업 공시 부담 경감
- 투자설명서 전자교부 활성화 등

ESG 책임투자 기반 조성
- 지속가능경영보고서 단계적 의무화
- 스튜어드십 코드 개정 검토
- 의결권자문사 가이드라인 제정 등

투자자 보호 강화
- 공시 사각지대 축소(기술특례상장법인, 역외지주사, 신규 상장법인, 영구채)
- 증권신고서 미제출 과징금 제도 개선 등

출처: 금융위원회(2021)

지배구조(G) 영역은 2019년부터 유가증권시장 상장사 중 자산 총액 2조 원 이상 기업을 대상으로 의무화되어, 해당 기업은 기업지배구조보고서 발간을 통해 관련 정보를 공시하고 있다. 또한 공시 개선방안은 2022년에는 기업지배구조보고서 의무공시 대상을 자산 총액 1조 원 이상으로 확대한 뒤 2024년에는 5천억 원 이상 기업으로 확대하는 등 단계적 확대를 지속해 2026년부터는 모든 유가증권시장 상장사로 의무화 대상을 확대할 계획을 포함하고 있다.

기업지배구조보고서 공시 의무화 단계별 확대 방안

적용 시기	현행	2022년	2024년	2026년
대상기업 (자산 총액 기준)	2조 원 이상	1조 원 이상	5천억 원 이상	전(全) 유가증권시장 상장사

출처: 금융위원회(2022)

종전까지는 기업지배구조보고서를 통해 지배구조(G) 영역에 초점을 맞춰 정보 공시를 규제했지만, 앞으로는 환경(E) 및 사회(S) 영역까지 규제 범위가 넓어진다. 그런데 지배구조와 달리 환경과 사회 영역은 공식적인 작성 지침이나 가이드라인이 없으며, 일부 기업만 지속가능성보고서나 기업 홈페이지 등을 통해 관련 정보를 공시하고 있는 실정이다. 이에 따라 금융위원회는 2025년까지는 지속가능경영보고서 자율공시 활성화를 유도한 뒤 2030년까지는 일정 규모 이상 상장사, 2030년 이후부터는 전체 유가증권시장 상장사가 의무적으로 보고서를 공개하도록 규정하였다.

지속가능경영보고서 공시 의무화 단계별 확대 방안

연도	내용
~ 2025년	지속가능경영보고서 자율공시 활성화
2025년 ~ 2030년	일정 규모 이상 유가증권시장 상장사 대상 공시 의무화
2030년 ~	전(全) 유가증권시장 상장사 대상 공시 의무화

출처: 금융위원회(2021)

2. ESG 정보공개 가이던스

글로벌 자본시장에서는 기업의 비재무적 요소를 투자의사결정에 반영하는 ESG 투자문화가 빠르게 확산되고 있다. 하지만 여전히 국내 기업의 비재무정보 공개 수준은 매우 제한적이며 ESG 정보공시에 대한 인식 역시 낮은 수준으로 평가되고 있다. 이를 개선하기 위해 한국거래소는 금융위원회가 발표한 '기업공시제도 종합 개선방안'의 후속 조치로 「ESG 정보공개 가이던스」를 제정하였다. 가이던스의 제정 목적은 상장법인을 대상으로 ESG 정보 공개를 위한 방향성과 실질적인 방법론을 소개하여 ESG 정보공개 활성화를 추진하기 위함이다.

1) 가이던스 구성

ESG 정보공개 가이던스는 ESG 개념 및 정보 공개의 필요성, ESG 관리를 위한 이사회 및 경영진의 역할, ESG 정보 공개 과정에서 준수해야 할 원칙, 보고서 작성 및 공개 절차, ESG 정보 공개 관련 글로벌 표준 등으로 구성되어 있다. 특히 주요 항목에 대한 모범사례를 소개하고 공개 대상

정보를 선택할 때 참고할 수 있는 권고 공개지표를 정의하여 상장기업이 실무적으로 도움을 받을 수 있도록 구성하였다.

가이던스 목차

목차	내용
1. 목적	ESG 정보공개 가이던스 제정 목적
2. ESG의 개념	ESG 개념, ESG 정보공개 필요성, ESG 성과 및 재무적 성과 관계
3. 이사회 및 경영진의 역할	ESG 이슈 관리를 위한 이사회 및 경영진의 역할
4. 정보공개원칙	ESG 정보공개 과정에서 준수해야 할 원칙
5. 중요성 평가	중요성 개념 및 중요성 평가 절차
6. 보고서 작성 및 공개 절차	이해관계자 의견 수렴 등 보고서 작성 및 공개 절차
7. 공개지표	주요 정보공개 표준 및 권고 지표

출처: 한국거래소(2021)

2) ESG 정보공개 원칙

ESG 정보공개 가이던스는 정보공개 시 요구되는 여섯 가지 원칙을 다음과 같이 제시하고 있다.

ESG 정보공개 원칙

정확성	균형
ESG 정보를 체계적으로 관리하여 정보의 오류나 누락을 방지해야 함	정보의 완전성을 보장하기 위해 기업에 유/불리한 정보 모두를 공개하며, 불리한 정보는 기업의 대응에 대해 적극적으로 소명할 필요가 있음
명확성	**검증가능성**
이해관계자가 쉽게 이해할 수 있도록 정성적 및 정량적 정보 공개가 이루어져야 함	검증이 가능하도록 정보 정의, 수집 및 기록되어야 하며 제3자 검증을 거치는 것이 바람직함
비교가능성	**적시성**
해당 기업의 성과와 타 기업의 성과를 비교할 수 있도록 글로벌 표준에 따른 일관된 방법 적용 권고	정보 공개는 정기적으로 하되, 재무보고서와 ESG 정보 공개기간을 동일하게 하여 재무보고서 발간 이후 최대한 빠른 시일 내 ESG 정보 공개 필요

출처: 한국거래소(2021)

3) 권고 공개지표

ESG 정보공개 가이던스는 GRI 기준, IR 프레임워크, TCFD 권고안 등과 같은 다양한 ESG 정보 공개 표준 및 이니셔티브가 제시하는 지표들 중에서 핵심적인 공통 지표를 선별하여 ESG 권고 공개지표(12개 항목, 21개 지표)로 제시하고 있다. 기업에게는 '공개 또는 설명(Respond or Explain)'

원칙에 따라 해당 권고 지표를 포함하여 공개할 것을 권장하고 있으며, 특정 지표 생략 시 기업은 주석 등을 활용하여 생략 사유를 설명할 수 있다.

정보는 연 1회 이상 공개하는 것을 원칙으로 하고 매년 정해진 시기에 공개할 것을 권고한다. 특히 투자자들이 ESG 요소와 재무정보를 연계하여 평가할 수 있도록 하기 위하여 ESG 정보를 공개하는 시기는 사업보고서를 공개하는 시점과 지나치게 차이가 나지 않도록 하는 것이 바람직하다고 언급하고 있다.

21개 권고 공개지표

	항목	지표	내용
조직	ESG 대응	경영진의 역할	ESG 이슈의 파악/관리와 관련한 경영진의 역할
	ESG 평가	ESG 위험 및 기회	ESG 관련 위험 및 기회에 대한 평가
	이해관계자	이해관계자 참여	이해관계자의 ESG 프로세스 참여 방식
환경	온실가스 배출	직접배출량(스코프 1)	회사가 소유/관리하는 물리적 장치나 공장에서 대기 중으로 방출하는 온실가스 배출량
		직접배출량(스코프 2)	회사 소비용으로 매입 또는 획득한 전기, 냉난방 및 증기 배출에 기인한 온실가스 배출량
		배출집약도	활동, 생산 기타 조직별 미터법의 단위당 배출된 온실가스 배출량
	에너지 사용	직접 에너지 사용량	조직이 소유/관리하는 주체의 에너지 소비량
		간접 에너지 사용량	판매 제품의 사용 및 폐기 처리 등 조직 밖에서 소비된 에너지 소비량
		에너지 사용 집약도	활동, 생산 기타 조직별 미터법의 단위당 필요한 에너지 소비량
	물 사용	물 사용 총량	조직의 물 사용 총량
	폐기물 배출	폐기물 배출 총량	매립, 재활용 등 처리 방법별 폐기물의 총 중량
	법규 위반 사고	환경 법규 위반/사고	환경 법규 위반/환경 관련 사고 건수 및 조치 내용
사회	임직원 현황	평등 및 다양성	성별/고용형태별 임직원 현황, 차별 관련 제재 건수 및 조치 내용
		신규 고용 및 이직	신규 고용 및 이직 근로자 현황
		청년인턴 채용	청년인턴 채용 현황 및 정규직 전환 비율
		육아휴직	육아휴직 사용 임직원 현황
	안전/보건	산업재해	업무상 사망, 부상 및 질병 건수 및 조치 내용
		제품 안전	제품 리콜(수거, 파기, 회수, 시정조치 등) 건수 및 조치 내용
		표시/광고	표시/광고 규제 위반 건수 및 조치 내용
	정보보안	개인정보 보호	개인정보 보호 위반 건수 및 조치 내용
	공정경쟁	공정경쟁/시장지배적 지위 남용	내부거래/하도급거래/가맹사업/대리점거래 관련 법규 위반 건수 및 조치 내용

출처: 한국거래소(2021)

현재 전 세계적으로 ESG 정보 공개가 제도화되고 있으므로 국내 기업 역시 글로벌 가이드라인에 맞춰 ESG 정보를 공개하고 규제 환경 변화에 선제적으로 대응할 수 있는 역량을 갖춰야 한다. 특히 상장기업은 물론 기업공개(IPO) 준비기업은 ESG 정보공개 가이던스에서 권고하는 지표를 중심으로 ESG 정보를 공개하는 등 ESG 보고 체계를 구축하여 경쟁력을 확보할 필요가 있다. 이러한 맥락에서 한국거래소가 발표한 ESG 정보공개 가이던스는 국내 기업에게 ESG 정보 공시의 중요한 기준이자 활용도 높은 길라잡이가 될 것으로 보인다.

3. 기업지배구조보고서

1) 기업지배구조 공시제도

기업지배구조 공시제도는 상장법인의 경영투명성을 제고하기 위하여 기업지배구조에 관한 핵심원칙 준수현황 등을 신고하도록 하는 제도이다. 유가증권시장 상장법인을 대상으로 기업지배구조보고서를 자율적으로 공시하는 형태로 2017년 3월 처음 도입되었다. 그러나 자율적 공시임에 따라 적극적으로 공시하는 기업의 수가 저조하였으며, 핵심원칙 준수 여부를 명확하게 설명하지 않거나 기업 유불리에 따라 정보를 선택해서 제공하는 등 공시 품질 또한 미흡한 것으로 나타났다.

이에 금융위원회는 기업지배구조 자율공시의 한계점을 극복하고 보고서의 활용도를 높이고자 2019년부터 유가증권시장 상장기업을 대상으로 기업지배구조보고서 공시를 의무화하였다. 기업의 작성 부담을 고려하여 자산 총액 2조 원 이상(연결 기준) 기업부터 우선 적용하였으며, 2022년부터 자산 총액 1조 원 이상 기업으로 적용 범위를 확대하였다. 이에 따라 기업지배구조보고서 공시 의무가 있는 상장법인은 매년 5월 31일까지 기업지배구조보고서를 거래소공시 시스템에 신고 및 공시해야 한다[27]. 다만 '금융회사의 지배구조에 관한 법률'상 금융회사인 유가증권시장 상장법인은 '금융회사 지배구조 감독규정'에 따라 공시하는 지배구조연차보고서로 대체할 수 있다. 유가증권 공시규정에 따라 기업지배구조 공시 의무를 위반(기한 미 준수, 허위 공시, 공시 누락 등)한 경우에는 거래소의 정정공시 요구, 불성실 공시법인 지정, 벌점 부과 등의 제재를 받을 수 있다.

27 2021년 12월 한국거래소 규정 개정으로 결산월에 따라 상이했던 기업지배구조보고서 제출 기한을 일원화하였다(개정 전: 사업보고서 제출 기한으로부터 2개월 이내 → 개정 후: 매년 5월 31일까지).

기업지배구조보고서 공시 규정

유가증권시장 공시 규정	유가증권시장 공시 규정 시행세칙
1. 기업지배구조 공시 의무화(제24조의2제1항 및 제2항) • 세칙으로 정하는 유가증권시장 상장법인은 기업지배구조 보고서를 매년 5월 31일까지 거래소에 신고, 금융회사의 경우 관련 법규에 따른 지배구조 연차보고서로 신고 • 기업지배구조 보고서가 잘못 기재되거나 중요사항이 미기재된 경우 거래소는 정정신고를 요구 • 기업지배구조 핵심원칙을 별표에 명기(유가증권시장 공시규정 시행세칙에서 이관) **2. 기업지배구조 공시의무 위반에 대한 제재 근거 마련 (제29조제1호 및 제29조제2호의2)** • (제재대상) (1) 기업지배구조 보고서가 기한 내 신고되지 않은 경우, (2) 거래소가 정정요구하였음에도 정정하여 신고하지 아니한 경우, (3) 거짓으로 신고한 경우 • (제재수단) 공시불이행으로 인한 불성실공시법인 지정	**1. 기업지배구조 보고서의 기재 및 신고 관련** • 기업지배구조 보고서 신고서*를 포함하여 신고(제7조의2제1항 등) * 기재사항에 거짓의 내용이나 중요사항 누락이 없다는 사실을 확인하는 대표이사(대표집행임원)의 신고서(별지 제8호 서식) • 기업지배구조 보고서의 필수 기재 사항*을 거래소가 제시할 수 있는 근거 마련(제7조의2제2항) * 기업지배구조 보고서 작성 가이드라인 등 • 정정공시 요구와 관련한 중요사항 미기재*의 판단(제7조의2제3항) * 기업지배구조 보고서 신고서 미포함, 기업지배구조 보고서 작성 가이드라인에서 제시한 사항 등을 충실히 기재하지 아니한 경우 **2. 자율공시 관련(기업지배구조 보고서 공시)** • 기업지배구조 보고서 공시와 관련한 자율공시 항목 정비* (제8조제7호의2 등) * 자율공시 대상(대규모법인 제외) 명시 등

출처: 이진호(2022)

2) 기업지배구조 핵심원칙 및 핵심지표

기업지배구조보고서는 주주의 권리, 이사회 및 감사위원회의 구성 및 운영현황, 외부감사인의 독립성 등 기업지배구조 관련 사항을 담은 보고서이다. 한국거래소가 제정한 '기업지배구조보고서 가이드라인'을 참고하여 작성할 수 있으며, 유가증권시장 공시규정에서 정하는 기업지배구조 핵심원칙에 대해 준수(Comply) 여부와 미준수 시 그 사유에 대해 설명(Explain)하는 방식으로 공시해야 한다. 기업지배구조 핵심원칙은 주주, 이사회, 감사기구와 관련하여 한국ESG기준원의 모범규준, G20/경제협력개발기구 기업지배구조 원칙 등에서 제시한 열 가지 주요 원칙에 관한 내용으로 구성된다. 기업지배구조보고서는 제시된 원칙에 대해 준수 여부와 그 근거를 쉽게 이해할 수 있도록 충분한 설명을 기재해야 한다. 핵심원칙들을 반드시 준수해야 하는 것은 아니지만, 준수하고 있지 못한 항목에 대해서는 그 사유와 향후 계획에 대해 설명해야 한다.

기업지배구조 핵심원칙

핵심원칙	상세내용
1. 주주의 권리	주주는 권리행사에 필요한 정보를 충분하고 시의적절하게 제공받고, 적절한 절차에 의해 자신의 권리를 행사할 수 있어야 한다.
2. 주주의 공평한 대우	주주는 보유주식의 종류 및 수에 따라 공평한 의결권을 부여받아야 하고, 기업은 주주에게 기업정보를 공평하게 제공하는 시스템을 갖추는 노력을 해야 한다.
3. 이사회 기능	이사회는 기업과 주주의 이익을 위하여 기업의 경영목표와 전략을 결정하고, 경영진을 효과적으로 감독하여야 한다.

핵심원칙	상세내용
4. 이사회 구성	이사회는 의사를 효율적으로 결정하고 경영진을 감독할 수 있도록 구성하여야 하며, 이사는 다양한 주주의견을 폭넓게 반영할 수 있는 투명한 절차를 통하여 선임되어야 한다.
5. 사외이사의 책임	사외이사는 독립적으로 중요한 경영정책 결정에 참여하고 이사회의 구성원으로서 경영진을 감독/지원할 수 있어야 한다.
6. 사외이사 활동의 평가	사외이사의 적극적인 직무수행을 유도하기 위하여 이들의 활동내용은 공정하게 평가되어야 하고, 그 결과에 따라 보수지급 및 재선임 여부가 결정되어야 한다.
7. 이사회 운영	이사회는 기업과 주주의 이익을 위한 최선의 경영의사를 결정할 수 있도록 효율적이고 합리적으로 운영되어야 한다.
8. 이사회 내 위원회	이사회는 효율적인 운영을 위하여 그 내부에 특정 기능과 역할을 수행하는 위원회를 설치하여야 한다.
9. 내부감사기구	감사위원회, 감사 등 내부감사기구는 경영진 및 지배주주로부터 독립적인 입장에서 성실하게 감사업무를 수행하여야 하며, 내부감사기구의 주요 활동내역은 공시되어야 한다.
10. 외부감사인	외부감사인은 기업의 회계정보가 주주 등 그 이용자들로부터 신뢰를 받을 수 있도록 감사대상 기업과 그 경영진 및 지배주주 등으로부터 독립적인 입장에서 공정하게 감사업무를 수행하여야 한다.

출처: 한국거래소(2022)

또한 기업은 투명한 기업지배구조 확립을 위해 준수를 장려할 필요가 있는 핵심지표를 15개 선정하여 준수 여부를 공개해야 하며, '기업지배구조 핵심지표 준수 현황'을 기업지배구조보고서에 반드시 첨부해야 한다. 이를 통해 기업지배구조보고서를 이용하는 투자자들은 핵심지표 준수 현황을 중심으로 기업 간 지배구조 차이를 쉽게 비교하여 이를 의사결정에 반영할 수 있다.

기업지배구조 핵심지표

	핵심 지표	준수 여부	
		O	X
주주	❶ 주주총회 4주 전에 소집공고 실시		
	❷ 전자투표 실시		
	❸ 주주총회의 집중일 이외 개최		
	❹ 배당정책 및 배당실시 계획을 연 1회 이상 주주에게 통지		
이사회	❺ 최고경영자 승계정책(비상시 선임정책 포함) 마련 및 운영		
	❻ 내부통제정책 마련 및 운영		
	❼ 이사회 의장과 대표이사 분리		
	❽ 집중투표제 채택		
	❾ 기업가치 훼손 또는 주주권익 침해에 책임이 있는 자의 임원 선임을 방지하기 위한 정책 수립 여부		
	❿ 6년 초과 장기 재직 사외이사 부존재		
감사기구	⓫ 내부감사기구에 대한 연 1회 이상 교육 제공		
	⓬ 내부감사부서(내부감사업무 지원 조직)의 설치		
	⓭ 내부감사기구에 회계 또는 재무전문가 존재 여부		
	⓮ 내부 감사기구가 분기별 1회 이상 경영진 참석 없이 외부감사인과 회의 개최		
	⓯ 경영 관련 중요정보에 내부감사기구가 접근할 수 있는 절차를 마련하고 있는지 여부		

출처: 한국거래소(2022)

한국거래소는 유가증권시장 공시규정 시행세칙에 의거하여 2019년 4월 기업지배구조보고서 가이드라인을 제정하여 핵심 원칙에 대한 구체적인 세분 작성 기준을 제시하고 있다. 이 가이드라인은 제도 운영과정에서 제기된 의견들을 반영하여 2020년 3월, 2022년 3월 두 차례 개정된 바 있다. 기업은 핵심원칙 및 세부기준 준수 현황이 드러나도록 가이드라인이 제시하는 기재항목을 모두 작성해야 한다. 특히 투자자에게 충분하고 충실한 정보가 제공될 수 있도록 기업지배구조보고서는 '서술식'을 원칙으로 하되, 설명을 요구하는 항목과 제시된 표는 빠짐없이 기재되어야 한다.

공시 의무화 일정 비교

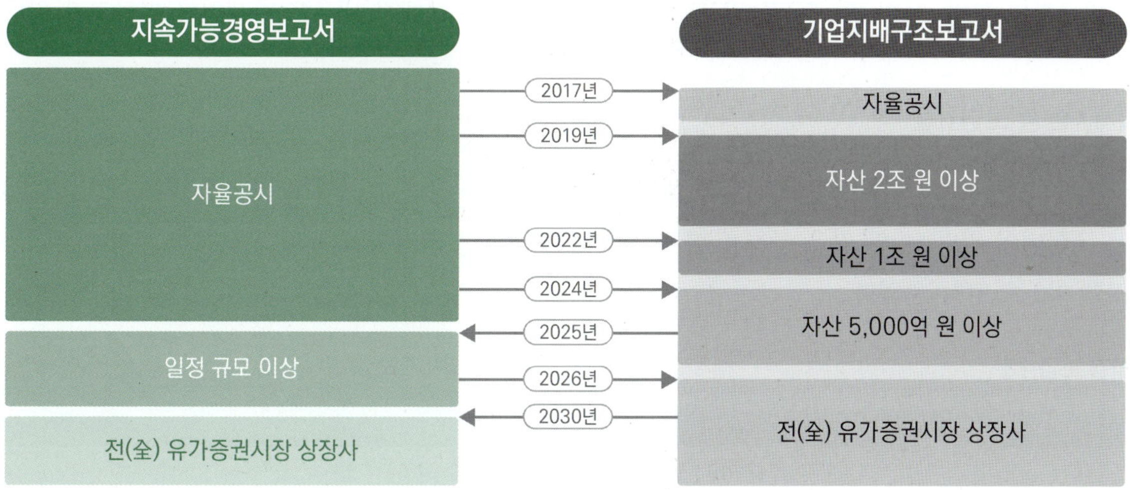

4. ESG 모범규준

한국ESG기준원은 지배구조 및 사회책임경영의 방향을 제시하는 환경, 사회 및 기업지배구조 모범규준을 제정하여 공개하고 있다. 이 ESG 모범규준은 법적 강제성을 갖지 않는 연성규범으로서 기업의 ESG 경영에 대한 권고사항을 제시한다. 한국ESG기준원은 ESG 모범규준을 종전부터 실시하고 있는 자사의 ESG 평가와 연계하여 ESG 관행 개선을 유도하고 있다.

최신 경영환경과 국제 추세를 반영하고 모범규준의 활용성을 제고하고자 2021년 8월 ESG 모범규준이 개정되었다. 환경 및 사회 모범규준은 2010년 12월 제정 이후 1차 개정이며, 기업지배구조 모범규준은 1999년 9월 제정 이후 3차 개정이다. 한국ESG기준원은 이번 개정이 ESG 및 책임투자 활성화라는 시장 변화와 ESG 관련 국내외 제도·규범 개선 동향을 반영함으로써 우리 기업의 ESG 경영 방향성 제시를 목적으로 한다고 밝혔다.

개정 모범규준은 ESG 이슈에 대한 중요성 분석을 활용하였고 국내외 모범사례 및 동향을 반영하고 있다. 원칙 및 공시 중심 규범으로 개편하였으며, 국내 관행을 고려하여 리더십과 지배구조를 강조하였다. 구체적인 개정 특징은 크게 세 가지이다. 첫째로 CDP, TCFD, SASB 등 글로벌 정보보고 기준/프레임워크를 반영하였다. 둘째로 ESG를 전사적 위험관리 체계에 통합하도록 유도하였다. 마지막 셋째로 ESG 정보공개에 대한 국제적 추세를 반영하여 ESG 정보공개 확대를 제안하고 있다. ESG 모범규준은 국제 추세뿐만 아니라 우리 경제 및 시장의 현실을 고려하고 있으므로 국내 기업들의 ESG 경영 지침서로 충분히 활용 가능하다(한국ESG기준원, 2021a).

지금부터 환경, 사회, 지배구조 각 모범규준의 체계와 주요 개정 내용을 자세히 살펴보고자 한다.

1) 환경 모범규준

환경 모범규준은 리더십과 거버넌스, 위험관리, 운영 및 성과, 이해관계자 소통 총 4개의 대분류로 구성되어 있다. 이와 같은 분류를 통해 전사적 관점에서 환경경영 체계를 구축하고 통합 관리하도록 유도하고자 하였다.

환경 모범규준

대분류	중분류
Ⅰ. 리더십과 거버넌스	1. 환경경영 리더십
	2. 환경경영 전략 및 목표
	3. 환경경영 거버넌스
Ⅱ. 위험관리	1. 환경 위험과 기회의 식별, 평가 및 관리
	2. 기후변화 위험 및 기회
	3. 위험관리체계
Ⅲ. 운영 및 성과	1. (설계) 친환경제품 및 서비스
	2. (조달/구매/유통) 친환경 공급망
	3. (생산) 친환경 사업장
	4. 성과 관리
	5. 환경회계
	6. 생태계 보전
Ⅳ. 이해관계자 소통	1. 이해관계자 설정
	2. 이해관계자 대응 활동
	3. 환경정보 공개

출처: 한국ESG기준원(2021b)

또한 기후변화 관련 공시 체계인 CDP, TCFD 등의 주요 내용을 적극 반영하였다. 기후변화의 중요성을 강조하고 이로 인한 위험과 기회 요인을 파악하도록 하였으며, 가치사슬의 친환경 설계를 통한 순환경제 구현 방안을 제시하였다. 신설된 주요 내용은 환경 위험/기회 요인 파악 및 대응 강화, 녹색채권 등 친환경 자금 조달, 기후변화 위험에 노출된 좌초자산 고려, 온실가스 배출 비용을 고려한 내부탄소가격 도입, 친환경 설계를 통한 순환경제 구현, 녹색구매 등 친환경 공급망 구축, 자연자원 관리 및 생태계 보전 활동 이행 등이다.

2) 사회 모범규준

사회 모범규준은 환경 모범규준과 유사하게 리더십과 거버넌스, 비재무 위험관리, 운영 및 성과, 이해관계자 소통으로 구성되어 있다. 분류를 재구성하여 사회책임 경영과 기존 경영전략의 통합을 유도하였으며 체계는 다음과 같다.

사회 모범규준

대분류	중분류
Ⅰ. 리더십과 거버넌스	1. 리더십
	2. 전략과 방침
	3. 조직과 의사결정
	4. 기업 문화
Ⅱ. 비재무 위험관리	1. 비재무 위험의 통합적 관리
	2. 비재무 위험과 기회의 인식
	3. 비재무 위험 대응
Ⅲ. 운영 및 성과	1. 인권
	2. 노동 관행
	3. 공정운영 관행
	4. 지속가능한 소비
	5. 정보 보호
	6. 지역사회 참여 및 개발
Ⅳ. 이해관계자 소통	1. 이해관계자 참여
	2. 정보 공개

출처: 한국ESG기준원(2021b)

개정된 사회 모범규준은 포괄적인 비재무 위험의 개념을 도입하였다. 이를 통해 비재무 위험을 전사적 위험관리체계에 통합하여 관리하고 관련 위험과 기회를 파악하도록 유도하고 있다. 또한 기존 이해관계자 중심의 분류를 사회책임경영 주요 이슈 중심으로 개편하였다. 리더십과 거버넌스, 비재무 위험관리 등을 신설하였고, 사회책임경영의 핵심 이슈인 인권, 노동관행, 공정운영관행, 지속가능한 소비, 정보 보호, 지역사회 참여 및 개발을 운영 및 성과로 재편하였다. 특히, 인권 및 안전 보건, 공급망의 사회적 책임 제고, 개인정보를 포함한 소비자 보호 등이 강조되고 있다.

3) 지배구조 모범규준

지배구조 모범규준은 이사회 리더십, 주주권 보호, 감사, 이해관계자 소통으로 구성되어 있다. 체계는 다음과 같다.

지배구조 모범규준

대분류	중분류
Ⅰ. 이사회 리더십	1. 이사회의 역할과 책임
	2. 이사의 역할과 책임
	3. 이사회의 구성
	4. 사외이사
	5. 이사회의 운영
	6. 이사회 내 위원회
Ⅱ. 주주권 보호	1. 주주의 권리
	2. 주주총회
Ⅲ. 감사	1. 내부감사
	2. 외부감사
Ⅳ. 이해관계자 소통	1. 주주 및 이해관계자와의 직접 소통
	2. 정보 공개

출처: 한국ESG기준원(2021b)

개정된 지배구조 모범규준은 이사회의 역할과 책임을 강조하고 있다. 이사회 중심의 지속가능성 추구, 주주 권리 보호, 최고경영자 승계 정책 마련, 기업집단 소속 이사회의 역할 등 이사회의 적극적인 역할과 책임 수행을 요구하고 있다. 또한 경영전략, 위험관리, 보상체계 등에 지속가능성 검토를 새롭게 추가하였으며, 주주 및 이해관계자와의 소통을 권장하여 ESG 경영을 유도하고자 하였다. 주요 개정내용은 이사회의 ESG 위험관리, 기업집단 소속 이사회의 역할 및 책임, ESG 논의 등 이해관계자와의 건설적 대화, 감사위원이 되는 사외이사 선임안건 분리, 주주총회에서 보수정책 및 산정 근거 설명 등이다.

3-3
SASB 기준

1. SASB 소개[28]

SASB(지속가능성회계기준위원회)는 기업이 투자자에게 '재무적으로 중요하고 의사결정에 유용한 정보'를 공개하는 데 도움이 되는 지속가능성 회계기준을 제정하기 위해 설립된 비영리 조직이다.

SASB의 목표는 ESG 주제 전반에 걸친 산업별 공개 기준을 수립하여 기업과 투자자 간의 커뮤니케이션을 용이하게 하는 것이다. 또한 SASB 기준에 따라 생성된 정보를 기업의 지속가능성과 관련하여 전 세계적으로 신뢰할 수 있고 비교 가능하도록 하는 것이다.

SASB 기준은 다른 지속가능성 정보 공개 기준(대표적으로 GRI 등)이 다양한 이해관계자를 주된 정보 이용자로 정의하는 것과 달리 기업 투자자를 주요 정보 이용자로 특정하여 정의한다.

SASB 기준은 근거 기반, 산업 특유, 시장정보 기반이라는 세 가지 원칙에 따라 중요성을 평가하여 산업별 주요 보고 주제를 선정하고, 11대 부문 77개 산업 분류 체계에 따라 산업별로 특화된 기준을 제시하여 동종업계의 타 기업과 비교 가능한 ESG 정보를 제공한다.

SASB 기준은 기업이 연차보고서, 재무 자료, 회사 웹사이트, 지속가능성보고서 등을 포함한 다양한 공개 채널을 통해 이해관계자와의 소통에 활용할 수 있도록 제정되었다. 또한 이 기준은 다양한 지속가능성 정보 공개 기준 또는 프레임워크와 연계 보고함으로써 시너지를 창출할 수 있다.

1) SASB 연혁

SASB는 기업과 투자자가 지속가능성의 재무적 영향에 대해 소통할 수 있는 공통 언어 개발을 위해 2011년에 설립되었다. 2017년 SASB는 더욱 공식적인 기준 제정 기구 지배구조를 구축하면서 관리감독, 행정부서, 재무부서와 기술적 표준 그룹 등을 독립적 기구로 발전시켰다. 이는 국제회계기준위원회와 미국 재무회계기준위원회(Finance Accounting Standard Board, FASB)와 유사한 형태이다. 이후 2018년 11월 SASB는 77개의 산업을 포괄하는 산업별 지속가능성 보고기준을 발표

28 본장은 SASB 기준과 한국회계기준원의 SASB 기준의 국문 번역본을 참조하였다.

하였으며, 미국 상장회사를 비롯한 다양한 기업이 투자자에게 비재무정보를 공개하기 위한 주제와 지표로 활용할 것을 권고하였다.

2020년 2월에는 SASB 기준을 투자자와의 핵심 의사소통에 포함하고자 하는 기업을 위해 SASB 적용 입문서를 발간하였으며, 같은 해 7월에는 SASB와 GRI의 공동 작업계획을 발표하였다. 이 계획은 양 기관의 협력을 통해 두 가지 기준의 상호보완적 사용 가능성을 기업에게 설명하고, 두 기준에서 생성된 정보의 유사점과 차이점의 이해를 돕는 것을 목표로 한다.

2) 가치보고재단

2021년 6월 SASB와 IIRC는 지속가능성 정보 보고 프레임워크를 통합하기 위해 가치보고재단을 설립했다. 가치보고재단은 ESG 관련 정보 보고 생태계를 단순화하고자 하는 투자자 및 기타 이해관계자들의 요구를 충족하고, 보고 기준의 표준화 및 통일화 작업에 박차를 가하고자 만들어졌다.

SASB와 IIRC 통합

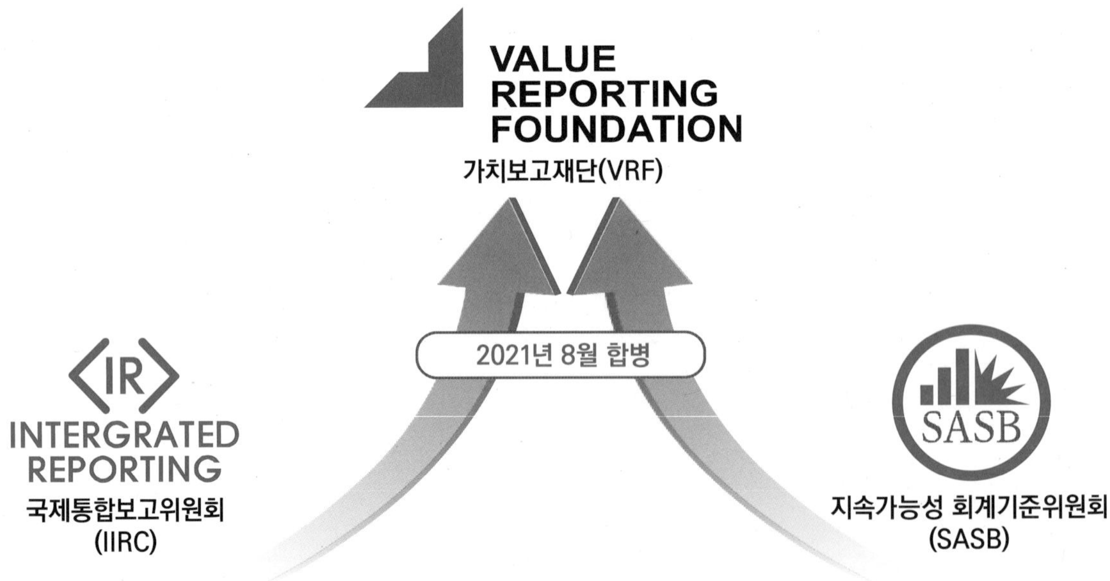

기구 명칭에서 유추할 수 있는 것처럼 가치보고재단은 투자자를 포함한 다양한 이해관계자에게 재무정보와 지속가능성 정보를 통합하여 가치 있는 정보를 제공하는 기구로서의 역할을 강조하였다.

IIRC와 SASB 보고 구성 요소의 연계성

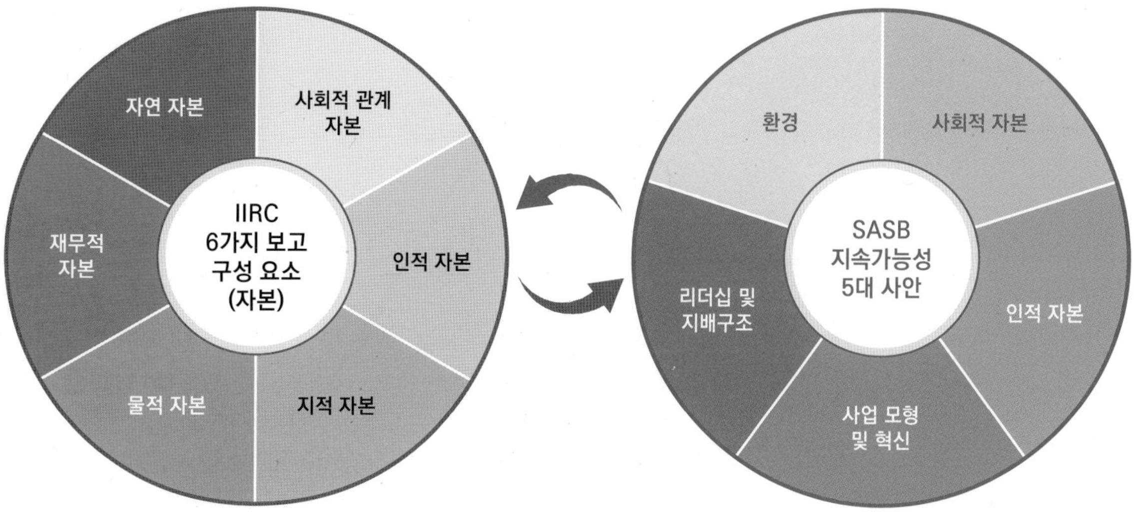

위 그림처럼 IIRC와 SASB의 각 보고 구성 요소는 밀접한 연계성을 갖는다. 이러한 연계성은 두 보고 기준이 통합될 수 있는 토대가 되었다.

3) ISSB와 SASB 통합

2022년 8월 IFRS재단은 가치보고재단을 합병하였다. ISSB는 가치보고재단이 IFRS재단에 합병된다는 선언 이후 SASB의 77개 산업별 기준을 개선하고 있다. 구체적으로 살펴보면 2022년 4월, ISSB는 SASB의 산업별 접근법이 합리적 결정에 유용하고 비용 측면에서도 효율적인 초안을 제시하고 있으므로 SASB의 기준을 새로운 기준 개발에 활용할 것이라고 공표했다.

2. SASB 기준의 개념 체계

지금부터 SASB 기준 제정 목표와 주제 선정 판단기준, 주요 지표 선정 원칙, 기준 제정의 근본원칙에 대해 살펴보고자 한다. 아래 그림은 SASB의 기준 제정 과정에 포함된 다양한 원칙과 접근법이 서로 어떻게 연관되어 있는지를 보여준다.

SASB 기준 개념 체계

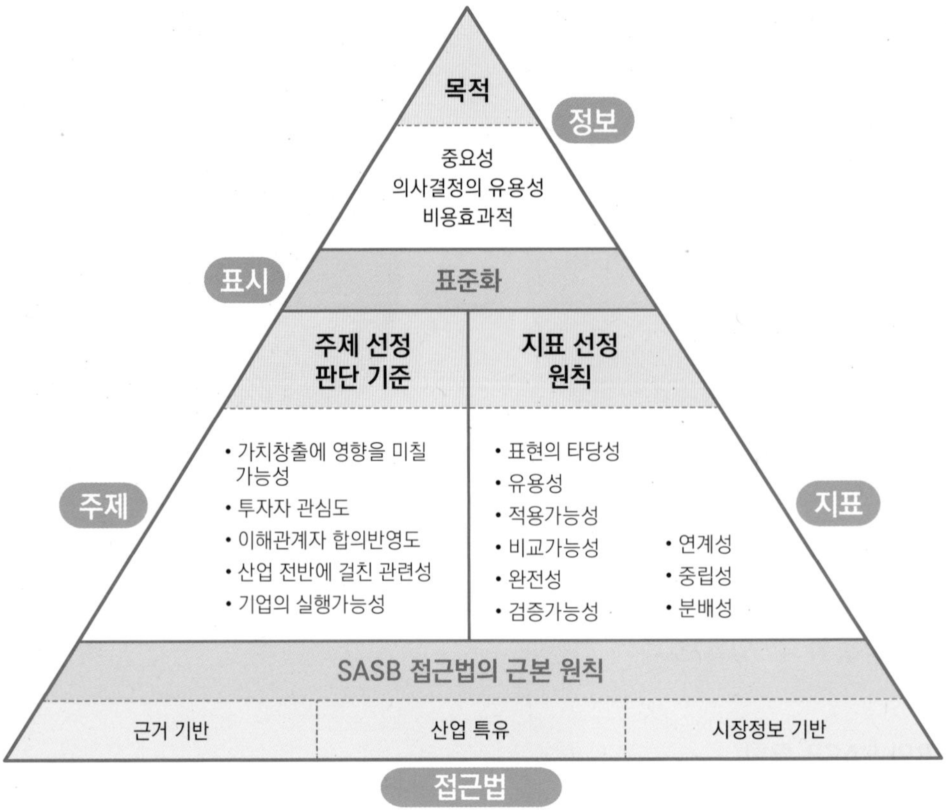

출처: SASB(2017)

1) 제정 목표

SASB 기준 제정의 목표는 투자자가 합리적 노력과 최소 비용으로 정보에 입각한 투자 결정을 내리는 데 필요한 지속가능성 정보에 접근할 수 있도록, 중요한 지속가능성 정보가 미국 증권거래위원회 제출 보고서에 효과적으로 공시될 수 있게 하는 것이다.

이와 같은 SASB 기준 제정의 목표는 세부적으로 크게 세 가지로 나눠진다.

첫째, 합리적 판단을 위해 재무적으로 중요한 정보를 제공한다. SASB 기준은 산업별로 기업의 재무상태나 영업성과에 중요한 영향을 미칠 가능성이 높다고 판단되는 정보를 투자자에게 제공하는 것을 목표로 한다. 기준 제정 시 SASB 기준 정보가 기업의 투자 및 대출 결정에 영향이 있을 것이라 예상된다면 재무적 중요성을 반영해야 한다. SASB는 학계와 재계의 다양한 이해관계자로부터 기준 제정을 위한 주제에 대한 재무적 영향도를 사전 분석 받아 이 중 재무적 영향도가 높은 사안을 주제로 선정하고 있다.

둘째, 기업과 투자자의 의사결정에 유용한 정보를 제공한다. SASB 기준은 투자자, 채권자, 대출 기관의 의사결정에 유용한 정보를 공개하는 것이다. SASB 기준은 단기, 중기, 장기적 사업 가치에 중요한 영향을 미칠 가능성이 높은 지속가능성 사안 관련 의사결정에 유용한 정보를 투자자에게 제공한다. 즉, SASB 기준은 투자자의 의사결정 과정에 반영되는 재무적 중요성에 대한 지속가능성 이슈 공개(정량적, 시계열적 정보)를 지원한다. 이때 측정 지표(Sustainability Accounting Metrics)에는 지속가능성 영향과 더불어 혁신 기회도 고려된다.

셋째, 정보 산출 기업에게 비용 대비 효과가 있는 정보를 제공한다. SASB 기준은 기준의 사용으로 인해 편익이 극대화되도록 하는 것을 목표로 한다. 이에 따라 SASB 기준은 기업이 비용 측면에서 효과적인 방식으로, 의사결정에 있어 중요하고 유용한 지속가능성 정보를 투자자에게 공시할 수 있도록 설계되었다. 또한 SASB는 신규 및 갱신되는 보고 비용을 조사 및 평가하고, 재무적 중요성에 기반하여 산업별 보고 주제 수를 제한함으로써 비용 효과성을 제고하고자 한다. SASB 기준의 지표 중 상당 부분은 이미 활용되고 있는 이니셔티브와 연계되어 있다. SASB는 이를 바탕으로 산업별 및 일반적 측면에서 SASB 기준과 기존 지표, 정의, 체계, 경영공시 형식을 조율하여 가능한 경우 기업 보고의 부담을 최소화하고 있다.

2) 주제 선정 판단기준

SASB는 산업별 주제를 선정할 때 다음 다섯 가지 기준을 우선적으로 고려한다.

첫째, 기업 가치창출에 영향을 미칠 가능성이다. 지속가능성 정보는 특정 주제의 영향력이 수익 또는 비용, 자산 또는 부채, 자본 비용 또는 위험 중 한 개 이상을 통해 기업의 운영 성과 및 재무 성과와 연결될 수 있는 경우 투자자, 대출 기관, 기타 채권자의 의사결정에 유용할 수 있다.

둘째, 투자자 관심도이다. 지속가능성 정보는 식별된 주제가 일반적인 모니터링과 투자 과정(자본 배분 결정, 참여 전략, 의결권 행사 결정, 실사 등) 측면에 통합하는 이슈와 관련 있을 경우 투자자, 대출 기관, 기타 채권자의 의사결정에 유용할 수 있다.

셋째, 이해관계자(투자자 및 증권발행기업) 합의 반영도이다. 각 공시 주제에 대해 해당 주제가 산업 내 대부분의 기업에 중요한 정보가 될 수 있다고 합리적으로 판단된다는 점에 대해 증권발행기업과 투자자 사이에 합의가 있는지 고려한다. 다만, 이해관계자(투자자 및 증권발행기업) 합의 반영도는 2020년 8월에 발표된 SASB기준 개념체계 개정안 공개초안에서는 제외되었다.

넷째, 산업 전반에 걸친 관련성이다. 지속가능성 정보의 의사결정 유용성은 식별된 주제가 특정 산업 및 지역 전반에 걸쳐 더 많은 회사에 적용될수록 확대된다.

다섯째, 기업의 실행 가능성이다. 지속가능성 정보의 의사결정 유용성은 식별된 주제가 회사에서 실행 가능한 방식으로 포착될 때 향상될 가능성이 있다. 주로 기업의 전략/운영적 의사결정 유형과 연관될 때 실행 가능한 방식으로 포착된다.

3) 주요 지표 선정 원칙

SASB 기준 제정 위원회가 지표 선정 시 고려하는 사항은 다음과 같다.

주요 지표 선정 원칙

원칙	내용
표현의 타당성	지표가 다루려고 하는 공시주제 측면과 관련된 성과를 적절하고 정확하게 기술하거나, 해당 공시주제 측면에서의 성과에 대한 대용치(proxy) 기능을 한다.
유용성	지표가 관련 주제에 대한 영업성과를 관리하는 데 있어 기업에게 유용한 정보를 제공하고 재무 분석 수행에 있어 투자자에게 유용한 정보를 제공한다.
적용 가능성	지표가 해당 산업의 일반적인 운영 맥락을 바탕으로 산업 내 대부분의 기업에 적용할 수 있는 정의, 원칙, 방법론에 기초한다.
비교 가능성	지표를 통해 주로 (a) 산업 내 P2P 벤치마킹에 도움이 되고 증권발행기관의 전년대비 벤치마킹에 도움이 되는 정량적 데이터와 (b) 공시의 비교를 용이하게 하는 정성적 정보도 산출한다.
완전성	개별적 또는 집합적으로 지표가 지속가능성 주제의 모든 측면과 관련된 성과를 이해하고 해석할 수 있을 만큼의 충분한 데이터와 정보를 제공한다.
검증 가능성	데이터 검증 및 인증의 목적상, 지표는 효과적인 내부 통제를 뒷받침할 수 있다.
연계성	지표가 증권발행기업에서 이미 활용하고 있는 지표에 기반 하거나 증권발행기업, 정부, 산업 협회 등에서 이미 활용되고 있는 기준, 정의, 개념에서 도출된 것이다.
중립성	지표가 편의적이지 않고 SASB를 대신한 가치판단이 없어, 투자자가 세계관이나 전망에 관계없이 활용할 수 있는 객관적인 성과 공시를 제공한다.
분배성	지표가 한 산업 내, 또는 전체 산업에 걸쳐 식별 가능한 범위의 데이터를 도출하도록 설계되어, 이용자가 주제에 관한 성과 또는 주제의 한 측면에 대한 성과를 구분할 수 있다.

출차: SASB(2017), 한국회계기준원(2022h) 재인용

다만, SASB기준 개념체계 개정안 공개초안에서는 유용성은 삭제되었고 적용 가능성은 연계성으로, 배분성은 비교 가능성으로 통합되었다. 또한 이해 용이성[29]이 추가되었다.

29 주요 사용자가 지표에 나타나는 정보를 이해하여 투자 결정에 활용할 수 있는 경우 해당 지표는 이해하기 용이하다고 볼 수 있다.

4) 기준 제정의 3대 근본 원칙

SASB 기준제정위원회는 기준 제정 및 개정 시 다음과 같은 3대 근본 원칙을 준수한다.

(1) 근거 기반

SASB는 지속가능성 주제의 재무적 영향에 대한 근거와 다양한 유형의 재무적 영향을 뒷받침할 수 있는 신뢰 가능한 증거의 정확한 출처를 식별하기 위한 연구를 추진한다. SASB는 시계열적으로 주제-산업 간의 관련성이 유효한지 확인하기 위해 산업의 기본 구조, 규제 환경, 재무 동인 등에 기초하여 증거를 평가한다. 더불어 부문/산업별 현 상태를 지속적으로 평가함으로써 신규 주제 포함 여부를 결정한다.

(2) 산업 특유

지속가능성 정보의 중요도를 분석하기 위해서는 사업이 사회와 환경에 미치는 특정 영향 및 지속가능성 과제가 사업에 미치는 영향에 대한 이해가 필요하다. 동일 산업 내 기업은 유사한 사업 모형을 보유할 가능성이 높기 때문에 지속가능성의 기회 및 위험 역시 유사하다. 이에 따라 SASB는 자원 투입, 지속가능성 영향, 사업 모형, 규제 및 기타 요인들을 고려하여 산업 수준의 기준을 개발한다. 그 결과, 해당 산업의 맥락을 고려해 기업 성과를 평가하는 재무 분석가들은 중요한 지속가능성 요소들을 재무정보와 쉽게 통합하여 평가할 수 있다.

(3) 시장정보 기반

근거 기반 연구가 위원회에 기준제정 과정의 토대를 제공하지만, 그 결과는 대체로 자본 시장 참여자들(예: 증권발행기업과 주요 투자자 등)의 피드백에 의해 형성된다. 이를 보완하기 위해 SASB는 특정 주제를 어떻게 구성, 기술, 측정할 것인지 결정함에 있어 기업 전문가, 투자자, 채권자, 해당 분야 전문가 등 모든 이해관계자들의 관점을 적극적으로 요청하고 종합적으로 신중하게 검토한다. 한편 기준이 의사결정에 유용하고 비용 효과적으로 유지하도록 하기 위해 증권발행기업 및 투자자와 지속적으로 협의한다. 해당 산업 경쟁 구도보다 광범위한 지속가능성 맥락, 합리적 투자자의 관심사 등은 계속해서 변하기 때문에, 이러한 상향식 시장기반 접근법은 SASB 기준이 시장 요구를 충족하는 방향으로 발전하도록 보장하는 핵심이 된다.

이와 같은 세 가지 원칙 외에 투명성 원칙이 추가로 논의되고 있다. 투명성은 SASB가 추구하는 가치 중 하나로 SASB 기준의 품질 유지와 SASB의 기준 제정 활동 수행 방식을 결정하는 판단기준이 된다. 기존의 세 가지 원칙은 SASB 기준의 품질에 직접 영향을 줌으로써 SASB의 목적 달성을 돕는다. 반면 투명성 원칙은 SASB의 의제, 활동, 심의, 의사결정에 대한 통찰력을 제공함으로써

SASB의 목적이 훼손되지 않도록 지원한다. 2020년 SASB 공개초안에는 투명성이 근본 원칙으로 추가되었다(SASB, 2020). 다만, SASB 기준 개념체계는 아직 개정 전이므로 현재로서는 SASB 기준 제정의 근본원칙은 근거 기반, 산업 특유, 시장정보 기반의 세 가지라고 보는 것이 타당할 것이다.

3. SASB 기준 구성

다음 그림은 SASB 기준의 구조를 도식화한 것이다.

SASB 기준의 구조

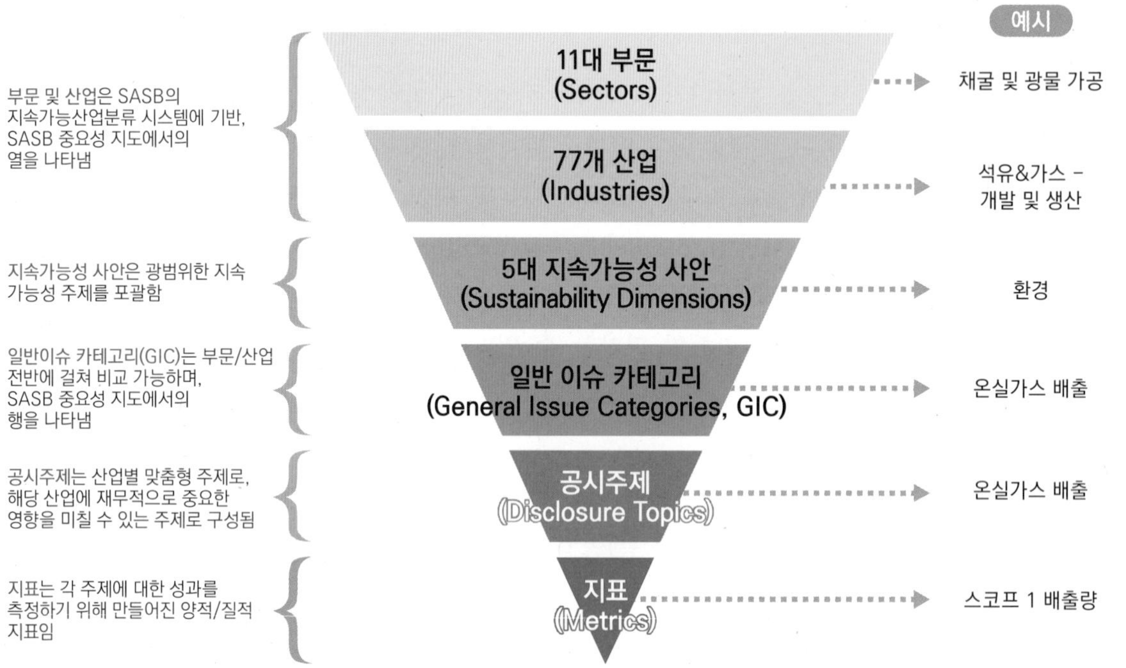

출처: SASB(2020)

1) 11대 부문 및 77개 산업 분류

SASB는 기업의 지속가능산업분류 시스템(Sustainability Industry Classification System, SICS)[30]에 기반하여 산업을 11개 부문과 77개 산업으로 분류하였다.

30 SASB 개념체계(2017) 원문 부록에서는 SICS™(10개 부문, 79개 산업)을 기술하였으나, 이후 발표된 SASB 산업기준(2018)에는 업데이트된 산업분류체계인 SICS®(11개 부문, 77개 산업)가 적용되어 있어, 산업기준서를 활용하는 데 편의를 제공하기 위해 SICS®로 변경하였다.

11대 부문 및 77개 산업 분류

부문	산업 분류
소비재	- 가정 및 개인용품 - 대형 및 전문 유통 및 배급 - 전자상거래 - 의류, 액세서리 및 신발류 - 건축품 및 가구 - 가전제품 제조 - 완구류 및 스포츠용품
식음료	농산물 - 육류, 가금류 및 유제품 - 가공식품 - 비알코올음료 - 알코올음료 - 담배 - 식품 유통 및 배급 - 식당
헬스케어	- 바이오 기술 및 제약 - 의료장비 및 의약품 - 헬스케어 제공 - 헬스케어 유통 - 관리형 의료 - 약품 유통
재생가능 자원 및 대체 에너지	- 바이오 연료 - 태양 에너지 및 프로젝트 개발자 - 풍력 에너지 및 프로젝트 개발자 - 연료 전지 및 공업용 전지 - 임업 경영 - 펄프 및 종이 제품
인프라	- 전력 및 발전 - 가스 유틸리티 및 유통 - 수자원 유틸리티 및 서비스 - 폐기물 관리 - 엔지니어링 및 건축 서비스 - 주택건설 - 부동산 - 부동산 서비스
추출물 및 광물 처리	- 석유 및 가스: 탐사 및 생산 - 석유 및 가스: 증류 - 석유 및 가스: 정제 및 판매 - 석유 및 가스: 서비스 - 석탄 사업 - 철강 제조 - 금속 및 채광 - 건축 자재
금융	- 상업은행 - 투자은행 및 중개 - 자산관리 및 보관활동 - 소비자 금융 - 모기지 금융 - 증권 및 상품거래 - 보험
서비스	- 교육 - 전문 및 상업 서비스 - 호텔 및 숙박 - 카지노 및 게임 - 레저시설 - 광고 및 엔터테인먼트 - 미디어 제작 및 배급
기술 및 통신	- 제조전문서비스업(EMS) 및 제조자설계생산(ODM) - 소프트웨어 및 IT 서비스 - 하드웨어 - 반도체 - 통신 서비스 - 인터넷 미디어 및 서비스
자원 변환	- 화학 - 우주항공 및 국방 - 전기 및 전자장비 - 산업기계 및 제품 - 용기 및 포장
운송	- 자동차 - 자동차 부품 - 차량 렌트 및 리스 - 항공 - 항공 운송 및 물류 - 해상 운송 - 철도 운송 - 도로 운송 - 크루즈

출처: SASB(2017)

2) 5대 지속가능성 사안 및 30개 이슈

SASB의 지속가능성 주제는 다섯 가지 포괄적 지속가능성 사안과 각 부문별 총 30개의 주요 이슈로 구성되어 있다.

SASB 지속가능성 주제

지속가능성 사안	주요 이슈
환경	- 온실가스 배출 - 대기질 - 에너지 관리 - 연료 관리 - 물 및 폐수 관리 - 폐기물 및 유해물질 관리 - 생물다양성 영향
사회적 자본	- 인권 및 지역사회 관계 - 접근성 및 적정가격 - 고객 편익 - 데이터 보안 및 고객 프라이버시 - 공정한 공개 및 라벨링 - 공정한 마케팅 및 광고
인적 자본	- 노사관계 - 공정 노사관행 - 다양성 및 포용성 - 직원 건강, 안전, 복지 - 보상 및 복리후생 - 직원 채용, 계발, 유지
사업 모형 및 혁신	- 재화와 용역의 수명주기에 걸친 영향 - 자산 및 영업에 미치는 환경적사회적 영향 - 제품 포장 - 제품 품질 및 안전성
리더십 및 지배구조	- 체계적 위험관리 - 사고 및 안전성 관리 - 사업 윤리 및 지급 투명성 - 경쟁적 행위 - 규제포획 및 정치적 영향력 - 자재 조달 - 공급망 관리

출처: SASB(2017)

(1) 환경

이 부문은 생산을 위해 자연으로부터 획득하는 물, 에너지, 천연자원을 투입물로 사용하는 과정이다. 더불어 투입된 자원이 배출되는 과정을 통해 환경에 미치는 영향이 궁극적으로 기업의 재무상태 또는 영업성과에 영향을 끼칠 수 있는 사항을 포함한다.

(2) 사회적 자본

이 부문은 사회에서 기업 활동의 사회적 역할이라고 인식된 것 또는 기업이 기업 운영에 대한 사회적 운영 인가(Social License to Operate, SLO)를 받는 대가로 사회에 기여할 것이라는 기대와 관련된다.

(3) 인적 자본

이 부문에서는 장기적 가치를 실현하기 위한 핵심 자산인 기업의 인적 자원(직원 및 개별 용역수행자)에 대한 관리를 다룬다.

(4) 사업 모형 및 혁신

이 부문에서는 지속가능성 사안이 혁신과 사업 모형에 미치는 영향을 다룬다. 즉, 기업의 가치 창출 과정(예: 자원 회수, 생산 과정 혁신, 제품 설계, 사용, 폐기의 효율성 및 책임을 포함한 제품 혁신)이 환경적, 인적, 사회적 사안을 통합하는지 다룬다. 유형자산과 금융자산(기업 소유 자산 또는 다른 기업의 수탁기관으로서 관리하는 자산)에 미치는 환경 및 사회적 영향 관리도 포함한다.

(5) 리더십 및 지배구조

이 부문에서는 사업 모형에 고유하거나 해당 산업에서 일반적인 관행에 해당되고, 보다 포괄적인 이해관계자 집단(정부, 지역사회, 고객, 직원 등)의 이익과 상충될 가능성이 있어 부채를 발생시키거나 혹은 심한 경우 운영 허가가 제한되거나 취소될 수 있는 사안에 대한 관리를 포함한다. 여기에는 규제 준수와 규제 및 정치적 영향이 포함된다. 또한 위험관리, 안전 관리, 공급망 및 자재 조달, 이해 갈등, 반경쟁적 행동, 부패 및 뇌물수수도 포함된다.

3) 공시 주제 및 지표

SASB 기준은 산업별 주요 공시 주제, 측정 지표, 측정 지표의 세부 공시 지침, 활동 지표를 기본 구성으로 제시하고 있다. 공시 주제는 산업별 맞춤형으로 해당 산업에 재무적으로 중요한 영향을 미칠 수 있는 주제로 구성된다. 지표는 각 주제에 대한 성과를 측정하기 위해 만들어진 정량적, 정성적 지표이다.

(1) 공시 주제

주제별로 다양한 측면에 대한 관리 또는 부실 관리로 인해 가치 창출에 어떤 영향을 미칠 수 있는지 나열하고 이에 대해 각각 간략하게 설명한다. 산업별 재무적 중요도에 따라 공개해야 하는 최소한의 지속가능성 주제로 구성된다.

(2) 측정 지표

산업 주제별 성과 측정을 위한 정량적, 정성적 측정 지표를 제공한다. 시간 경과에 따른 전략, 경쟁적 지위, 통제 수준, 성과, 동향 등 보고 데이터의 완전성, 정확성, 비교 가능성을 충족하기 위해 필요한 중요 요소가 특정 측정 지표를 통해 다루어지지 않는 경우, 해당 요소에 대한 서술적 기술을 수반한다.

(3) 프로토콜

측정 지표의 정의, 공시 범위, 적용 및 작성 방법에 대한 세부 지침을 제공한다. 지표는 객관적이고 합리적이고 일관성 있게 측정 가능해야 하며, 판단기준의 완전성이 충족되어야 한다.

(4) 활동 지표

기업의 사업 규모를 계량화하고 측정 지표와 함께 사용하여 데이터의 기준화와 비교 가능성을 돕는다. 활동지표에는 총 직원 수, 제품 생산량 또는 서비스 제공량, 시설 수, 고객 수와 같은 고급 사업 정보가 포함될 수 있다. 발전소 용량 활용률(예: 특수 화학 기업), 거래 횟수(예: 온라인 미디어 및 서비스 기업), 병상 이용률(예: 의료 서비스 제공 기업), 확인 매장량 및 추정 매장량(예: 석유와 가스 탐사 및 생산 기업)과 같은 산업 특유의 데이터도 포함될 수 있다. 활동 지표를 통해서는 SASB 측정 지표상 명확히 알 수 없는 맥락 정보를 전달할 수 있어야 한다.

SASB 공시 지표 예시

부문: 소비재 부문
산업: 가정 및 개인 용품
가정 및 개인용품 산업은 화장품, 가정용 및 산업용 클리닝용품, 비누 및 세제, 위생 제품, 가정용 배터리, 면도기, 주방용품 등 개인적·상업적 소비를 위해 다양한 제품을 제조하는 기업들로 구성된다. 가정 및 개인용품 기업은 전 세계적으로 운영되며 통상적으로 대량판매상, 식료품점, 회원제 대형마트, 드러그스토어(drug store), 하이프리퀀시스토어(high-frequency store), 유통업자, 전자상거래 판매자에게 제품을 판매한다. 일부 기업은 제3자 소매업체가 아닌 독립적인 판매대리인을 통해 제품을 판매한다.

지속가능성공시 주제 및 측정 지표

주제	측정 지표	범주	측정 단위	코드
물 관리	물 스트레스 지수가 높거나 극히 높은 지역에서의 (1) 총 취수량, (2) 총 물 소비량 각각의 비율	정량적	천 세제곱미터(㎥), 백분율(%)	CG-HP-140a.1
	물 관리 위험의 설명 및 이러한 위험 경감을 위한 전략 및 활동에 대한 논의	논의 및 분석	n/a	CG-HP-140a.2
제품 환경·보건·안전 성과	화학물질의 등록, 평가, 승인, 제한(REACH, Registration, Evaluation, Authorization and Restriction of Chemical) 대상인 고위험성 물질(Substances of Very High Concern, SVHC)이 포함된 제품의 수익	정량적	보고통화	CG-HP-250a.1
	캘리포니아 독성물질관리국(Department of Toxic Substances Control, DTSC) 후보 화학물질 목록(Candidate Chemicals List)에 등재된 물질이 포함된 제품의 수익	정량적	보고통화	CG-HP-250a.2
	위험성 신소재 및 우려 화학물질(Chemicals of Concern)의 식별 및 관리 과정에 대한 논의	논의 및 분석	n/a	CG-HP-250a.3
	녹색화학원칙에 따라 설계된 제품의 수익	정량적	보고통화	CG-HP-250a.4
포장재 수명주기 관리	(1) 총 포장재 중량, (2) 재활용된 및/또는 재생 가능한 재료 사용 비율, (3) 재활용, 재사용 및/또는 자연분해 가능 비율	정량적	톤(t), 백분율(%)	CG-HP-410a.1
	포장재 수명주기 동안 포장재의 환경적 영향을 완화하기 위한 전략 논의	논의 및 분석	n/a	CG-HP-410a.2
팜유 공급망의 환경적·사회적 영향	조달된 팜유량, 지속가능한 팜유 원탁회의(Roundtable on Sustainable Palm Oil, RSPO)의 공급망 (1) 완전분리(Identity Preserved), (2) 분리(Segregated), (3) 물질수지(Mass Balance), 또는 (4) 북앤클레임(Book & Claim)을 통해 인증된 비율	정량적	톤(t), 백분율(%)	CG-HP-430a.1

활동 지표

활동 지표	범주	측정 단위	코드
판매된 제품 수, 판매된 제품 총 중량	정량적	수, 톤(t)	CG-HP-000.A
제조시설 수	정량적	수	CG-HP-000.B

SASB 측정 지표 및 활동 지표 통계[31](단위: 개)

번호	부문	주제	측정 지표	활동 지표
1	소비재	26	60	13
2	추출물 및 광물 처리	69	134	18
3	금융	30	83	14
4	식음료	59	131	22
5	헬스케어	41	99	12
6	인프라	44	119	32
7	재생가능 자원 및 대체 에너지	30	61	19
8	자원 변환	38	68	10
9	서비스	24	53	22
10	기술 및 통신	38	73	18
11	운송	46	100	37
합계		445	981	217
77개 산업별 평균		6	13	3

4) 중요성 지도

SASB의 중요성 지도(Materiality Map)에서 SASB가 분류하는 11개 부문 및 77개 산업은 상단 가로축에 위치하고 있으며, 왼쪽 세로축은 지속가능성 사안 및 이슈들이 정렬되어 있다. 기업은 중요성 지도를 통해 기업이 속한 산업군의 주요 이슈가 무엇인지 쉽게 확인할 수 있다. 해당 산업군에 속한 이슈의 중요도에 따라 50% 이상인 경우, 50% 미만인 경우, 중요성이 없는 경우의 3개 수준으로 분류하고 있다.[32]

31 SASB 주제, 측정 지표, 활동 지표는 산업별로 공통으로 적용되는 지표가 다수 존재한다. 본통계는 산업별 지표를 단순 집계한 수치이다.

32 SASB 개념체계 개정안 공개초안에서 제안한 재무 중요성 개념의 정의: 정보를 생략, 왜곡 또는 모호하게 하는 경우 정보이용자의 투자 또는 대출 결정에 영향을 미칠 것으로 합리적으로 예상할 수 있다면 그 정보는 재무적으로 중요하다(SASB, 2020).

중요성 지도 예시

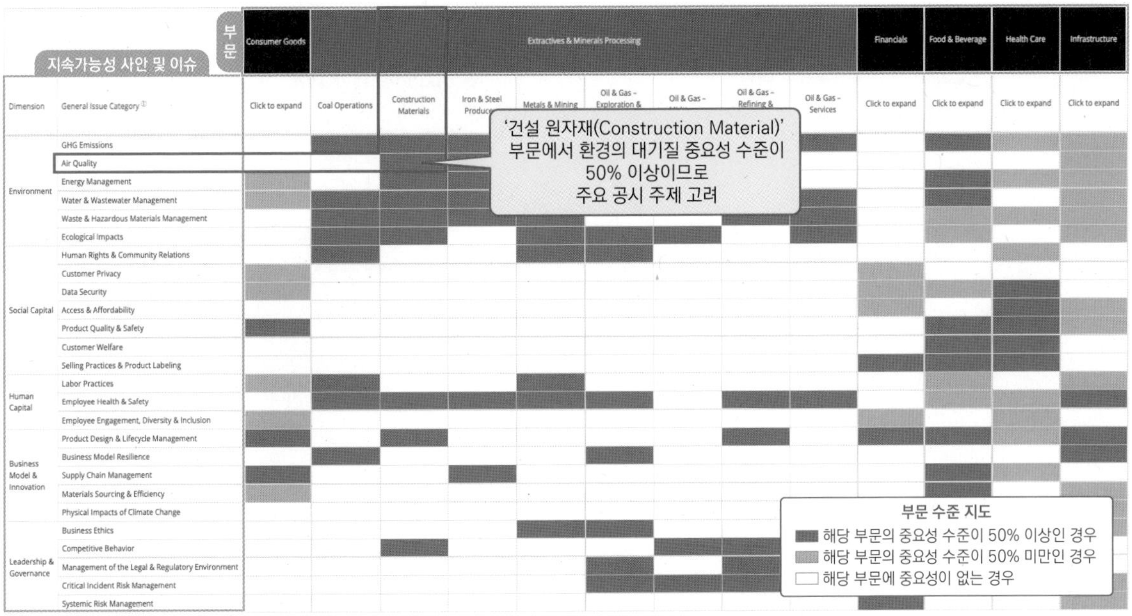

출처: SASB(2021b)

4. SASB 적용

1) SASB 적용의 장점

이미 다수의 글로벌 우량 기업들이 투자자와의 의사소통과 상호작용을 위해 SASB 기준을 사용하고 있으며, SASB 기준을 적용하는 기업들이 계속 증가하고 있다. SASB 기준은 기존 보고 체계를 활용한 비용 효율적 의사결정 도구로 사용할 수 있으며 산업 수준의 지속가능성 커뮤니케이션을 가능하게 한다. 또한 SASB 기준은 투자의사결정에 중요한 지속가능성 요소들의 세부 사안에 중점을 두기 때문에, 기업 경영진에게 유용할 수 있는 정보를 제공함과 동시에 투자자 대상 공시에 있어서도 비용 효과적인 해결책을 제공한다.

SASB 지표는 기업의 성과평가 체계를 개선하거나 이에 통합하여 목표 일치 및 조정을 용이하게 한다. 또한 기대치 공유를 통해 사업부에 동기를 부여하고, 최고 의사 결정권자에게 피드백을 제공하며, 벤치마킹 노력을 홍보할 수 있게 한다. SASB 지표는 경영진의 기대에 미치지 못하는 사업부를 식별하고 개선이 필요한 부분에 집중할 수 있도록 돕는 등 여러 긍정적 측면을 갖고 있다. 이에 따라 SASB 지표를 활용하면 투자자, 분석가, 평가 그룹이 비용과 시간이 많이 소요됨에도 불구하고 지속가능성 정보를 얻기 위해 빈번하게 사용하고 있는 설문조사의 필요성을 크게 줄일 수 있다.

SASB 보고/언급의 증가(2015-2021)

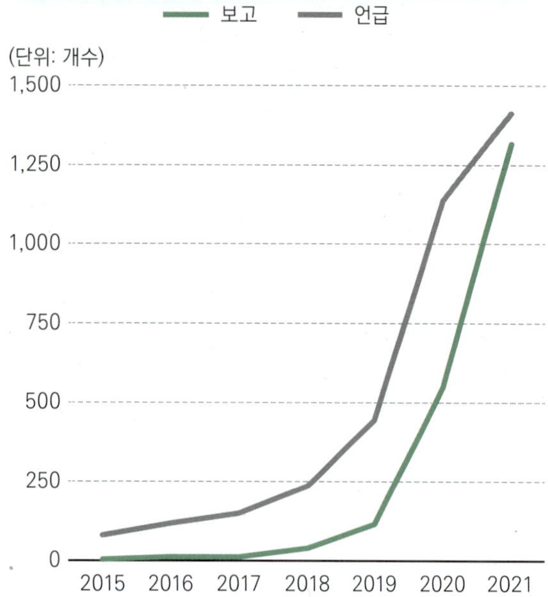

지역별 SASB 적용 현황(2021)

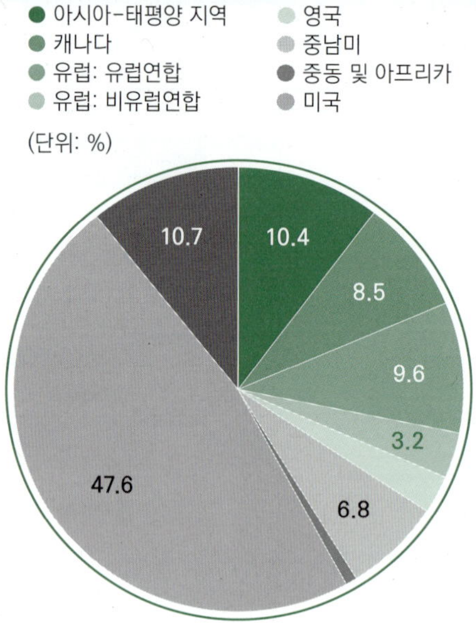

출처: 가치보고재단(2021), 저자 재구성

2) SASB 적용 우수 사례

BASF는 2020년 SASB 보고서(SASB Report)를 발간하였다. 이 보고서에 SASB 기준에서 제시하는 환경, 인적자원, 사업 모형 및 혁신, 리더십 및 지배구조 관점에서 SASB 지표를 적용하였으며 이를 온라인에 공개하고 있다.

이 보고서에서 BASF는 투자자와의 소통과 다른 프레임워크와의 호환성이라는 측면에서, SASB의 장단점을 다음과 같이 설명하고 있다.

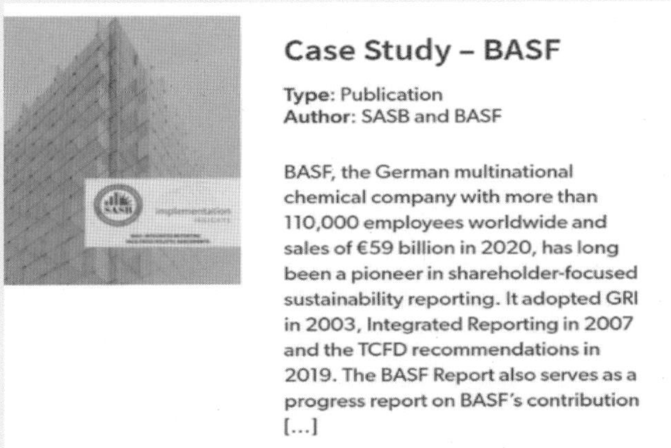

1) 투자자와의 소통을 위해 SASB 기준을 적용한 이유는 무엇인가?

중요한 ESG 주제에 대한 분석가와 투자자들의 복합적인 정보 수요가 증가함에 따라 기업의 중장기 실적의 종합적 평가가 매우 중요해졌다. 적절한 벤치마크를 도출하기 위해서는 해당 부문에 특화된 정보가 필요한데, SASB 기준을 적용하면 산업별로 관련 핵심성과지표(KPI)를 효과적으로 제시할 수 있다.

2) SASB를 다른 기준/프레임워크와 함께 적용했을 때의 이점은 무엇인가?

기존 ESG 보고서와 상호 보완적인 관계에 있는 SASB 기준은 BASF 보고서의 중요한 기반이 되었다. BASF의 경우 IIRC와 GRI를 사용해 왔지만, 두 프레임워크는 아무래도 산업에 대한 특화 비교를 하는 데는 한계가 있다. SASB를 활용하여 이 한계를 극복함으로써 특화된 비교를 원활히 진행할 수 있었다.

3) SASB 기준 활용 시 장단점은 무엇인가?

SASB 기준은 무엇보다 산업 특유의 기준을 반영하고 있기 때문에 유용하다. 다만 SASB는 자본시장의 재무정보 이용자에 중점을 두고 있지만 유럽의 경우에는 다른 이해관계자들에게 더 많은 중점을 두고 있다. 이처럼 다른 관점이 일부 어려움을 야기하기도 한다.

출처: SASB(2021a)

3) 한국회계기준원 SASB 국문 번역본 공개

2021년 말 한국회계기준원은 지속가능성 보고를 수행 중인 국내 기업 130여 개의 산업 특성을 고려하여 SASB 기준 중 개념 체계와 적용 지침 및 10개 산업에 대한 SASB 국문 번역본을 우선적으로 공개하였다. 추가적으로 한국회계기준원은 2023년 초까지 30개 산업에 대해 SASB 국문 번역본을 제공할 예정이다.

3-4
GRI 기준

1. GRI 개요

1989년 엑손 발데즈호 사건[33]을 계기로 1992년 유엔환경개발회의(리우환경회의)에서 '환경적으로 건전하고 지속가능한 발전'에 대한 논의가 이뤄졌다. 이후 미국 비영리 환경단체인 세레스(CERES)가 발데스의 원칙[34]을 발표했고 텔어스 연구소와 함께 유사 사고 재발을 막기 위한 협약을 유엔환경계획과 맺었다. 이 협약을 통해 1997년 미국 보스턴에 설립된 비영리기관이 GRI(Global Reporting Initiative)이다.

애초 GRI의 목적은 기업들이 세레스의 환경 책임 원칙에 입각해 사회적 책임을 다할 수 있도록 촉구하는 메커니즘과 책임 구조를 만드는 것이었다. 그러나 환경을 넘어선 경제성, 사회성, 경영구조의 영역까지 포함하는 지속가능성보고서가 필요하다는 요구가 증가함에 따라 이후 지속가능성 보고에 대한 가이드라인에 중점을 두기 시작했다.

GRI는 지속가능성 보고에 대한 기준 제시를 핵심으로 하고 있다. GRI에서는 지속가능성 보고를 '조직의 경제적, 환경적, 사회적 영향과 지속가능한 개발목표에 대한 긍정적 또는 부정적 기여에 대해 공개적으로 보고하는 조직의 관행으로서, 지속가능발전을 위한 조직의 성과를 측정 및 공개하고 내/외부 이해관계자에게 책임을 약속하는 활동'으로 정의하고 있다. 이는 경제적, 환경적, 사회적 영향에 대한 보고를 지칭하는 다른 용어인 트리플 바텀라인(Triple Bottom Line, TBL)[35]이나 기업의 책임보고 등과 유사한 의미로 사용되는 포괄적인 용어라고 할 수 있다.

---

33 1989년 3월 24일 알래스카의 프린스 윌리엄 해협을 항해하던 엑손 발데즈호가 빙산을 만나 좌초되면서 1,100만 갤런의 원유가 유출된 사고로 지금까지 해상에서 발생한 인위적 환경 파괴 중 최악의 사건으로 평가되고 있다.

34 기업은 그 활동으로 인해 생기는 어떤 재해에 대해서도 책임을 지며, 원상회복을 위해 노력하도록 규정함으로써 기업에게 환경에 대한 직접적인 책임이 있다는 것을 명시하고 있다. 또한 철저한 정보 공개, 에너지 이용효율 향상, 폐기물 감축, 천연자원의 지속적 이용, 환경 및 안전상의 위험 경감, 환경문제 담당자 임명, 환경문제에 관한 기업감사보고서의 공표 등 일곱 가지의 내용을 규정하고 있다.

35 기업 이익, 환경 지속성, 사회적 책임이라는 세 가지 기준으로 기업 실적을 측정하는 비즈니스 원칙을 의미하며 1994년에 존 엘킹턴에 의해 정립되었다. TBL을 구성하는 요소는 '지속가능성장의 3대 기반'으로 불리는 3P(Profit, Planet, People)이다. 이윤(Profit)은 기업은 경제적 가치창출에 집중하지만 단순히 기업 내의 이익에 한정하지 않고 사회전체를 포괄하는 차원의 성과측정을 의미한다. 지구(Planet)는 기업의 경영 활동과정이 얼마나 환경적으로 지속가능한지 측정한다. 사람(People)은 전통적인 주주우선주의가 아니라 다양한 이해관계자를 고려하여 성과를 측정한다.

GRI는 스스로를 '지속가능성과 관련한 기업의 영향을 내/외부 이해관계자들이 이해하고 그 영향에 대해 소통할 수 있도록 도와주는 국제기구'라고 천명하고 있다. GRI는 지속가능성보고서의 기준을 지정하고 기업이 이해관계자들에게 자사 정보를 투명하게 공개하도록 유도하는 역할을 수행한다. 또한 경제적 책임뿐만 아니라 환경과 사회를 포함한 비재무정보 공개를 통한 책임 확립도 강조하고 있다.

따라서, GRI 지속가능성 보고의 목적은 GRI 기준을 사용하여 조직이 지속가능한 개발에 기여하거나 관련 목표를 달성하는 방법에 대한 투명성을 제공하는 것이다. 즉, 조직이 인권에 대한 영향과 이러한 영향을 관리하는 방법 등을 포함하여 경제, 환경, 사회에 미치는 영향을 공개함으로써 투명성과 책임감 향상을 지원한다.

현재 네덜란드 암스테르담에 본부를 두고 있는 GRI는 2007년 브라질로 시작하여 현재 중국, 인도, 미국, 남아메리카, 콜롬비아, 싱가포르에 지역 허브를 두고 있다. 우리나라에는 아직 독립 지부가 없으나 기업들은 GRI에서 인증 받은 공식 교육 프로그램을 통해 보고서 작성에 도움을 얻을 수 있다.

1) GRI 발전과정

GRI는 지난 20년 동안 꾸준하게 지속가능성 보고기준을 개발 및 업데이트하고 있다. 2000년에는 지속가능성보고서의 첫 글로벌 체제이자 가이드라인인 G1을 발표했다. 2001년에 독립적인 비영리단체를 설립한 GRI는 이후 2002년에 네덜란드 암스테르담으로 본부를 이전하였고, 그 해 요하네스버그에서 열린 세계지속가능발전정상회의(World Summit for Sustainable Development, WSSD)에서 두 번째 가이드라인인 G2를 공개했다.

지속가능성보고서에 대한 수요가 지속적으로 증가함에 따라 GRI는 2006년 세 번째 버전인 G3를 발표했는데 이때부터 본격적으로 전 세계의 관심을 받기 시작하였다. G3는 이해관계자들의 이익을 중심으로 조직의 성과를 평가하는 이해관계자 접근법에 가까워질 수 있었다는 측면에서 좋은 평가를 받았다. GRI는 이어서 2013년 5월 웹 기반의 G4를 발표하면서 가이드라인을 확장 및 개선하였다.

2016년 10월에는 지속가능성보고서의 가이드라인을 넘어선 기준을 공표하였다. GRI 기준과 기존 가이드라인의 가장 큰 차별점은 크게 두 가지였다. 첫째 모듈 구조 도입으로 통합되고 체계화된 구조를 이루어 전체 체계를 바꾸지 않고도 각각의 기준을 업데이트하거나 추가할 수 있게 되었다. 둘째, 명확성 증대를 통해 기존의 가이드라인이 조언(May)에 가까웠다면 GRI 기준은 강제성 높은 기준(Shall: 의무, Should: 권고)을 제시하여 의무의 수준을 전보다 높였다. 이에 따라 GRI는 가이드라인에서 기준으로 탈바꿈했다. 세부 내용을 보다 체계적으로 구조화하고, 용어의 명확성을 높여 임의의 판단기준을 낮춤으로써 지속가능성보고서에 경제적 책임 외에 환경적, 사회적 책임까지 구체화할 수 있게 된 것이다. 최근 개정된 'GRI 기준 2021'에는 부문별 주제가 새로 도입되었으며 2023년부터 시행될 예정이다.

2) GRI의 보고현황

최근 통계에 따르면 글로벌 기업 중 92%가 지속가능성 관련 정보를 공개하였으며, 그중 72%가 GRI 기준을 적용하고 있다(국제회계사연맹, 2022). 이처럼 GRI 기준은 현재 전 세계적으로 가장 폭넓게 활용되고 있다. 우리나라 역시 지속가능성보고서를 발간하는 기업 및 공공기관 수가 계속해서 증가하고 있다. 2021년 발간된 총 179개 보고서의 98%가 GRI 기준을 활용했다(고정연, 2022).[36]

2. GRI 기준 2016

현재 적용되고 있는 GRI 기준 2016은 3개의 공통 기준(59개 공시항목)과 34개의 특정주제 기준(89개 공시항목)을 포함한 총 37개의 기준(총 148개 공시항목)으로 구성되어 있다.

GRI 기준 2016 구조

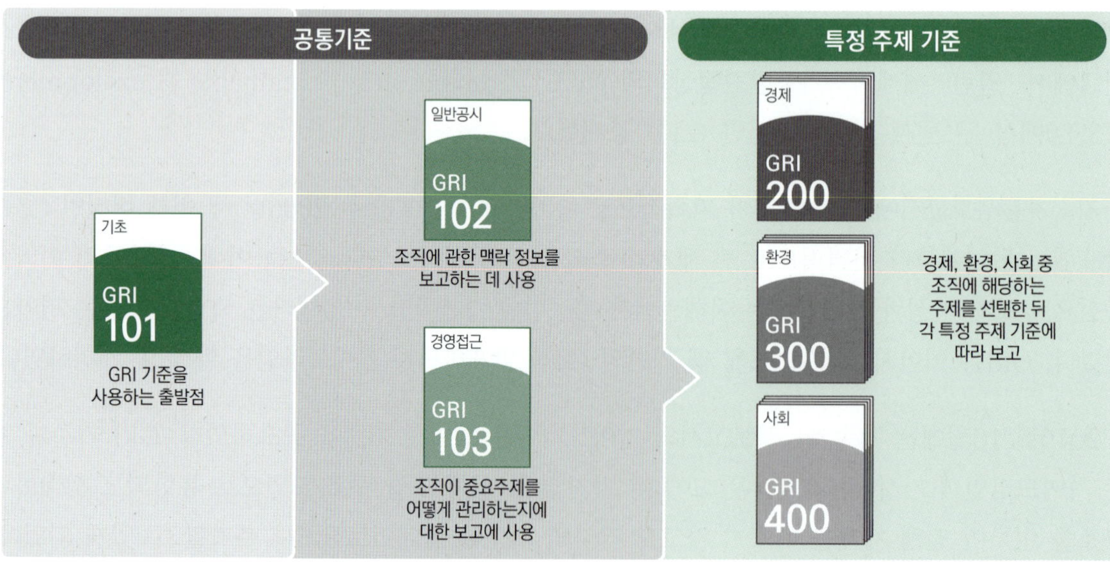

출처: GRI(2016)

36 두 개 이상의 기준 및 프레임워크를 동시에 사용한 기업들이 다수 있어 GRI 기준 활용비율이 98%로 나타났다.

1) GRI 공통기준

GRI 공통기준은 GRI 101: 기초(Foundation), GRI 102: 일반공시(General disclosures), GRI 103: 경영접근(Management approach)으로 구성되어 있다.

GRI 101: 기초는 GRI 기준을 사용하는 출발점으로 보고서 주제와 품질을 정의하기 위한 보고 원칙을 제시한다. 즉, GRI 기준에 따라 지속가능성보고서를 작성하는 데 필요한 요구조건 등 GRI 기준의 사용 방법과 참조 요령을 설명하고 있다.

GRI 102: 일반공시는 조직에 관한 맥락 정보와 지속가능성 보고 관행을 보고하는 데 사용된다. 조직의 약력, 전략, 윤리 및 정직성, 거버넌스, 이해관계자 참여 관행 및 보고 프로세스를 포함한다.

GRI 103: 경영접근은 조직이 중요주제를 어떻게 관리하는지에 대한 보고에 사용된다. 이 기준은 GRI 특정 주제 기준(200, 300, 400 시리즈)에 포함된 것들과 기타 중요주제들을 포함하여 지속가능성 보고서에서 각 중요주제에 대하여 사용되도록 설계되어 있다. 또한, 각 중요주제와 함께 GRI 103을 적용하면 조직에 대해 해당 주제가 중요한 이유, 영향이 발생한 지점(주제 경계), 조직이 영향을 관리하는 방법에 관한 서술적 설명을 제공하게 된다.

GRI 공통기준 요약

GRI 101: 기초	GRI 102: 일반공시	103: 경영접근
101-1 보고 원칙 101-2 지속가능성 보고를 위한 GRI 기준 사용 101-3 GRI 기준의 사용과 관련된 보고	102-1~13 조직 프로필 102-14~15 전략 102-16~17 윤리 및 정직성 102-18~39 거버넌스 102-40~44 이해관계자 관여 102-45~56 보고 관행	103-1 중요주제와 그 경계의 설명 103-2 경영 접근과 그 구성 요소 103-3 경영접근의 평가

2) GRI 특정 주제 기준

특정 주제 기준인 GRI 200(경제), GRI 300(환경), GRI 400(사회)은 각각 경제주제 7개, 환경주제 8개, 사회주제 19개의 총 34개 주제로 이루어져 있다. 조직은 GRI 101에 명시되어 있는 보고원칙을 참고하여 경제, 환경, 사회 중 조직에 해당하는 주제를 선택한 뒤 각 특정 주제 기준에 따라 보고하면 된다.

3. GRI 기준 2021

GRI 기준은 인권존중 및 책임경영을 위한 행동강령의 통합 필요성과 실사에 대한 공개적인 선언은 물론, 해당 선언을 조직에 내재화하기 위한 유엔 및 경제협력개발기구에 대한 기대[37]를 반영하기 위해 2021년에 개정되었다.[38]

개정된 GRI 기준에서 GRI 시스템은 공통기준, 산업기준, 주제기준으로 구성되며 공통기준은 GRI 1, GRI 2, GRI 3으로 구성되어 있다. 또한, 기업이 미치는 영향의 대상이 경제, 환경, 사회에서 경제, 환경, 사람으로 변경되었다. 인권 관련 사항이 공통기준에 반영되면서 '이해관계자'의 개념과 '중요주제의 개념'도 개정되었다.

GRI 기준 2021의 주요 개정 내용은 아래와 같다.[39]

(1) 공통기준에 범정부기관에서 요구하는 인권 등에 대한 책임경영을 위한 행동강령을 반영함. 이러한 변화는 '중요주제 및 이해관계자'의 개념에도 영향을 줌
(2) 부합보고(in accordance with)에 대한 기존의 핵심(Core) 항목과 포괄적(Comprehensive) 항목의 선택권을 삭제하고 1개 방식만 허용
(3) 지속가능보고의 핵심개념인 영향, 중요주제, 실사, 이해관계자 상세화
(4) 인권존중 및 실사를 포함하여 책임경영을 위한 행동강령에 대한 정책공약 및 정책공약의 내재화 반영
(5) 조직의 중요주제 결정, 중요주제 리스트 및 중요주제 관리 방식에 대한 중요성 접근방식 변경
(6) 공통기준에 대한 구조와 요구 사항 명확화
(7) 정보의 품질과 표시에 중점을 두는 방향으로 보고원칙 개정
(8) 보고관행, 행동, 지배구조, 전략, 정책, 이해관계자에 대한 정보를 조직이 제공하도록 개정
(9) 산업기준 추가
(10) 정보 명확성과 사용성 개선을 위해 새로운 템플릿 제공

개정된 GRI 기준 2021의 기본구조는 크게 3개 공통기준, 40개 산업기준, 31개 주제기준('특정' 용어 삭제)으로 변경되었다. 적용이 시작되는 2023년 1월 1일 이후 발행되는 보고서는 개정된 GRI 기준 2021을 활용하여 공시하여야 한다.

---

37 유엔 기업과 인권 이행지침, 경제협력개발기구 다국적 기업 가이드라인, 책임경영을 위한 경제협력개발기구 실사지침, ICGN(국제기업지배구조네트워크) 국제지배구조원칙 등을 참조하여 개정함으로써 글로벌가이드라인과의 연계 및 호환성이 강화되었다.

38 구체적인 개정 이유는 아래와 같다.
- 모든 보고 조직이 의무 공시해야 하는 인권 관련 공시항목 포함
- GRI 기준에 실사(Due Diligence) 통합
- 핵심개념, 보고원칙 및 공시사항과 관련된 명확성 증진
- GRI 기준 사용 및 컴플라이언스 준수 관련 접근방식의 명확화
- 보다 적절하고 포괄적인 공시 장려
- GRI 기준의 사용가능성 확충

39 GRI 기준 2016과 GRI 기준 2021의 변경사항에 대한 세부내용은 GRI 홈페이지 "Mapping between the GRI Universal Standards 2021 and the GRI Universal Standards 2016"에서 제공하고 있다.

GRI 기준 2021 구조

출처: GRI(2021a)

1) 공통기준

(1) GRI 1: 기초

GRI 1: 기초는 GRI 101: 기초와 유사하게 기준에 대한 이해를 돕는 원칙과 작성 방법에 대한 지침을 제공한다. 기준의 목적 및 체계, 주요 개념, 적용 방법, 작성 원칙, 추가 권고 사항 등으로 구성되어 있다.

● 4대 핵심 개념

섹션 2에서는 지속가능성 보고의 기초가 되는 네 가지 핵심개념(영향, 중요주제, 실사, 이해관계자)을 설명하고 있으며, 이전에 비해 인권과 실사를 중점적으로 고려하고 있다. 특히, 인권[40]은 하나의 주제로 고려되지 않고 GRI 기준 전반에 걸쳐 다루어지고 있다.

• 영향: 인권에 대한 영향을 포함하여 조직이 경제, 환경, 사람에 미치는 영향을 의미함. 영향은

40 권위 있는 정부 간 기구가 사람들에게 제공하는 가장 근본적인 수준의 보호를 의미한다.

실제적 또는 잠재적, 부정적 또는 긍정적, 단기적 또는 장기적, 의도적 또는 비의도적, 가역적 또는 비가역적 특성을 가질 수 있음

- 중요주제: 조직이 미치는 여러 영향들 가운데 가장 중요하다고 판단하는 영향으로 보고의 우선순위라 할 수 있음
- 실사: 조직이 실제적이고 잠재적인 부정적 영향을 해결하고자 보유하고 있는 식별, 예방, 완화 등과 관련된 프로세스 전반을 의미함
- 이해관계자: 조직의 활동에 의해 영향을 받거나 받을 수 있는 개인이나 그룹을 의미함. 영향을 관리하기 위해 조직이 이해관계자를 어떻게 식별하고 관계를 구축하고 있는지가 중요함[41]

● GRI 기준에 부합하기 위한 9개 요구 사항

섹션 3에서는 GRI 기준 적용을 위한 9개 요구 사항을 제시하고 있다.

- 요구 사항 1. 보고 원칙 적용
- 요구 사항 2. GRI 2: 일반공시 2021에 따른 내용 보고
- 요구 사항 3. 중요주제 결정
- 요구 사항 4. GRI 3: 중요주제 2021에 따른 내용 보고
- 요구 사항 5. 개별 중요주제의 GRI 주제 기준에 따른 보고
- 요구 사항 6. 정보 누락, 요구 사항 미반영 사유 명시
- 요구 사항 7. GRI 인덱스 공시
- 요구 사항 8. GRI 사용과 관련된 성명서 공시
- 요구 사항 9. GRI에 통지

모든 요구 사항을 준수한 경우 GRI 기준에 부합(in accordance with)한 것으로 보고할 수 있으며, GRI 기준 2016에 따른 부합보고는 핵심적 또는 포괄적 중 선택할 수 있는 방식이었지만 개정된 GRI 기준에서는 이 중 한 가지 보고 방식만 제시할 수 있다.

또한, GRI 기준의 모든 요구 사항을 준수할 수 없는 경우 참조(with reference to)한 것으로 보고하는 것도 허용하고 있다. 이 경우에도 요구 사항 7, 8, 9는 반드시 준수하여야 한다. 적용불가, 기밀제한, 법적 제한, 정보부족 사유에 해당되는 경우에는 일부 공시항목을 제외하고 정보누락이 허용된다. 하지만 이때도 다음의 필수 공개항목은 누락이 허용되지 않는다.

---

41 공통기준에서는 이해관계자를 '조직의 활동에 의해 이해사항에 영향을 받거나 받을 수 있는 개인이나 그룹'으로 정의하고 있는데, 이는 GRI 기준 2016에서 포함하고 있던 '행동을 통해 조직이 성공적으로 전략을 이행하고 목표를 달성할 수 있는 능력에 영향을 줄 수 있는 조직 혹은 개인'은 포함되지 않다. 이는 경제, 환경, 사람(인권 포함)에 대한 조직의 가장 중요한 영향에 중점을 두는 GRI의 방향과 일관성을 이루고 있다.

필수 공개 항목

공시 항목	내용
공시항목 2-1	조직상세정보
공시항목 2-2	지속가능경영보고서에 포함된 기업목록
공시항목 2-3	보고기간, 보고주기 및 보고서 문의처
공시항목 2-4	정보의 재작성
공시항목 2-5	외부인증
공시항목 3-1	중요주제 결정 프로세스
공시항목 3-2	중요주제 리스트

● 보고원칙

섹션 4에서는 여덟 가지 보고원칙을 제시하고 있다. 이 원칙은 보고서 내에 포함된 전체 주제에 대해 적용하여야 한다.[42]

- 정확성: 보고대상 정보는 이해관계자가 보고 조직의 성과를 평가할 수 있을 만큼 정확하고 상세해야 함
- 균형: 보고서는 전반적인 성과를 타당하게 평가할 수 있도록 조직성과의 긍정적 측면과 부정적 측면을 모두 담고 있어야 함
- 명확성: 보고서 정보가 이용자가 쉽게 접근하고 이해할 수 있는 방식으로 제공되어야 함
- 비교 가능성: 조직은 시간 경과에 따른 영향의 변화를 분석하고 다른 조직과 비교 분석할 수 있도록 정보를 일관되게 선택, 편집 및 보고해야 함
- 완전성: 조직은 보고기간 동안 조직의 영향을 평가할 수 있도록 충분한 정보를 제공해야 함
- 지속가능성 맥락: 조직은 지속가능한 개발이라는 더 넓은 맥락에서 조직이 미치는 영향에 대한 정보를 평가하고 보고해야 함
- 적시성: 정기적 보고와 함께 의사결정을 내릴 수 있도록 돕는 이해관계자의 정보를 적시에 제공해야 함
- 검증 가능성: 보고서의 정보와 프로세스는 면밀한 점검을 통해 품질과 중요성을 확립하고 수집, 기록, 통합, 분석, 공개되어야 함

(2) GRI 2: 일반공시

GRI 2: 일반공시는 조직에 대한 일반공개 항목으로 크게 다섯 가지 섹션, 총 30개 항목으로 구성[43]된다. 이 중 섹션 1(조직 및 보고관행)의 5개 공시사항은 모두 필수 공개항목이다.

---

42 GRI 기준 2016의 10대 원칙 중 이해관계자 포괄성과 중요성 원칙은 GRI 3: 중요주제 통합되었다.

섹션별 공시 사항

섹션 1: 조직 및 보고관행(5)	
2-1	조직 상세 정보
2-2	지속가능성보고서에 포함된 기업목록
2-3	보고기간, 보고주기, 보고서 문의처
2-4	정보의 재작성
2-5	외부검증
섹션 2: 활동 및 근로자(3)	
2-6	활동, 가치사슬 및 기타 비즈니스 관계
2-7	임직원
2-8	임직원이 아닌 근로자
섹션 3: 지배구조(13)	
2-9	지배구조 구조 및 구성
2-10	최고 지배구조 기구의 임명과 선정
2-11	최고 지배구조 기구 의장
2-12	영향 관리를 감독하는 최고 지배구조기구의 역할
2-13	영향 관리에 대한 책임 위임
2-14	지속가능보고 관련 최고 지배구조기구의 역할
2-15	이해상충
2-16	중요 관심사항에 대한 커뮤니케이션
2-17	최고 지배구조기구의 집합적 지식
2-18	최고 지배구조기구의 성과 평가
2-19	보수정책
2-20	보수결정절차
2-21	연간 총 보상비율
섹션 4: 전략, 정책 및 관행(7)	
2-22	지속가능발전 전략에 대한 성명서
2-23	정책공약
2-24	정책공약 내재화
2-25	부정적인 영향을 해결하기 위한 프로세스
2-26	관심사항 제기 및 조언을 구하기 위한 메커니즘
2-27	법률 및 규정 준수(컴플라이언스)
2-28	가입협회
섹션 5: 이해관계자 참여(2)	
2-29	이해관계자 참여 접근방식
2-30	단체교섭협약

43 GRI 기준 2016을 기준으로 2-24 정책공약의 내재화와 2-27 법과 규제 컴플라이언스 두 가지 항목은 신규로 추가되었다. 2-2 지속가능경영보고에 포함된 기업목록, 2-3 보고기간, 보고주기, 보고서 문의처, 2-6 활동, 가치사슬 및 기타 비즈니스 관계, 2-7 임직원, 2-8 임직원이 아닌 근로자, 2-23 정책공약, 2-25 부정적인 영향을 해결하기 위한 프로세스, 2-29 이해관계자 참여 접근방식, 2-30 단체교섭협약은 변경되었다.

(3) GRI 3: 중요주제

GRI 3: 중요주제에서는 중요주제 결정 프로세스 및 공시 내용에 대해 설명하고 있다.

GRI 기준 2016에서는 중요주제에 대해 조직의 중요한 경제, 환경, 사회에 대한 영향과 이해관계자의 평가와 결정에 미치는 실질적인 영향의 범위 중에서 적어도 하나를 반영하였다. 그러나 개정된 GRI 기준 2021에서는 경제, 환경, 사람(인권 포함)에 대한 조직의 영향에 집중하여 중요주제를 '경제, 환경, 사람(인권 포함)에 조직이 미치는 가장 중요한 영향을 미치는 주제'로 정의하였다. 이는 이해관계자의 선정에 따라 중요주제에 대한 평가결과가 달라지거나 이해관계자가 조직의 입장을 반영하는 경우가 발생하는 문제를 해결하기 위함이다. 이에 따라 개정된 GRI 기준에서는 이해관계자의 평가 및 결정만으로 주제의 중요성을 결정할 수 없다. 다만, 적절한 이해관계자의 참여는 조직의 영향식별 및 평가의 일부로서 중요주제 결정에 영향을 미친다.

이러한 중요주제에 대한 개념의 변화로 두 개의 독립적 차원(이해관계자 관심도, 비즈니스 영향도)을 식별하지 않기 때문에 중요성 평가 매트릭스 역시 필요하지 않게 되었다. 대신 중요주제 우선순위 시각화 자료를 제공하여 조직이 식별한 초기 주제 리스트 및 보고를 위해 설계한 임계치를 보여줄 수 있다.

GRI 기준 2016 vs. GRI 기준 2021

구분	GRI 기준 2016	GRI 기준 2021
중요주제 정의	기업의 경제, 환경, 사회 가치에 영향을 미치거나 이해관계자 및 사회 전반에 중요한 주제를 두 개의 차원(이해관계자 관심도, 비즈니스 영향도)으로 식별 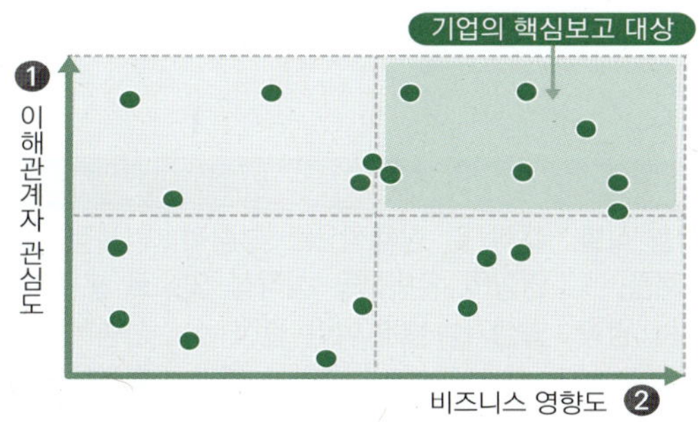	인권영향을 포함하여 기업이 경제, 환경, 사람에게 미치는 중요한 영향에 초점을 맞춤
결정 프로세스	4단계 프로세스 [1단계] 중요이슈 식별 [2단계] 우선순위화 [3단계] 유효성 검증 [4단계] 검토	4단계 프로세스(요구 사항이 아닌 가이던스임) [1단계] 조직의 맥락 이해 [2단계] 실제 및 잠재적 영향 식별 [3단계] 영향의 중요성 평가 [4단계] 가장 중요한 영향 우선순위화
공시	103-1 중요주제 및 범위에 대한 결정	3-1 중요주제 결정 프로세스
	103-2 경영 접근방식과 그 구성요소	3-2 중요주제 목록
	103-3 경영 접근방식 평가	3-3 중요주제 관리

GRI 3은 크게 두 가지 부문으로 중요주제 결정 방법에 대한 가이던스와 GRI 3 공시항목 3개에 대한 설명으로 구성되어 있다.

- 중요주제 결정 방법에 대한 가이던스

중요성 평가 프로세스는 GRI 인권 공개 기술 위원회의 권고에 따라 수정되어 실사의 기대치에 부합되도록 수정되었다. 섹션 1에서는 중요주제 선정 절차를 4단계로 제안하였다. 단, 해당 단계별 절차는 필수요건이 아니며 조직만의 접근방법도 가능하다.

중요주제 선정 절차

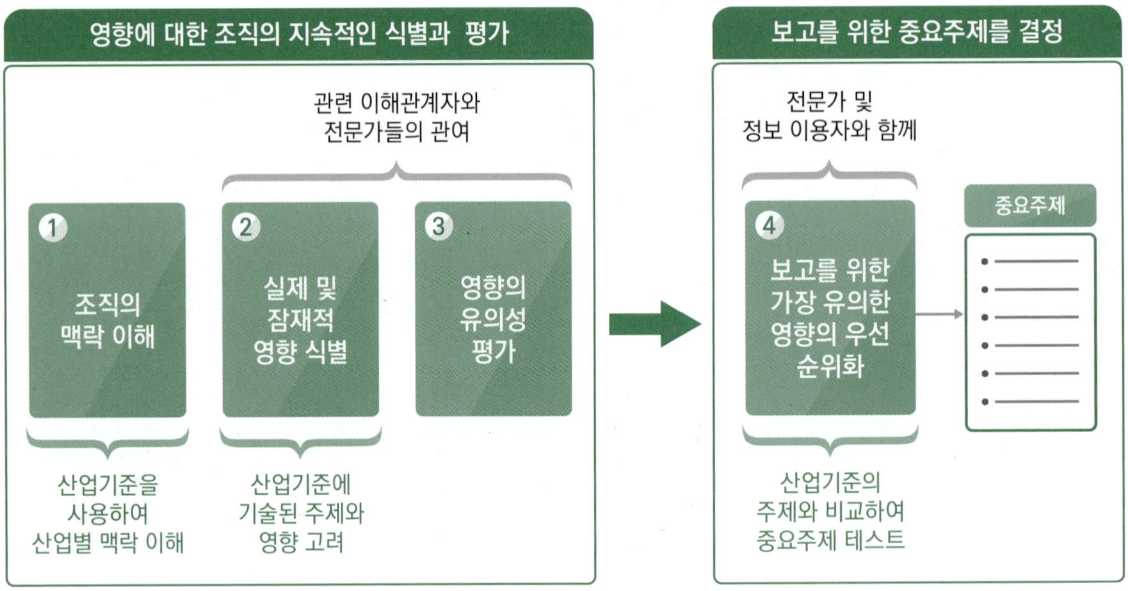

출처: GRI(2021b)

1단계: 조직의 맥락 이해	2단계: 영향 식별	3단계: 유의성 평가	4단계: 우선순위화
• 조직 활동 식별 • 비즈니스 관계 식별 • 이해관계자 식별	• 실제 및 잠재적 영향 식별 • 이 영향이 운영, 제품, 서비스 등에 미치는 영향 고려	실제 및 잠재적으로 부정적 영향의 유의성을 심각성 및 발생가능성에 따라 결정	임계점 설정, 영향을 주제별로 분류하는 법, 중요주제를 선택하는 방법, 보고 내용을 결정하는 방법, GRI 산업기준 사용

- GRI 3 공시항목

섹션 2에서는 기존의 GRI 103: 경영접근의 주요 개념인 주제 경계가 삭제되었고 각 중요주제가 인권을 포함하여 영향을 미치는 경제, 환경, 사회적 영향에 대한 수행 활동 및 그 효과성, 정책, 목표, 이해관계자 참여 등에 대한 구체적인 설명을 요구하고 있다.

GRI 3 공시항목

구분	공시항목
3-1 중요주제 결정 프로세스	a. 다음 사항을 포함하여 중요주제의 결정 프로세스 설명 i. 경영 활동 및 거래 관계 전반이 경제, 환경, 인권을 포함한 사람들에게 미칠 수 있는 실제 및 잠재적 영향과 긍정적, 부정적인 영향을 파악하는 방법 ii. 주제의 중요도가 보고 내용의 우선순위에 미친 영향 b. 중요주제의 선정 프로세스에 관점을 표명한 이해관계자와 전문가
3-2 중요주제 리스트	a. 중요주제의 목록 b. 지난 보고기간 대비 중요주제의 변경사항
3-3 중요주제 관리	3-2항에서 보고된 모든 중요주제에 대하여 조직은 다음 사항을 설명하여야 함: a. 중요주제가 경제, 환경, 인권을 포함한 사람들에게 미칠 수 있는 실제 및 잠재적 영향과 긍정적, 부정적 영향 b. 비즈니스 활동 또는 거래관계에 의해 중요주제가 미칠 수 있는 부정적 영향 발생에 가담했는지 여부 및 해당 비즈니스 활동 또는 거래관계에 대한 설명 c. 중요주제에 관련한 정책 또는 투입 현황 d. 다음 사항을 포함한 중요주제와 관련 영향력 관리 조치 i. 잠재적인 부정적 영향의 발생을 차단 혹은 완화하기 위한 행동 ii. 개선 조치 제공, 협력 등 실제로 나타난 부정적 영향을 해결하기 위한 행동 iii. 실제 및 잠재적인 긍정적 영향을 관리하기 위한 행동 e. 취해진 조치의 유효성 추적에 대한 다음의 정보 제공 i. 조치의 유효성을 추적하기 위해 사용된 방법 ii. 진행 상황을 평가하기 위해 사용되는 목표, 타깃, 지표 등 iii. 목표와 타깃 달성을 위한 진전상황 등을 포함한 조치의 유효성 iv. 해당 조치로 깨달은 점과 이것이 조직의 운영 정책과 절차에 통합된 방법 f. 이해관계자 참여가 영향력 관리 조치(3-3-d)와 그 유효성(3-3-e)을 알리는 방법

2) 산업기준

GRI 기준 2021에서 새롭게 포함된 산업기준은 해당 산업이 경제, 환경, 사람에게 미치는 영향이 큰 주제들에 기반한 중요주제에 대해 선정하고, 주제별로 무엇을 보고해야 하는지에 대해 지원하고, 산업의 특정 영향에 대한 보고의 일관성, 투명성, 책임성을 제고하는 것을 목적으로 수립되었다.

조직이 속한 산업의 산업기준이 존재할 경우 중요주제 검토 및 결정에서 산업기준을 반드시 검토해야 한다. 이때 산업기준에서 제시한 주제가 모두 중요주제가 되지 않아도 무방하며, 이 경우 GRI 인덱스에서 해당 주제가 중요하지 않은 이유를 설명하여야 한다.

40개 산업기준에 대해 영향이 큰 산업부터 개발 중이다. 2021년 'GRI 11: 석유 및 가스'가 최초의 산업기준으로 공표되었으며, 이후 2022년 'GRI 12: 석탄'과 'GRI 13: 농업·양식업·어업'이 개발되었다.

현재 광업 분야 기준이 개발 중이며 이후 식음료, 섬유 및 의류, 은행, 보험, 자산운용, 유틸리티, 재생에너지, 산림, 금속가공업 순서로 개발될 예정이다.

GRI 산업기준 구성 및 활용방법 예시

신규 개발된 산업기준 구성은 산업 관련 특성에 대한 소개 및 SDGs와의 매핑(Mapping)을 제공, 그리고 해당 산업의 중요주제와 지표들을 가이드

Contents

1. 산업 개요

- 산업 특성 소개
- 산업활동 및 비즈니스 관계 소개
  (산업활동 예시: 탐사, 개발, 정제, 가공, 운송, 판매, 마케팅 등)
- 산업이 지속가능발전에 어떻게 기여하는지 소개

2. 중요 주제

- 해당 산업에서 중요한 XX개 중대 주제 제시
- 해당 주제에 대한 설명과, 보고해야 할 지표를 제시

출처: GRI(2021b), 저자 재구성

3) 주제기준

GRI 기준 2016에서는 34개 주제와 89개의 공시항목이 있었으나, GRI 기준 2021에서는 주제기준이 31개로 감소하였으며 명칭도 특정주제 기준에서 주제기준으로 단순화되었다. 주제기준은 변경된 공통기준과 산업기준을 쉽게 사용할 수 있도록 조정되었으나, 공시항목 자체는 실질적으로 변경되지 않았다. 보고해야 하는 내용은 같으나 기존처럼 200(경제주제), 300(환경주제), 400(사회주체)으로 구분하지 않는다.

주요 변화를 살펴보면 우선 GRI 기준 2021에서 컴플라이언스 주제가 GRI 공통기준 2-27 법률 및 규정준수(컴플라이언스)로 통합되었다. GRI 307: 환경 컴플라이언스와 GRI 419: 사회 컴플라이언스가 삭제되었고 인권 주제가 공통기준 전반에 적용되는 대신 GRI 412: 인권 평가가 삭제되었다. 또한 중요주제로 선정된 주제기준에 대한 공개 의무는 삭제되었다.

각 주제에 대한 세부 공시주제는 다음과 같다.

GRI 200

주제		공시항목	내용
201	경제성과	201-1	직접적인 경제적 가치의 창출과 배분
		201-2	기후변화의 재무적 영향과 사업활동에 대한 위험과 기회
		201-3	조직의 확정급여형 연금제도 채무 충당
		201-4	정부 지원 보조금 수혜 실적
202	시장지위	202-1	주요 사업장이 위치한 국가별 법적최저임금 대비 임금비율
		202-2	주요 사업자의 현지 출신 고위 관리자 비율
203	간접경제영향	203-1	공익을 위한 인프라 투자 및 서비스 지원활동
		203-2	중요한 간접적 경제 파급효과 및 영향
204	구매관행	204-1	주요한 사업 지역에서의 현지 구매 비율
205	반부패	205-1	사업장 부패 위험 평가
		205-2	반부패 정책 및 절차에 관한 공지와 훈련
		205-3	확인된 부패 사례와 이에 대한 조치
206	불공정행위	206-1	경쟁저해행위, 독과점 등 불공정한 거래행위에 대한 법적 조치
207	조세	207-1	조세 접근법
		207-2	조세 전략을 책임지는 지배기구, 통제 및 위험관리
		207-3	세금 관련 이해관계자 참여 및 관리
		207-4	조세정보보고

GRI 300

주제		공시항목	내용
301	원재료	301-1	사용된 원료의 중량과 부피
		301-2	사용된 원료 중 재생 원료의 투입
		301-3	제품 및 포장재 재생 원료
302	에너지	302-1	조직 내부 에너지 사용량
		302-2	조직 외부 에너지 사용량
		302-3	에너지 사용 집약도
		302-4	에너지 사용 절감량
		302-5	제품 및 서비스의 에너지의 에너지 소비량/감축량
303	용수	303-1	공유 자원으로서 용수 관리
		303-2	용수 배출로 인한 영향 관리
		303-3	용수 취수량
		303-4	용수 배출량
		303-5	용수 사용량
304	생물다양성	304-1	생물다양성 가치가 높은 구역 또는 주변지역의 사업장 위치 현황
		304-2	사업운영, 제품 및 서비스가 생물다양성에 미치는 중요한 영향
		304-3	생물다양성 보호 또는 복원 활동을 추진하는 지역
		304-4	국제자연보존연맹 지정 멸종위기 종과 국가지정 멸종위기종

주제		공시항목	내용
305	배출	305-1	직접 온실가스 배출량
		305-2	간접 온실가스 배출량
		305-3	기타 간접 온실가스 배출량
		305-4	온실가스 배출 집약도
		305-5	온실가스 배출 감축량
		305-6	오존층 파괴 물질 배출량
		305-7	질소산화물, 황산화물 그리고 다른 주요 대기오염물질 배출량
306	폐기물	306-1	폐기물 발생 및 중요한 폐기물 관련 영향
		306-2	중요한 폐기물 관련 영향 관리
		306-3	폐기물 발생량
		306-4	폐기물 재활용
		306-5	폐기물 배출량
308	협력사 환경평가	308-1	환경 기준 심사/평가를 거친 신규 공급업체 비율
		308-2	공급망 내 실질적/잠재적 중요한 부정적 환경영향 및 이에 대한 조치

GRI 400

주제		공시항목	내용
401	고용	401-1	신규채용과 이직현황
		401-2	정규직 직원 대상에게 지원되는 복리후생제도
		401-3	육아휴직 사용, 육아휴직 복귀, 육아휴직 복귀 후 12개월 이상 근무
402	노사관계	402-1	운영사의 변화와 관련한 최소 공지기간
403	산업안전보건	403-1	산업보건안전관리시스템
		403-2	위험식별, 위험평가 및 사고조사
		403-3	산업보건서비스
		403-4	작업자 참여, 상담, 직업건강 및 안전에 대한 커뮤니케이션
		403-5	산업안전보건 교육
		403-6	임직원 건강 증진 활동
		403-7	비즈니스 관계와 직접 연계된 직업건강 및 안전 위험 예방 및 완화
		403-8	직업건강 및 안전관리시스템 적용대상 임직원
		403-9	재해율
		403-10	직업과 관련된 질병
404	교육훈련	404-1	임직원 1인당 평균교육시간
		404-2	임직원 역량강화 및 전환지원을 위한 프로그램
		404-3	정기적 성과 및 경력개발 리뷰를 받은 임직원 비율
405	다양성 및 평등한 기회	405-1	거버넌스 기구 및 임직원 다양성
		405-2	남성 대비 여성의 기본급 및 보상비율
406	차별금지	406-1	근로자 차별 사건 및 이에 대한 시정조치
407	결사의 자유 및 단체협약	407-1	단체교섭자유가 심각하게 침해될 소지가 있는 사업장 및 협력회사

주제		공시항목	내용
408	아동노동	408-1	아동노동 발생 위험이 높은 사업장 및 협력회사
409	강제노동	409-1	강제노동 발생 위험이 높은 사업장 및 협력회사
410	보안관행	410-1	사업과 관련된 인권정책 및 절차에 관련 훈련을 받은 보안요원 비율
411	원주민 권리	411-1	원주민의 권리 침해사고 건수와 취해진 조치
413	지역사회	413-1	지역사회 참여, 영향평가 및 발전프로그램을 운영하는 사업장
		413-2	지역사회에 중요한 실질적/잠재적 부정적 영향이 존재하는 사업장
414	협력사 사회평가	414-1	사회적 영향평가를 통해 스크리닝된 신규 협력회사
		414-2	공급망 내 주요한 부정적인 사회 영향과 이에 대한 시행조치
415	공공정책	415-1	정치적 기부금액 및 지출처
416	소비자 안전보건	416-1	제품 및 서비스군의 안전보건 영향평가 현황
		416-2	제품 및 서비스의 안전보건 영향에 관한 규정 위반 사건
417	마케팅 및 라벨링	417-1	제품 및 서비스 라벨링 적용 현황
		417-2	제품 및 서비스 라벨링에 관한 법규 및 자율규정을 위반한 사건
		417-3	마케팅 커뮤니케이션과 관련된 규정 위반 건수
418	고객정보보호	418-1	고객개인정보보호 위반 및 고객정보 분실사실이 입증된 불만건수

4. GRI 기준에 따른 보고서 작성 절차

GRI 기준의 주요 보고 절차는 영향의 식별 및 평가, 중요주제 결정, 정보 보고로 실무적으로는 '중요성 평가→기획→작성→인증'의 순서로 실행된다고 정리할 수 있다.

GRI를 사용한 보고 절차

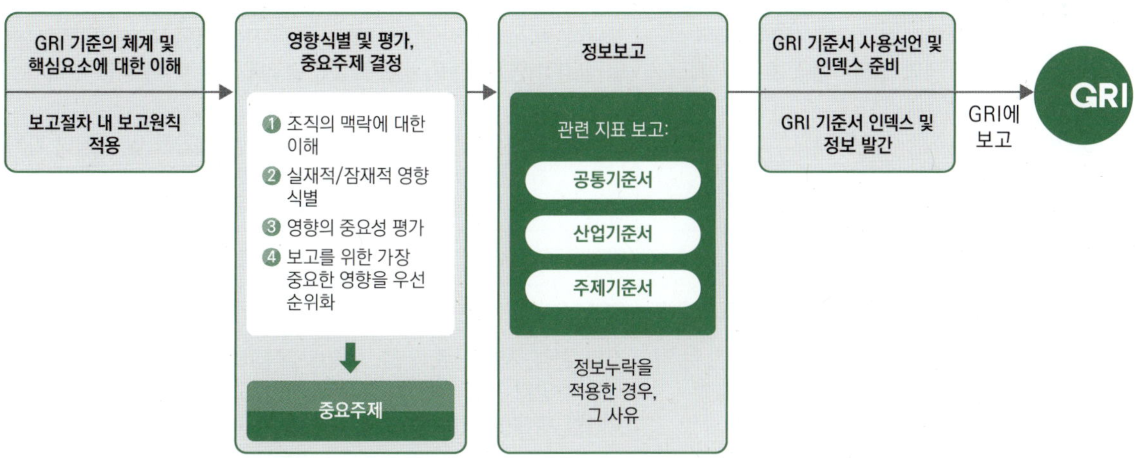

출처: GRI(2021a)

3-5
IR 프레임워크

1. IR 프레임워크 소개

1) 통합보고의 필요성

2008년 글로벌 금융위기를 기점으로 재무제표 중심의 기업 평가를 넘어 기업에게 사회적 책임경영의 성과를 공개하고 다양한 이해관계자와의 소통을 지속하라는 요구가 확대되었다. 이에 따라 사업보고서, 감사보고서 등 기업의 재무 상태에 초점을 두고 있던 기업의 보고서들은 지속가능성보고서와 같이 비재무적 요소를 중시하는 유형으로 변화하여 왔다. 나아가 다양한 형태로 발간되는 보고서들은 점차 기업을 종합적으로 이해하기 위한 통합보고(Integrated Reporting)로 발전했다. 통합보고 기반 보고서는 쉽게 말해 재무보고서와 지속가능성보고서가 하나로 합쳐진 형태라고 할 수 있다. 기업은 통합보고서를 발간하여 기업의 실적과 현황에 대한 재무적 성과는 물론 환경, 사회, 지배구조 등 비재무적 성과를 효과적으로 관리하여 임직원, 공급망, 지역사회, 입법기관, 규제 당국, 정책 입안자 등 조직의 가치창출에 관심 있는 모든 이해관계자들과 원활하게 소통할 수 있다.

기업보고서별 특징 비교

구분	재무제표	지속가능성보고서	통합보고서
목적	특정 보고 기간 동안의 재무 상태 영업 성과, 현금 흐름 제시	포괄적 범위에서 기업의 사회적 및 환경적 영향, 전략, 목표 보고	재무자본 제공자 대상으로 시간 경과에 따른 가치 창출 프로세스 설명
정보이용자	기존/잠재 투자자, 대여자, 기타 채권자	투자자 또는 다양한 이해관계자	재무자본 제공자 및 조직의 가치 창출 역량에 관심 있는 모든 정보 이용자
정보 종류	재무정보	비재무적 정보	재무 및 비재무적 정보
보고 기준	일반적으로 통용되는 회계 기준	GRI, SASB 기준 등	IR 프레임워크
보고 범위	인식된 자산, 부채, 자본, 수익, 비용, 자본 변동, 현금흐름	경제, 환경, 사회(근로, 인권, 기타 사회적 영향 포함), 지배구조 등 분야별 중대한 영향 중심	조직 개요 및 외부 환경, 거버넌스, 사업 모형, 위험 및 기회, 전략 및 자원 배분, 성과, 전망, 작성 및 표시 근거 등 콘텐츠 구성 요소 중심
보고 강제성	상장기업 등 공개 의무	자발적 또는 의무적	자발적 또는 의무적

많은 기업들이 통합보고서를 작성할 때 활용하는 기준은 IIRC가 발표한 통합보고 프레임워크(Integrated Reporting Framework, 이하 IR 프레임워크)이다. IIRC는 2013년 12월 IR 프레임워크 최종안을 공개하였다. IR 프레임워크는 기업을 대상으로 통합보고 작성 시 고려 사항, 원칙, 세부 지침 및 방법 등을 제시하고 있다.

앞서 살펴본 바와 같이 통합보고의 핵심은 기업을 둘러싼 다양한 자본이 조직의 외부환경에 따라 조직의 전략, 지배구조, 성과, 전망 등에 어떠한 영향을 미치며, 이것들이 단기, 중기, 장기적인 기업 가치 창출에 어떻게 연결되는지 설명하는 것이다. IR 프레임워크는 통일된 기준에 따라 기업의 비즈니스 운영 현황과 재무적 및 비재무적 요소의 정보 간 연계성을 제시하고, 해당 요소가 시간에 따라 가치 창출에 기여하는 바를 보여주는 방식이다.

통합보고서 정의 및 목적

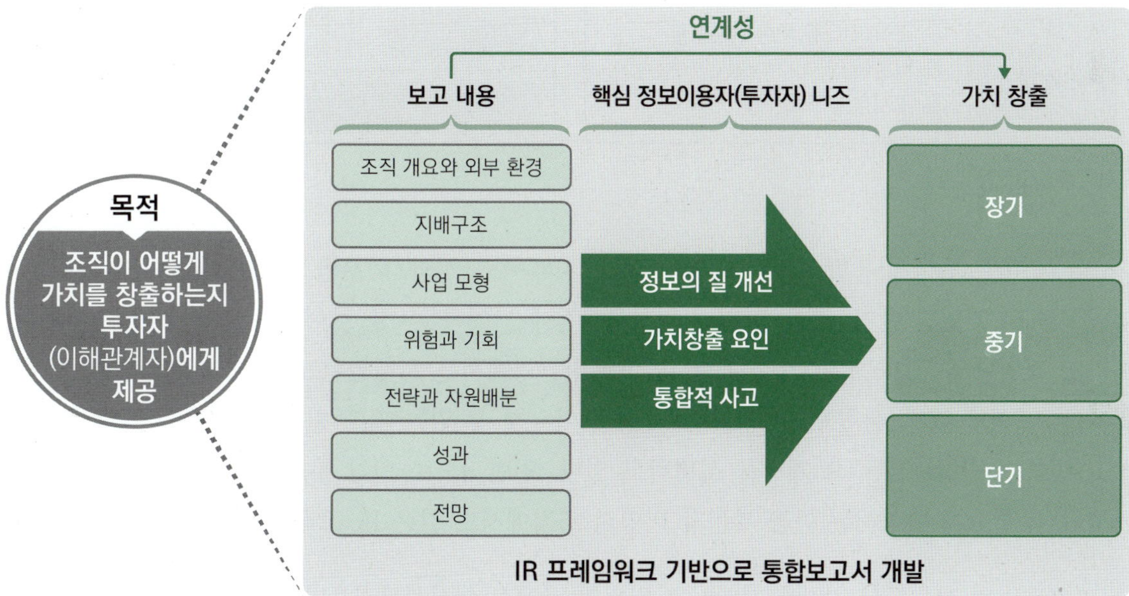

2) IR 프레임워크 구성

IR 프레임워크 구성

[1부] 개요

① 프레임워크 사용
- A. 통합보고서 정의
- B. 프레임워크 목적
- C. 통합보고서 목적/사용자
- D. 원칙중심 접근
- E. 보고서 형식 및 다른 정보와 관계
- F. 프레임워크 적용
- G. 통합보고서 책임

② 기본 개념
- A. 개요
- B. 조직/기타를 위한 가치창출
- C. 자본들
- D. 가치창출 프로세스

[2부] 통합보고서

③ 지도 원칙
- A. 전략적 집중 및 미래 지향성
- B. 정보의 연결성
- C. 이해관계자와의 관계성
- D. 중요성
- E. 간결성
- F. 신뢰성과 완전성
- G. 일관성과 비교 가능성

④ 내용 구성요소
- A. 조직 개요와 외부 환경
- B. 지배구조
- C. 사업 모형
- D. 위험과 기회
- E. 전략과 자원배분
- F. 성과
- G. 전망
- H. 작성 및 표시기준

⑤ 일반 보고 가이던스

출처: IIRC(2021)

IIRC에 따르면 국제 통합보고는 '기업의 전략, 지배구조, 성과, 외부환경 등이 시간의 흐름에 따라 어떤 식으로 기업의 단기, 중기, 장기 가치창출과정에 기여하는지를 보여주는 축약된 커뮤니케이션'이라고 정의할 수 있다. IIRC가 공개한 IR 프레임워크에서는 프레임워크 적용에 앞서 알아 두어야 할 기본 개념과 함께, 통합보고서의 전체 내용을 아우를 수 있는 지도 원칙과 내용 구성요소를 정의하고 이를 뒷받침하는 주요 개념을 설명하고 있다. 일반적으로 민간 부문(Private Sector) 적용을 가정하나, 필요에 따라서는 공공 부문과 비영리 조직에서도 같은 IR 프레임워크를 적용할 수 있다.

IR 프레임워크는 공시 원칙을 제시하고 있는데 구체적 핵심성과지표나 측정 및 공시 방법을 규정하지 않는 원칙 중심의 접근 방식을 적용하고 있다. 이에 따라 통합보고서가 IR 프레임워크를 준수한 것으로 선언하기 위해 기업들이 최소한으로 적용해야 하는 요구 사항만 언급하고 있다.

IR 프레임워크에 따른 통합보고서는 법적 요구에 대응하는 형태로 작성될 수도 있고, 단독 보고서 형태로 발간될 수도 있다. 다만 통합보고서에는 거버넌스 책임자가 보고서에 대한 책임을 표명하는 내용이 반드시 포함되어야 하며, 도입 단계에서는 원칙 준수 또는 예외 설명에 기반한 형식으로 표명할 수 있다.

IR 프레임워크 요구 사항

기준		설명
프레임워크 사용	보고서 형식 및 다른 정보와의 관계	1.12 통합보고서는 지정되어 있으면서, 인식이 용이한 커뮤니케이션 방식이어야 한다.
	프레임워크 적용	1.17 통합보고서라고 칭하고 본 프레임워크에 기반하여 작성된 모든 커뮤니케이션 방식은 굵은 이탤릭체로 표기된 모든 요구 사항들을 적용해야 한다. 단, 다음의 경우는 제외한다. - 신뢰할 수 있는 정보의 확보가 불가능하거나 중요 정보의 공시를 금하는 특별한 법적 제재가 존재하는 경우 - 중요 정보의 공시가 중대한 경쟁력 손상을 야기할 수 있는 경우
		1.18 신뢰할 수 있는 정보의 확보가 불가능하거나 구체적인 법적 제재가 있는 경우 통합보고서는 다음과 같은 사항을 포함하여야 한다. - 누락된 정보의 속성을 표기한다. - 징보가 누락된 이유를 설명한나. - 자료 확보의 문제인 경우에는 정보를 확보하기 위해 진행하고 있는 절차와 예상 기간을 밝힌다.
	통합보고서에 대한 책임	1.20 통합보고서는 다음의 내용을 포함하는 거버넌스 책임자의 진술을 포함해야 한다. - 통합보고서의 진실성 확보에 대한 그들의 책임 인정 - 통합적 사고를 통해 통합보고서를 작성 및 표시하였음을 인정 - 통합보고서가 본 프레임워크에 부합하여 작성 되었는지 여부에 대한 의견 및 결론 상기 진술이 포함되지 않는 경우 아래의 내용에 대해 설명해야 한다. - 지배구조 책임자가 통합보고서 작성 및 표시에 있어 맡은 역할 - 향후 보고서에 이러한 진술을 포함하기 위하여 진행하고 있는 절차 - 상기 사항 적용 예상 시점은 본 프레임워크를 적용한 세 번째 통합보고서 이내여야 함

출처: IIRC(2013), EY한영회계법인(2015) 재인용

3) 핵심 개념

IR 프레임워크는 통합보고서에 반영되어야 할 기본 개념을 제시하고 있는데 이 중 가장 유념해야 할 부분은 '자본'과 '가치창출'에 대한 내용이다. 통합보고서는 조직이나 기업이 시간이 흐름에 따라 어떻게 가치를 창출하는가를 보여줄 수 있어야 하며 조직이 사용하고 영향을 주는 자원과 자원 사이의 관계인 자본에 대한 시사점을 제공할 수 있어야 한다.

IR 프레임워크는 자본을 여섯 가지로 분류한다. 제품 생산이나 서비스 제공을 위해 사용할 수 있는 자금인 재무자본, 제품 생산이나 서비스 제공을 위해 사용할 수 있는 자산인 제조자본, 특허나 저작권 등 조직의 무형자산으로 대변되는 지적 자본, 사람의 역량, 능력, 경험 등을 포괄하는 인적

자본, 지역사회나 이해관계자 그룹과의 관계를 의미하는 사회관계자본, 마지막으로 제품 또는 서비스 제공을 위한 환경 자원인 자연자본이다. 다만 IR 프레임워크에서는 가치 창출 개념을 이론적으로 설명하기 위해서만 자본을 활용할 것을 권고하고 있다.

조직이나 기업의 가치창출 프로세스는 재무자본 제공자가 재무적 수익을 확보할 수 있도록 도우며, 이는 다양한 활동과 상호작용 및 관계를 기반으로 이해관계자와 사회 전반을 위해 기업이 창출하는 가치와도 연계될 수 있다. 이러한 맥락에서 해당 내용이 가치창출 능력에 대해 중요한 경우에는 이를 통합보고서에 포함시킬 수 있어야 한다. IR 프레임워크는 6대 자본을 기반으로 조직의 외부 환경에 따른 비즈니스 요소와 자본의 상호 연계성을 가치 창출 프로세스로 제시하고 있으며, 조직의 가치창출 능력에 대해 설명할 수 있는 핵심 중요 자본과 요인에 대해 설명할 수 있어야 한다.

가치창출 프로세스

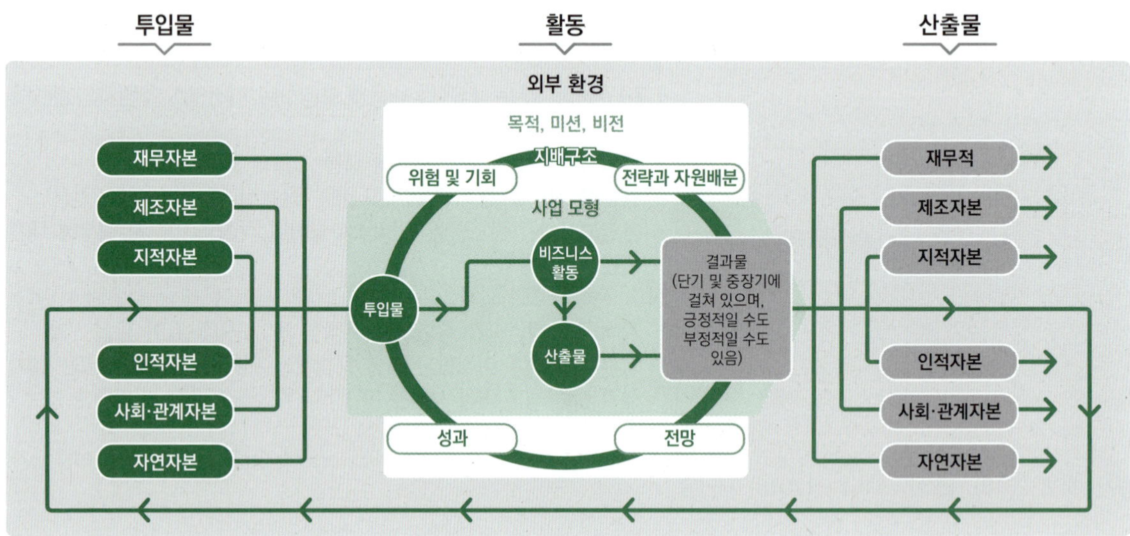

출처: IIRC(2013), EY한영회계법인(2015) 재인용

2. IR 프레임워크에 따른 보고서 작성 기준

1) IR 프레임워크 지도 원칙

IR 프레임워크에서는 통합보고서 작성에 필요한 보고 내용 및 정보 표현 방법을 지도 원칙으로 제시하고 있다. 지도 원칙은 전략적 집중 및 미래 지향성, 정보의 연결성, 이해관계자와의 관계성, 중요성, 간결성, 신뢰성과 완전성, 일관성과 비교 가능성 등 일곱 가지이다. 지도 원칙은 통합보고서

작성 목적에 따라 개별적 또는 종합적으로 고려될 수 있는데, 지도 원칙을 적용함에 있어서는 명확한 판단이 필요하다. 예를 들어 간결성과 완전성 등 지도 원칙끼리 상충하는 경우에는 작성자의 판단 근거를 기반으로 적용할 수 있어야 한다.

지금부터 IR 프레임워크가 제시하는 지도 원칙을 구체적으로 살펴보고자 한다. 우선 통합보고서는 조직의 전략에 대한 시사점을 제시하고, 그것이 조직의 단기/중기/장기적 가치창출 능력과 조직의 자본 사용 및 자본에 대한 영향과 어떻게 연관되는지에 관한 정보를 제공해야 한다(전략적 집중 및 미래 지향성). 또한 자원의 배분 상황, 목표 달성을 위한 향후 자원 배분 계획, 조직의 전략 및 사업 모형과 외부 환경 변화, 자본, 재무정보 및 그 밖의 정보, 정량적 및 정성적 정보, 경영진 및 이사회 정보 등 기업의 가치 창출에 반드시 필요한 요소 간의 관계나 의존도 등에 대한 전체적인 그림을 보여줄 수 있어야 한다(정보의 연결성). 특히 이러한 가치는 조직이나 기업이 단독으로 창출하는 것이 아니므로 보고서를 통해 여러 이해관계자의 요구 사항과 관심사가 충분히 고려되고 있음을 설명할 수 있어야 한다(이해관계자와의 관계성).

통합보고서는 조직이나 기업의 단기/중기/장기적인 가치창출 능력에 상당한 영향을 미치는 사항에 대해서 공시하여야 하는데, 이때 활용되는 접근법이 중요성 평가이다. 이 프로세스는 위험과 기회, 기업에게 유불리한 결과나 전망, 긍정적 또는 부정적인 사항을 모두 포함하여 적용되며 재무정보와 비재무정보 모두 적용될 수 있다. 이때 모든 사항이 중요하다고 간주할 수는 없으므로 가치창출에 중요한 영향이 있는지 측정하여 보고해야 한다(중요성).

이 외에도 통합보고서는 조직의 전략, 지배구조, 성과 및 전망을 이해할 수 있도록 충분한 내용을 포함하되 관련성이 적은 내용까지 모두 기재할 필요는 없다(간결성). 보고서는 논리적으로 구성하되 내용 반복을 회피하는 방법이나 전문 용어나 기술적인 용어보다 평이한 용어를 사용함으로써 통합보고서의 간결성을 유지할 수 있다. 통합보고서의 신뢰성과 완전성을 유지하기 위해서는 긍정적 또는 부정적인 모든 중요 사항을 오류 없이 균형적으로 담아낼 수 있어야 한다(신뢰성과 안정성). 통합보고서는 시간이 지나더라도 보고 기간마다 중요도가 높은 사항에 대해서는 일관성 있게 유지되어야 하고, 다른 조직이나 기업과의 정보 비교를 위하여 벤치마크를 사용하거나 유사 활동을 하는 다른 기업의 지표 등을 참고하여 비교 가능성을 높일 필요가 있다(일관성과 비교 가능성).

IR 프레임워크 지도 원칙

지도 원칙	설명
전략적 집중 및 미래 지향성	통합보고서는 조직의 전략에 대한 시사점을 제시하고, 그것이 조직의 단기/중기/장기적 가치창출 능력과 조직의 자본 사용 및 자본에 대한 영향과 어떻게 연관되는지에 관한 정보를 제공해야 한다.
정보의 연결성	통합보고서는 조직의 가치창출 능력에 영향을 미치는 요인들 간의 조합, 상호관계, 의존도 등에 대한 큰 그림을 보여주어야 한다.
이해관계자와의 관계성	통합보고서는 조직과 주요 이해관계자와의 관계가 갖는 특성 및 수준을 보여주어야 한다. 이는 조직이 이해관계자의 정당한 요구 사항과 관심사에 대해 어느 범위까지 어떠한 방식으로 이해, 고려, 대응하고 있는지에 대한 내용을 포함한다.
중요성	통합보고서는 조직의 단기/중기/장기적인 가치창출 능력에 실질적으로 영향을 미치는 사항에 대한 정보를 제공하여야 한다.
간결성	통합보고서는 간결해야 한다.
신뢰성과 완전성	통합보고서는 중요한 오류 없이 긍정적 혹은 부정적인 모든 중요한 사항을 균형적으로 담아야 한다.
일관성과 비교 가능성	통합보고서의 정보는 (a) 보고기간 간에 일관성을 유지하고 (b) 해당 조직 고유의 가치창출 능력이 중요하다고 판단되는 선에서 다른 조직과의 비교가 가능하도록 표시되어야 한다.

출처: IIRC(2021)

2) IR 프레임워크 내용 구성요소

IR 프레임워크 내용 구성요소

내용 구성요소	설명
조직 개요와 외부 환경	조직은 어떤 사업을 영위하고 어떤 환경속에서 운영되고 있는가?
지배구조	조직의 거버넌스가 단기/중기/장기적 가치창출 능력을 어떻게 뒷받침하고 있는가?
사업 모형	조직의 사업 모형은 무엇인가?
위험과 기회	조직의 단기/중기/장기적 가치창출 능력에 영향을 주는 위험과 기회에는 어떤 것이 있으며, 조직은 이를 어떻게 관리하고 있는가?
전략과 자원배분	조직은 어떤 목표를 가지고 있으며, 어떤 방식을 통해 이를 달성하고자 하는가?
성과	조직은 보고기간 동안 전략적 목표를 어느 정도까지 이루었으며, 자본에 미친 영향 측면에서 그 결과물은 무엇인가?
전망	조직이 전략을 수행하며 향후 겪게 될 과제와 불확실성은 무엇이며, 사업 모형과 미래 성과에 어떤 잠재적 영향을 미칠 것인가?
작성 및 표시기준	조직은 통합보고서에 포함될 정보를 어떻게 결정하고 어떤 방법으로 해당 사항들을 정량화하거나 측정하는가?

출처: IIRC(2021)

통합보고서는 조직 개요와 외부 환경, 지배구조, 사업 모형, 위험과 기회, 전략과 자원배분, 성과, 전망, 작성 및 표시기준 등 총 8개의 내용 구성요소를 포함하고 있다. 보고서는 각 요소에 해당하는 질문에 대해 답할 수 있을 정도로 작성되어야 하지만 특정 공시지표를 준수해야 하는 것은 아니다. IR 프레임워크 내용 구성요소는 근본적으로 서로 관련성이 있으며 상호 배타적이지는 않다는 점을 유의할 필요가 있다. 특히 통합보고서의 내용은 조직이나 기업에 따라 매우 다르게 구성될 수 있기 때문에 IR 프레임워크에서는 내용 구성요소에 대한 구체적인 공시 체크리스트보다 질문 형식으로 제공한다.

3) 통합보고 관련 주요 유의 사항

IR 프레임워크에 따라 통합보고서를 준비하고 작성하는 과정에서는 여러 의문이 들 수 있다. 실무자 관점에서 주로 나올 만한 질문들은 크게 통합보고 및 기타 양식, 중요성, 자본에 대한 내용으로 구분해 볼 수 있다.

첫째, 통합보고 및 기타 양식과 관련해서는 단독 문서 형태의 통합보고서 발간이 필요한가에 대한 이슈가 있다. IIRC에서 제공하는 답변에 따르면 통합보고서는 단독 문서가 필요하지 않다. 독립 보고서(stand-alone)이거나 다른 보고서 또는 커뮤니케이션 수단을 통해 눈에 띄고 접근하기 쉬운 방법으로 통합보고서를 발간할 수도 있다. 광범위한 이해관계자를 대상으로 경제, 환경, 사회에 미치는 조직의 영향에 대해서 공시하는 지속가능성보고서와는 달리 통합보고서는 재무자본 제공자가 단기/중장기적 가치 창출 방법에 대해 설명하는 것이기 때문이다.

둘째, 중요성에 대한 사항이다. 통합보고서 작성을 위해 이해관계자 자문이 반드시 필요하지는 않다. 보고서 내용을 위해 모든 이해관계자의 정보 요구를 맞추는 것보다 가치 창출의 주요 동인으로 주요 이해 관계자들의 요구와 이해 관계를 파악하고 전달하는 것이 더 중요하다고 볼 수 있다. 중요성을 결정하는 기간은 업종, 투자 주기, 전략 및 주요 이해 관계자 요구 사항 등에 따라 정의하며, 사업 모형의 결과물도 영향을 미칠 수 있다. 예를 들어, 자연자본이나 사회관계자본에 영향을 미치는 사안은 장기적일 수 있다. 단, 통합보고서에서 고려된 기간을 명시할 필요는 있다.

끝으로 기업은 소유 여부에 관계없이 기업의 가치 창출 능력에 필요한 모든 자본을 통합보고서에 포함하여야 한다. 기업이 사용하거나 영향을 미치는 모든 자본을 조직이 소유하거나 통제해야 한다는 의미는 아니므로 일부는 다른 사람이 소유할 수도 있다. 예를 들어, 물류 회사는 정부 소유인 교통 인프라 가용성, 품질 및 경제성에 의존할 수 있고, 사회관계적 자본은 전통적 의미에서 '소유' 되지 않을 수 있기 때문이다.

3. IR 프레임워크 동향

1) 글로벌 통합보고 동향

글로벌 매출 250대 기업 중 76%가 사업보고서를 통해 재무 및 비재무정보를 통합 공시하고 있으며(2020년 기준) 그 비중 또한 점차 확대되고 있는 추세이나, IR 프레임워크를 적용하여 통합보고서를 발간하는 비율은 약 16% 수준에 그치고 있는 실정이다.

글로벌 통합보고서 발간 현황

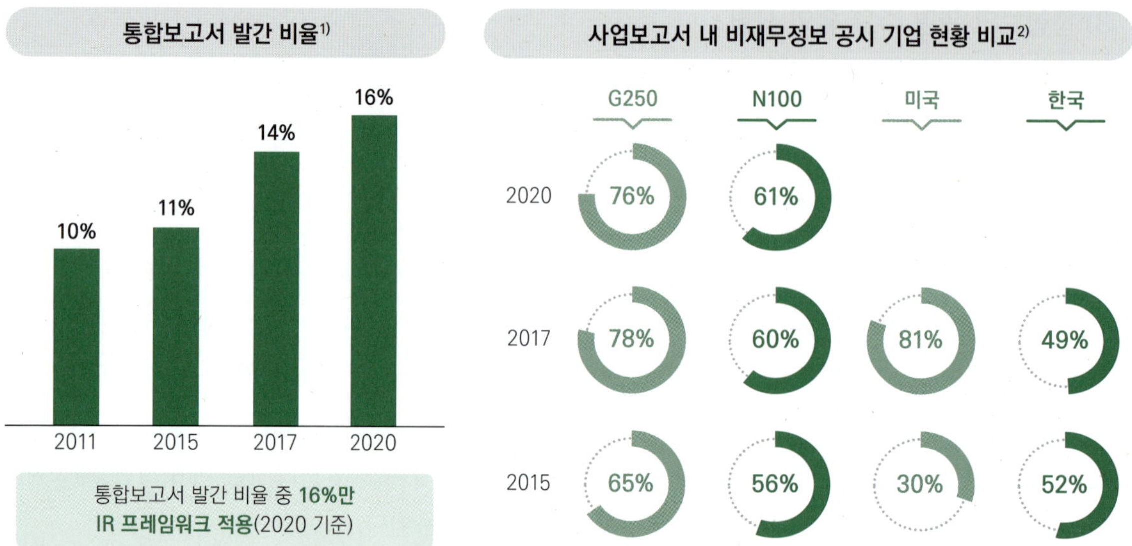

1) 전세계 49개국, 매출 100대 기업 조사(n=4,900), 2) G250(전세계 매출 250대 기업), N100(49개 국가별 매출 100대 기업)

출처: KPMG(2020)

국가별 통합보고서 발간 현황과 추이를 살펴보면 다수의 국가에서 통합보고서 발간이 유사하게 증가하고 있음을 확인할 수 있다. 그중에서도 특히 통합보고에 대한 규제나 제도가 적용되고 있는 남아프리카공화국이나 일본 등을 중심으로 통합보고 발간이 활발히 진행되고 있다.

국가별 통합보고서 발간 현황

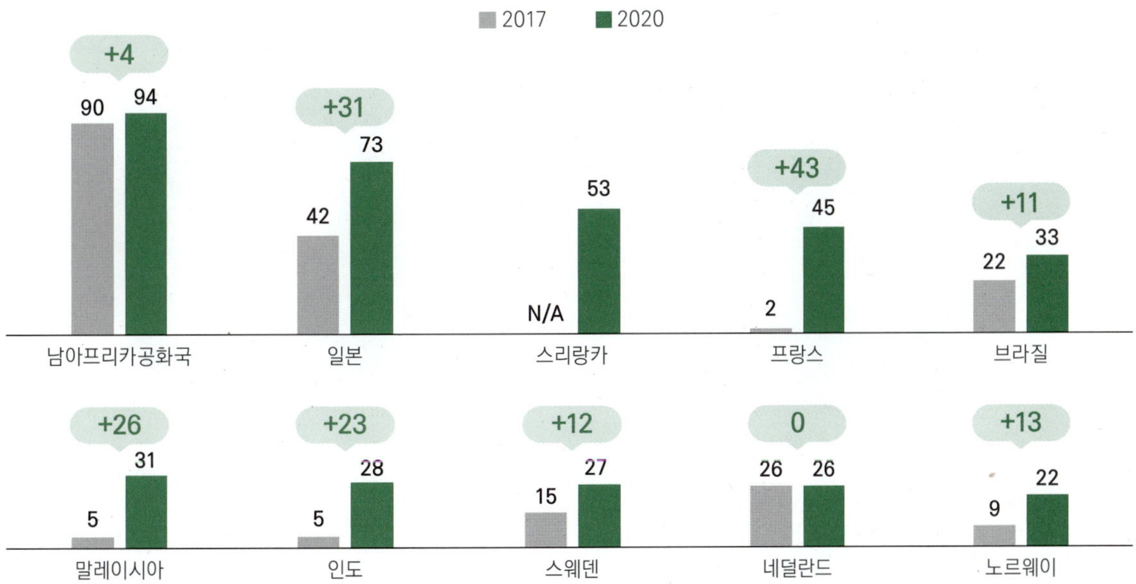

출처: KPMG(2020)

2) 남아프리카공화국 통합보고 트렌드

남아프리카공화국 통합보고 위원회(IRC SA)는 IIRC 출범 이전인 2009년에 통합보고서 작성 방법을 포함한 the King Code of Governance Principles for South Africa 2009(이하 King III)를 발표한 바 있다. 이후 King III는 2010년에 남아프리카공화국 요하네스버그 증권거래소(JSE)의 상장요건으로 채택되었으며, 이에 따라 남아프리카공화국의 모든 상장기업들은 King III 규정에 따라 통합보고서를 의무적으로 발간해야 한다. 남아프리카공화국은 통합보고서 작성을 국가 공시 규제로 채택했기 때문에 다른 국가에 비해 통합보고서 발간이 현저하게 많다고 추측할 수 있다(권수영 등, 2014).

3) 국내 통합보고 트렌드

2020년 국내 매출 100위 기업 중 79개사가 지속가능성보고서를 발간하고 있는 것으로 파악되었으며, 이 중에서 IR 프레임워크를 적용 및 준수하는 기업은 10개사로 확인된다.

국내 통합보고 현황

지속가능성보고 채널 명칭

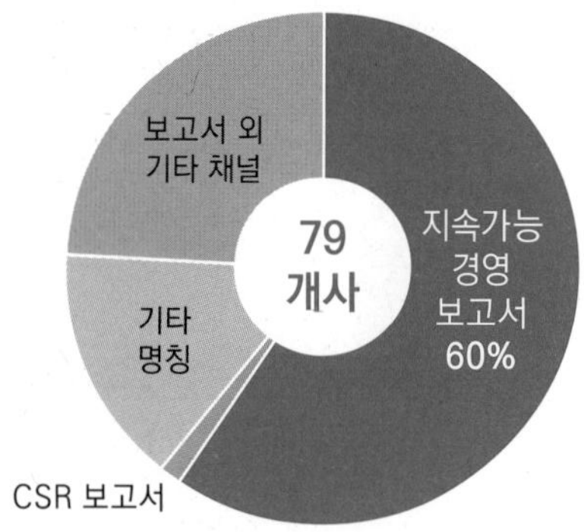

- 별도 지속가능성보고서를 발간하는 기업은 60개사(60%)

지속가능성보고 가이드라인

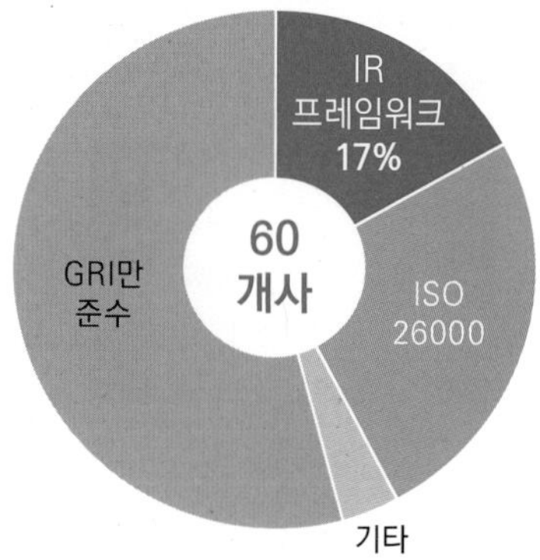

- 별도 지속가능성보고서 기업은 100% GRI 가이드라인 활용
- IR 프레임워크 준용을 보고서에 명시하는 기업은 10개사(17%)

출처: KPMG(2020)

3-6
기타 국제표준/가이던스

1. ISO 26000

국제표준화기구(International Organization for Standardization, ISO)가 2010년 11월에 발표한 ISO 26000(사회적 책임)은 다양한 조직과 기업의 사회적 책임을 평가하기 위해 제정된 국제표준이다. 조직과 기업이 지속가능발전에 기여할 수 있도록 하고 사회적 책임 수준을 진단하기 위해 활용되는 표준이다.

ISO 26000은 글로벌 빈곤과 불평등, 경제 성장에 따른 환경 위기 등 지속가능성에 대한 새로운 관점과 해석이 요구됨에 따라 2005년부터 약 5년에 걸쳐 개발되었다. 7대 경제 주체(소비자, 정부, 기업, NGO 등)를 대표하는 90개국 이상의 전문가가 다자간 이해관계자 접근방식에 따라 표준을 제정하였다.

ISO 26000은 7대 핵심 주제(지배구조, 인권, 노동관행, 환경, 공정거래, 소비자 이슈, 지역사회 참여 및 개발)에 대해 모든 조직과 기업이 준수해야 할 지침과 권고 사항을 포함하고 있다. ISO 26000은 ISO 9000(품질경영시스템)이나 ISO 14000(환경경영시스템)과는 달리 구속력이 없는 가이드라인으로 대외 인증을 위한 표준은 아니다. 이 표준은 사회적 책임 수준을 진단하기 위해 활용된다. 이에 따라 조직과 기업을 대상으로 중요한 이해관계자를 식별하고 조직의 대내외 환경에 맞는 중장기 전략 및 세부지표를 제시하는 표준으로 활용될 수 있다.

ISO 26000 7대 핵심 주제 및 기대사항

핵심 주제	기대사항
지배구조	조직의 의사결정 과정과 구조에 있어 투명성과 윤리성 강조
인권	인권 실사 체계 구축 및 실행, 인권 고충 처리 체계 구축 및 운영 등
노동관행	고용 및 고용관계에 대한 책임 실행, 근로조건 및 사회적 보호 실행 등
환경	기후변화 완화 및 적응, 지속가능한 자원 사용, 자연환경 보호 및 복원 등
공정운영	부패방지, 공정경쟁, 가치사슬 내 사회적 책임 활성화 등
소비자 이슈	지속가능한 소비, 소비자 정보 및 프라이버시 보호, 공정 마케팅 등
지역사회 참여 및 발전	지역사회 참여, 고용 창출, 교육 및 문화발전 기여, 보건환경 향상 기여

2. UNGC

UNGC(유엔글로벌콤팩트)는 2000년 7월 코피 아난(Kofi Annan) 전(前) UN 사무총장의 주도로 출범한 기업의 사회적 책임에 관한 국제 협약이다. 기업이 비즈니스 활동을 영위함에 있어 지켜야 할 인권, 노동 기준, 환경 및 반부패에 관한 10대 원칙을 제시하였다. UNGC는 해당 원칙을 기업 운영과 경영 전략에 내재화하여 지속가능성과 기업시민의식 개선을 권장하기 위해 발족한 유엔 산하 자발적 기업시민 이니셔티브라 할 수 있다. UNGC의 10대 원칙은 세계인권선언(1948), 노동에서의 기본 원칙과 권리에 관한 국제노동기구 선언(1998), 환경과 개발에 관한 리우 선언(1992), 유엔반부패협약(2003)에서 유래하였으며, UN SDGs 등 유엔의 포괄적인 지속가능성 목표 달성도 함께 지원하고 있다.

현재 전 세계 162개국 18,000여 개 회원사가 UNGC에 참여하고 있으며, 국내 기업의 UNGC 가입과 참여는 UNGC 한국협회를 통해서 이뤄지고 있다. 회원사로 가입하면 정보 및 네트워크 공유 등 특별 혜택을 받게 되며, 매년 UNGC 사무국에 이행보고서 또는 참여보고서를 제출함으로써 이니셔티브 참여 활동을 이어가게 된다.

UNGC 10대 원칙

분야	원칙
인권	1. 기업은 국제적으로 선언된 인권 보호를 지지하고 존중해야 하고, (Business should support and respect the protection of internationally proclaimed human rights;) 2. 기업은 인권 침해에 연루되지 않도록 적극 노력한다. (make sure that they are not complicit in human rights abuses.)
노동	3. 기업은 결사의 자유와 단체교섭권의 실질적인 안정을 지지하고, (Businesses should uphold the freedom of association and the effective recognition of the right to collective bargaining;) 4. 모든 형태의 강제노동을 배제하며, (the elimination of all forms of forced and compulsory labour;) 5. 아동노동을 효율적으로 철폐하고, (the effective abolition of child labour; and) 6. 고용 및 업무에서 차별을 철폐한다. (the elimination of discrimination in respect of employment and occupation.)
환경	7. 기업은 환경문제에 대한 예방적 접근을 지지하고, (Businesses should support a precautionary approach to environmental challenges;) 8. 환경적 책임을 증진하는 조치를 수행하여, (undertake initiatives to promote greater environmental responsibility;) 9. 환경친화적 기술의 개발과 확산을 촉진한다. (encourage the development and diffusion of environmentally friendly technologies.)
반부패	10. 기업은 부당취득 및 뇌물 등을 포함하는 모든 형태의 부패에 반대한다. (Businesses should work against corruption in all its forms, including extortion and bribery.)

출처: UNGC 홈페이지

3. UN SDGs

UN SDGs는 2015년 제70차 UN총회에서 2030년까지 달성하기로 결의한 의제인 지속가능발전 목표로 새천년개발목표(Millennium Development Goals, MDGs)의 후속 의제로 채택되었다. 새천년개발목표가 개발도상국 중심의 목표 범위였다면 SDGs는 모든 국가에 보편적으로 적용되고 추진되어야 하는 글로벌 발전 목표로 볼 수 있다. 특히 '단 한 사람도 소외되지 않는 것(Leave no one behind)'이라는 슬로건에 따라 인간(People), 지구(Planet), 번영(Prosperity), 평화(Peace), 파트너십(Partnership) 등 5P로 구분되는 5개 영역에서 인류가 나아가야 할 방향성을 제시하고 있으며, 지속가능발전 이념을 실천하기 위한 인류 공동의 17대 정책 목표와 169개 세부 목표로 구성되어 있다.

UN SDGs는 국가별 상황에 따라 SDGs 기반의 목표를 적용하고 있다. 국내는 지속가능발전법, 저탄소녹색성장기본법, 국제개발협력기본법 등 정부 정책 및 유관 법령 제정에 따라 UN SDGs의 개별 목표를 이행하고 있다. 또한 한국형 지속가능발전목표(K-SDGs)를 수립한 바도 있다.

UN SDGs

17대 목표	내용
1. 빈곤 퇴치(No Poverty)	모든 형태의 빈곤을 모든 지역에서 종식시킨다.
2. 기아 퇴치(Zero Hunger)	기아를 종식하고 식량안보 및 영양개선과 지속가능한 농업을 증진한다.
3. 건강과 웰빙(Good Health and Well-Being)	건강한 삶을 보장하고 모든 세대의 복지를 증진한다.
4. 양질의 교육(Quality Education)	모두를 위한 포용적이고 공평한 양질의 교육 보장 및 평생학습 기회를 증진한다.
5. 성평등(Gender Equality)	성평등을 달성하고 모든 여성과 여아의 역량을 강화한다.

17대 목표	내용
6. 깨끗한 물과 위생 (Clean Water and Sanitation)	모두를 위한 식수 및 위생시설의 접근성을 확보하고 지속가능한 관리를 확립한다.
7. 적정 가격의 깨끗한 에너지 (Affordable and Clean Energy)	모두를 위한 적정 가격의 신뢰성 있고 지속가능한 현대적인 에너지의 접근을 보장한다.
8. 양질의 일자리와 경제 성장 (Decent Work and Economic Growth)	지속적, 포괄적, 지속가능한 경제 성장과 완전하고 생산적인 고용 및 모두를 위한 양질의 일자리를 증진한다.
9. 산업, 혁신, 사회기반시설 (Industry, Innovation and Infrastructure)	복원력 있는 인프라시설을 구축하고 포용적이고 지속가능한 산업화를 촉진시키며 혁신을 장려한다.
10. 불평등 감소(Reduced Inequalities)	국가 내/국가 간 불평등을 완화한다.
11. 지속가능한 도시와 지역사회 (Sustainable Cities and Communities)	포용적이고 안전하고 복원력이 있으며 지속가능한 도시와 인간 거주지를 조성한다.
12. 책임 있는 소비와 생산 (Responsible Consumption and Production)	지속가능한 소비 및 생산 양식을 보장한다.
13. 기후행동(Climate Action)	기후변화와 그 영향에 대처하는 긴급행동을 시행한다.
14. 수상 생태계 보전(Life below Water)	지속가능한 발전을 위한 대양, 바다, 해양 자원을 보호하고 지속가능하게 이용한다.
15. 육상 생태계 보전(Life on Land)	육상 생태계를 보호, 복원 및 지속가능 하게 이용하고, 산림을 지속가능 하게 관리하며, 사막화와 토지 황폐화를 방지 및 복원하고, 생물 다양성의 손실을 방지한다.
16. 평화, 정의, 강력한 제도 (Peace, Justice and Strong Institutions)	지속가능발전을 위해 평화롭고 포용적인 사회를 촉진하고, 모두를 위한 사법 접근성을 확보하며 모든 차원에서 효과적이고 신뢰할 수 있는 포용적 제도를 구축한다.
17. 목표 달성을 위한 파트너십 (Partnerships for the Goals)	이행수단 강화 및 지속가능발전을 위한 글로벌 파트너십을 확대한다.

출처: UN SDGs 홈페이지

4. WEF-IBC SCM

최근 전 세계적으로 비재무적 정보와 재무정보를 통합하려는 움직임이 활발하게 나타나고 있는데, 이를 잘 보여주는 사례가 바로 이해관계자 자본주의 측정지표(Stakeholder Capitalism Metrics, 이하 SCM)이다. 이 지표는 2020년 9월 세계경제포럼과 국제비즈니스협의회(IBC)가 글로벌 4대 회계법인 KPMG, PwC, 딜로이트, EY와 함께 발표했다. SCM은 21개 핵심 지표와 34개 확장 지표로 구성되어 있으며, GRI 등 ESG 정보 보고 기준 및 프레임워크를 반영하고 있다. 21개 핵심지표는 기업에서 이미 공시하고 있는 정량적 측정 기준이며, 34개 확장지표는 현재 관행이 미확립되었거나 공급망 등 보다 정교하고 자세한 방법으로 측정 및 관리가 필요한 기준으로 볼 수 있다. 2021년 1월에 진행된 'Davos Agenda 2021'에서는 전 세계 61개 기업(Unilever, Nestle, Sony 등)이 앞으로 SCM 지표 체계를 활용하여 비재무정보를 공시할 것이라고 밝힌 바 있다. 국내에서도 자동차 대기업, 엔지니어링사 등에서 SCM에 따라 ESG 정보를 공개하는 사례가 꾸준하게 확대되고 있다.

SCM 개발 프로세스

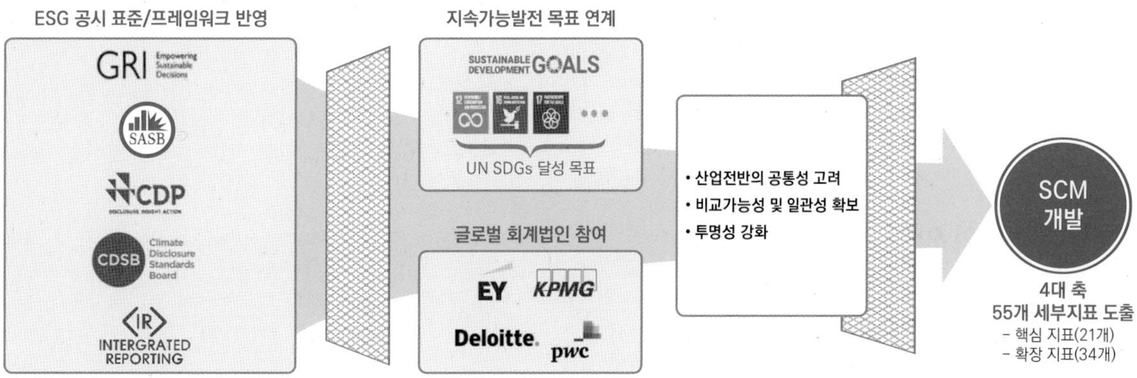

SCM 핵심지표 구성

영역(핵심지표 수)	테마	핵심 지표
지배구조 원칙 (6)	설립 목적	- 경영 목적 설정 (이해관계자 가치 창출을 위한 경제, 환경, 사회 문제해결 프로세스)
	거버넌스 품질	- 거버넌스 기구 구성(거버넌스/협의체 구성, 독립성, 전문성, 대표성)
	이해관계자 참여	- 중요 이슈가 이해관계자에게 미치는 영향 (주요 이해관계, 중요 이슈, 참여 방식 정립)
	윤리적 행동	- 반부패(교육, 부패건수, 개선 노력) - 윤리 자문과 보고(윤리 문제 해결/예방 능력)
	위험 및 기회	- 비즈니스 프로세스에 위험 및 기회 내재화 (기업의 위험 및 기회 식별, 변화, 공시)
지구 (4)	기후변화	- 온실가스 배출량(스코프 1, 2, 3) - TCFD 이행
	자연 손실	- 토지 이용과 생태 민감도(보호 지역/생물다양성 지역)
	담수 가용성	- 물 스트레스 지역에서의 물 소비와 취수(생산단계)
	대기/수질 오염, 고형폐기물	- 핵심지표 없음(확장지표만 있음)
사람 (6)	존엄성과 평등	- 다양성과 포용성(%) - 임금 평등(%) - 임금 수준(%) - 아동, 강제노동 사건 위험
	건강과 웰빙	- 보건 안전(%)
	미래를 위한 기술	- 교육 훈련 제공(횟수, 금액)
번영 (5)	고용과 부의 창출	- 고용인원 수와 비율(연령, 성별, 다양성, 지역별 신입 채용, 이직률) - 경제적 기여(매출, 비용, 급여, 사회공헌, 정부지원금 등) - 재무적 투자 기여(자본적지출 - 감가상각, 배당 등)
	제품 및 서비스 혁신	- 총 연구개발비
	지역사회와 사회 활성	- 총 세금 납부액(법인세, 재산세, 부가가치세 등)

출처: 세계경제포럼(2020)

3-7
ESG 정보 인증

1. ESG 정보의 인증

1) ESG 보고서 인증의 개요

지구촌 곳곳마다 기업의 공시 및 보고에 관한 이해관계자들의 요구가 빠르게 변화하고 있다. 과거에는 재무정보에 집중되었지만, 최근에는 기업의 단기 성과와 더불어 지속가능성을 고려한 중장기적 가치에 대한 재조명이 활발히 이루어지고 있다. 이러한 흐름 가운데 기업은 재무정보와 비재무정보가 지닌 가치의 중요성에 대한 균형 있는 인식을 바탕으로 이를 효율적으로 관리하여 이해관계자들과 소통할 것을 요구 받고 있다. 이러한 추세는 향후 더욱 강화될 전망이다.

우리나라의 많은 기업들도 이해관계자들의 요구에 따라 지속가능성보고서를 비롯한 ESG 정보의 공시를 확대해가고 있다. 실제 보고서 발행건수가 2016년 125건에서 2021년 179건으로 크게 증가하였고 앞으로도 증가 추세는 계속될 전망이다(고정연, 2022).

투자자를 포함한 다양한 이해관계자들은 신뢰도 높은 비재무정보를 지속가능성보고서에 담아낼 것을 요구하고 있으며, 재무제표 감사와 마찬가지로 비재무정보에 대한 인증을 신뢰성 강화를 위한 필수 과정으로 받아들이는 인식의 전환이 이루어지고 있다.

다만, 아직 많은 기업들이 대외적으로는 친환경 및 녹색경영 관련 ESG 정보 공시 요구 사항을 적극 수용하면서도 실제로는 구체적으로 실행하지 않는 그린워싱 현상이 발생하고 있다. 이에 따라, 신뢰성 없는 정보로 인하여 다수의 피해자가 발생할 수 있기 때문에 인증의 필요성은 더욱 커지고 있다.

2) 국내외 ESG 보고서 인증 현황

국제회계사연맹은 2021년과 2022년에 걸쳐 22개 관할구역에서 시가총액 기준으로 선정된 1,400개 기업에 대해 조사를 시행했다. 2022년 조사 결과에 따르면 조사대상 기업의 92%가 지속가능성보고서를 발행하고 있으며, 58%의 기업은 보고서에 포함된 비재무정보에 대해 일정 수준의 인증을 받고 있는 것으로 나타났다. 각 국가별 현황은 다음과 같다.

글로벌 보고 및 인증 현황 요약

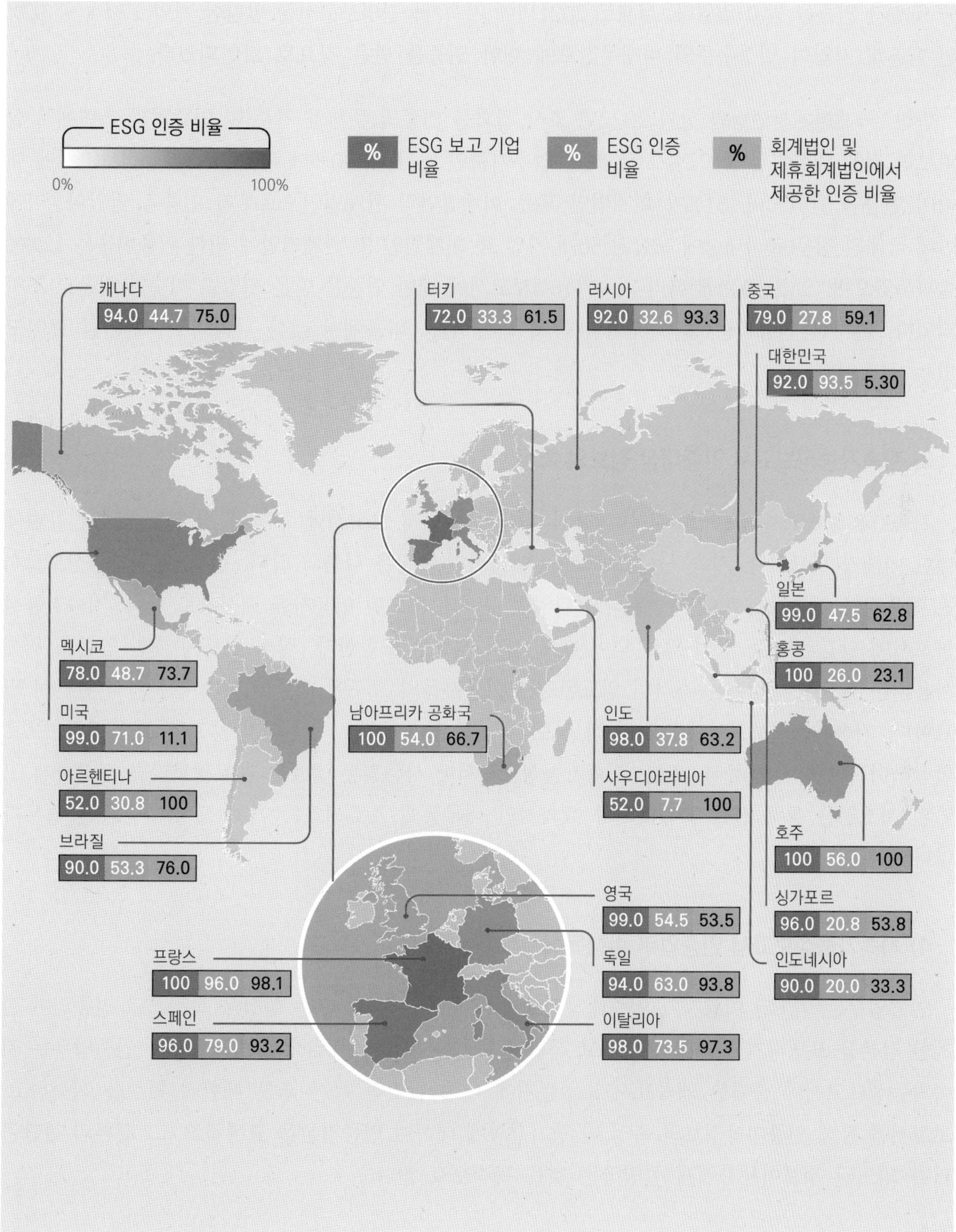

출처: 국제회계사연맹(2021b)

이 조사대상에 포함된 우리나라 50개 기업 중 92%가 지속가능성보고서를 발행하고 있으며, 이 중 93%가 인증을 받고 있었다. 실제로 2021년에 지속가능경영보고서를 발간한 기업 179개 중 92%인 165개 기업이 일정수준의 비재무정보에 대한 인증을 받은 것으로 확인되었다.

한편, 국제회계사연맹의 상기 2022년 조사 결과를 인증의 주체와 기준 및 인증기관 측면에서 살펴보면 전체 대상기업 중 72%가 국제인증업무기준인 ISAE 3000[44]에 따라 지속가능성보고서에 대하여 인증을 받았으며, 61%가 회계법인 혹은 회계법인의 관계법인으로부터 인증을 받았다. 이에 반해 국내의 경우 조사대상에 포함된 50개 기업 중 회계법인 및 관계기업에 의한 인증비율은 12%에 불과하였으며 ISAE 3000에 따라 지속가능성보고서에 대한 인증을 받은 기업도 비슷한 비율로 조사되었다. 이처럼 인증기준 및 회계법인 등에 의한 인증 비율에서 다른 나라와 큰 차이를 보이고 있는 실정이다.

3) 지속가능성보고서 인증대상 정보의 특징

지속가능성보고서 인증업무를 이해하기 위해서는 먼저 보고서에 포함된 정보의 성격과 유형에 대한 이해가 필요하다. 지속가능성보고서의 대표적인 특징은 다음과 같다. 먼저, 지속가능성보고서는 재무정보 이용자에 비해 광범위하고 다양한 유형의 의도된 이용자를 대상으로 한다. 지속가능성보고서에 담긴 정보는 양적 정보 외에 때로 질적 정보를 포함한다. 질적 정보에 대한 인증을 위해 사용되는 중요성 결정에는 각각의 의도된 정보이용자들의 요구에 대한 이해와 전문가적 판단이 필요하다. 지속가능성보고서에 담긴 양적 정보 역시 종종 화폐화로 측정되지 않고 상호 독립적이므로 합산하여 평가하기 힘들다. 또한, 지속가능성보고서에 사용되는 정보는 재무정보만큼 정교하게 고안된 시스템을 통해 산출되지 않거나 효과적인 내부통제 프로세스를 거쳐 생성되지 않는 경우가 많다.

4) 지속가능성보고서 인증업무 수행목적

인증업무는 의도된 이용자가 인증대상정보에 대해 갖는 신뢰 수준 향상을 목적으로 인증인이 설계한 결론을 표명하기 위하여 충분하고 적합한 증거를 입수하기 위해 실행한다. 즉, 인증업무는 지속가능성보고서에 중대한 왜곡표시가 없는지에 대해 합리적 확신 혹은 제한적 확신을 획득하고, 보고서를 통해 인증대상정보의 측정 및 평가결과에 대하여 인증결론을 표명하고, 그 결론의 판단근거를 의도된 정보이용자에게 설명하는 것을 목적으로 한다.

---

44 ISAE 3000(Revised), Assurance Engagements Other than Audits or Reviews of Historical Financial Information.

5) 지속가능성 정보 인증 전망 및 인증 의뢰인의 고려사항

현재 지속가능성 정보 공시에 관해서는 유럽연합이나 미국 등 선진국에서부터 의무화와 규제를 주도하고 가운데 인증은 유럽 일부 나라를 제외하고는 의무화나 규제가 아직 이루어지고 있지 않은 상황이다. 다만, 지속가능성 정보의 신뢰성을 보증하기 위해서는 제대로 된 외부인증기관의 검증을 받아야 한다는 투자자들을 비롯한 이해관계자들의 요구가 높아지고 있으며 유럽연합과 미국에서도 지속가능성 정보 공시를 강화 혹은 도입하면서 인증 또한 요구할 예정이다.

한편, 국제감사기준을 제정하는 국제감사인증기준위원회(International Auditing and Assurance Standards Board, IAASB)와 공인회계사 윤리기준을 제정하는 국제윤리기준위원회(International Ethics Standards Board for Accountants, IESBA)에서는 지속가능성 보고 및 인증업무와 관련하여 각각 인증기준과 윤리기준의 제정 작업에 착수하였으며, 이에 대해 국제증권감독기구는 일관성 있고 비교 가능한 인증은 고품질의 지속가능성 정보 제공을 위한 핵심 요소라며 국제감사인증기준위원회와 국제윤리기준위원회의 지속가능성 관련 기준 제정 작업을 지지한 바 있다. 국제감사인증기준위원회에서는 이미 기준서의 이름을 ISSA 5000이라 명명하고 그 공개초안을 23년 9월에 발표할 예정이다.

국내에서도 마찬가지로 지속가능성 정보의 신뢰성에 대한 요구가 높아지고 있으며 지속가능성 정보 의무 공시가 시작되면 인증에 대한 논의도 본격화될 것으로 예상된다.

재무제표에 대한 감사보고서와는 달리 지속가능성 정보의 인증보고서에 대해서는 현재 규제가 없어 통일된 형태를 갖추지 못하고 회사별로 인증기관별로 달리 각기 상이한 방법으로 작성되고 있다. 심지어 인증인의 책임 등에 대한 언급이 누락된 사례도 발견된다. 따라서 인증의뢰인은 각 인증기관이 사용한 인증기준과 작성한 인증보고서 내용에 대해 숙지하여 지속가능성정보의 신뢰성을 검증하는데 적합한 역량과 독립성 수준을 갖춘 인증기관을 선정하는 것이 필요하다(국제증권감독기구, 2022).

2. 인증 기준

1) ISAE 3000 vs. AA1000AS

지속가능성보고서 인증에 사용되는 기준은 크게 영국의 비영리기업인 어카운터빌리티(AccountAbility)사에서 제정한 AA1000AS와 국제감사인증기준위원회에서 제정한 ISAE 3000이 있다. 국내의 경우 80%에 해당하는 기업이 AA1000AS에 따라 인증을 받고 있다.

두 가지 인증기준의 주요 특징을 비교하면 다음과 같다.

ISAE 3000 vs. AA1000AS

구분	ISAE 3000	AA1000AS
인증대상	인증대상정보(Subject matter information)	AA1000AP 원칙 준수여부(Type1) 정보의 신뢰성과 품질(Type2)
인증업무 수행요건	다음의 사항을 충족하는 인증인 - 윤리적 요구 사항 - 품질관리 요구 사항	어카운터빌리티와 라이선스 계약 체결 기관
질적 특성	목적적합성, 완전성, 신뢰성, 중립성, 이해가능성	포괄성, 중요성, 대응성, 영향성
접근법	위험기반 접근법	정당한 주의 접근법(Due Care)
확신의 수준	합리적 확신 제한적 확신	높은 수준의 확신(High Level) 중간 수준의 확신(Moderate Level)
결론	적정, 한정, 부적정, 의견거절	결론과 발견사항 기재

국제감사인증기준위원회의 인증업무 기준 체계

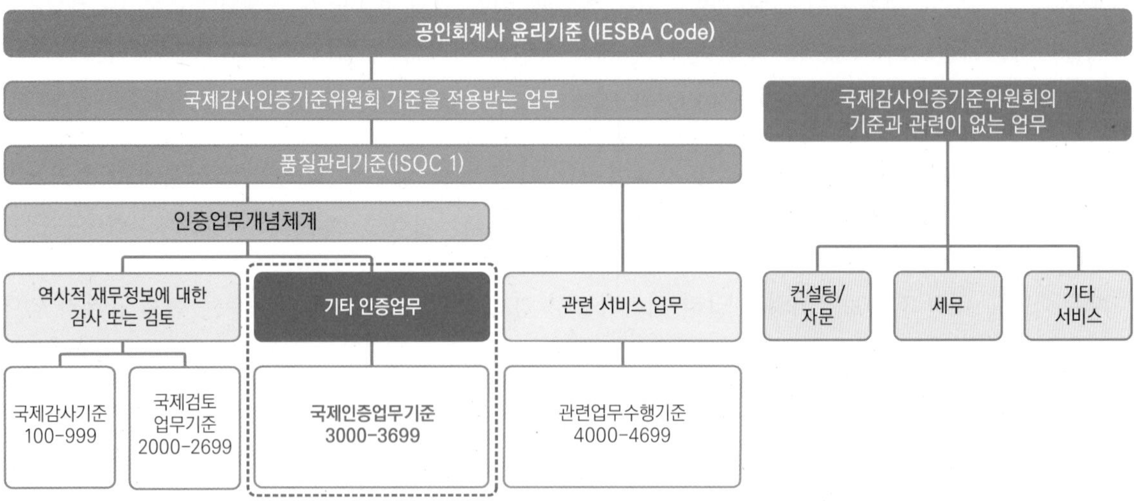

출처: 한국공인회계사회(2022a)

2) ISAE 3000 및 EER 가이던스

ISAE 3000은 국제감사인증기준위원회에서 제정한 인증업무기준이다. 합리적 확신업무와 제한적 확신업무로 구분되며, 역사적 재무정보에 대한 감사 또는 검토 이외의 인증업무(지속가능성, 법규 준수, 적격성 조사 등의 인증) 기준을 다룬다. 2003년 제정 후 10년 뒤인 2013년에 개정안(현행 기준)이 발표되었다.

이후 2021년 4월, 국제감사인증기준위원회는 기업이 ISAE 3000에 따라 확장된 외부보고(Extended External Reporting, 이하 EER)에 대한 인증업무를 수행할 때 구체적이고 실무적인 도움이 될 수 있는 비권위적 지침인 'EER 가이던스'를 공개했다. EER 가이던스의 목적은 인증업무가 보고서의 품질에 미치는 영향을 강화하고, 인증 결과에 대한 신뢰도를 향상하며, 보고서의 신뢰도를 높여 결국 정보 이용자의 신뢰를 제고하는 것이다.

이에 발맞추어 국내에서는 한국공인회계사회가 올해 ISAE 3000과 EER 가이던스에 각각 대응하는 '역사적 재무정보에 대한 감사 및 검토 이외의 인증업무 기준'과 '지속가능성보고서 등에 대한 인증업무 적용 기준 가이던스'를 도입해 발표한 바 있다.

3. ISAE 3000에 따른 단계별 업무 절차

ISAE 3000에 따른 인증업무의 흐름도는 다음과 같다.

ISAE 3000에 따른 인증업무 흐름도

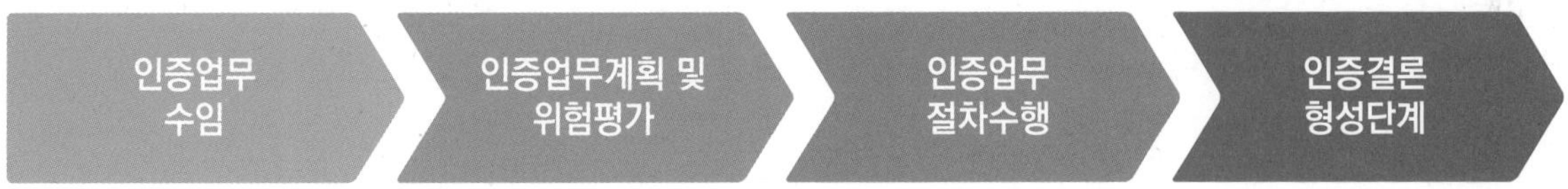

지금부터 인증업무 수행 중 인증업무에 따르는 위험을 효과적으로 관리하기 위해 프로세스별로 고려해야 할 사항을 살펴보고자 한다.

1) 인증업무 수임

(1) 고객 및 업무수임에 대한 평가

업무수행이사는 고객관계 및 인증업무의 수임과 유지에 관한 인증기관의 적절한 원칙과 절차를 준수해야 한다. 업무수행이사는 독립성 등 윤리적 요구 사항에 부합해야 하며, 업무 수행 팀은 업무 관련 적격성과 역량을 보유해야 한다.

한편 인증업무를 수행하기 위해서는 전제조건이 존재한다. 즉, 인증기관의 보고책임을 포함한 인증업무에 대한 조건에 대해 인증인과 인증업무의뢰인이 상호 이해하고 확인하여야 업무를 수임할 수 있고 수임한 인증업무를 계속할 수 있다.

EER 가이던스에 따르면 초도 인증업무의 경우, 인증업무를 수행하기 위한 전제조건의 충족여부를 결정하기 위하여 인증인은 별도의 비인증업무(예: 준비성 평가)를 수행할 수 있다. 이를 통하여 전제조건이 충족되지 않는다고 판단되면 경영진이 고려해야 할 조치사항을 확인해줄 수 있다. 다만, 인증인은 이러한 별도 업무가 인증업무의 독립성에 영향을 줄 수 있다는 점을 반드시 유의하여야 한다.

(2) 인증업무의 전제조건

인증기관은 인증업무 수행의 전제조건의 충족 여부를 확인하기 위하여 업무상황에 대한 사전지식을 습득하고 의뢰회사 담당자와 적절히 논의해야 한다.

인증업무 수행을 위해서는 무엇보다 관련 당사자의 역할과 책임이 상황에 적합해야 한다. 기초인증대상도 적절해야 하며 준거기준이 업무상황에 적절해야 함은 물론 의도된 이용자가 이용할 수 있어야 한다. 또한, 인증결론을 뒷받침하는 데 필요한 증거를 입수할 수 있으리라 기대할 수 있어야 하며 인증업무에 합리적 목적이 존재해야 한다. 끝으로 인증인의 결론은 합리적 확신 업무 또는 제한적 확신 업무에 적합한 형태로 보고서에 포함되어야 한다.

이와 같은 전제조건들이 충족하지 않는 경우에는 업무를 수임해서는 안 된다. 만일 업무수임 이후 전제조건들이 충족하지 않는다는 사실을 알게 된 경우에는 적절한 당사자와 해당 사안을 논의하여 해결방안을 모색해야 한다. 이를 통해 인증업무의 계속 수행 여부와 관련 문제를 인증보고서에 어떻게 기술할지 결정하여야 한다.

(3) 독립성 등 윤리적 요구 사항

인증인은 인증업무와 관련하여 독립성을 포함한 윤리적 요구 사항을 충족하여야 하며 공인회계사 윤리기준의 제1부(일반사항)와 제2부(개업공인회계사), 또는 최소한 이에 준하는 다른 전문직 요구사항이나 법규사항을 준수하여야 한다.

공인회계사윤리기준

인증업무와 관련된 **공인회계사윤리기준** 또는 이에 준하는 다른 전문직 요구사항, 또는 법률이나 규정의 요구사항 준수 필요

공인회계사윤리기준 - ① 5대 윤리강령	
성실	직무를 수행함에 있어서 **솔직하고 정직**하여야 함
공정	직무를 수행함에 있어 **편견이나 이해의 상충 또는 외부의 부당한 영향을 받아서는 안 됨**
전문가적 적격성 및 정당한 주의	**최신 법규 및 기술에 입각한 서비스** 제공을 위해 전문 지식과 기법을 유지하며, 직무 수행에 **정당한 주의**를 기울여야 함
비밀 유지	**직무수행 중 취득한 정보에 대해** 공개할 권리나 의무가 없는 경우 승인 없이 **제3자에게 누설하면 안 되며, 이를 개인적 이익을 위해 사용하면 안 됨**
전문가적 품위	관련 **법규를 준수**하여야 하며 **품위를 실추시키는 행동을 삼가함**

공인회계사윤리기준 - ② 독립성 고려사항	
재무적 이해관계	인증의뢰인에 대한 비인증서비스 제공
대출 및 보증	인증의뢰인과의 고용 이력
사업 관계	인증의뢰인의 이사/임원 용역 제공
인적인 관계	실제 또는 예상되는 소송
인증의뢰인과의 고용	선물 및 접대

출처: 한국공인회계사회(2010), 저자 재구성

(4) 품질관리

지속가능성보고서에 대한 인증업무를 수행함에 있어서 인증인은 품질관리기준서의 품질관리요건을 충족하여야 한다. 품질관리기준서에서는 인증업무를 위한 인증기관의 품질관리 시스템을 수립하고 유지할 책임에 관한 사항을 다루고 있다. 여기에는 업무품질을 위한 리더십, 관련 윤리적 요구사항, 고객과 업무에 대한 수임 및 유지, 인적지원업무의 수행, 업무수행에 대한 모니터링 감독에 대응하기 위한 정책과 절차가 포함된다.

2) 인증업무계획 및 위험평가

인증인은 인증업무계획 및 위험평가 과정을 통해 지속가능성보고서 작성 절차(합리적 확신 업무의 경우, 관련 내부통제 포함)와 보고서에 포함된 인증대상정보에 대한 이해를 높이게 된다. 또한 계획단계를 통해 오류나 부정으로부터 발생하는 위험을 평가하여 유의적인 영역에 대한 계획된 인증전략 및 절차를 수립하게 된다.

인증업무계획 및 위험평가 절차

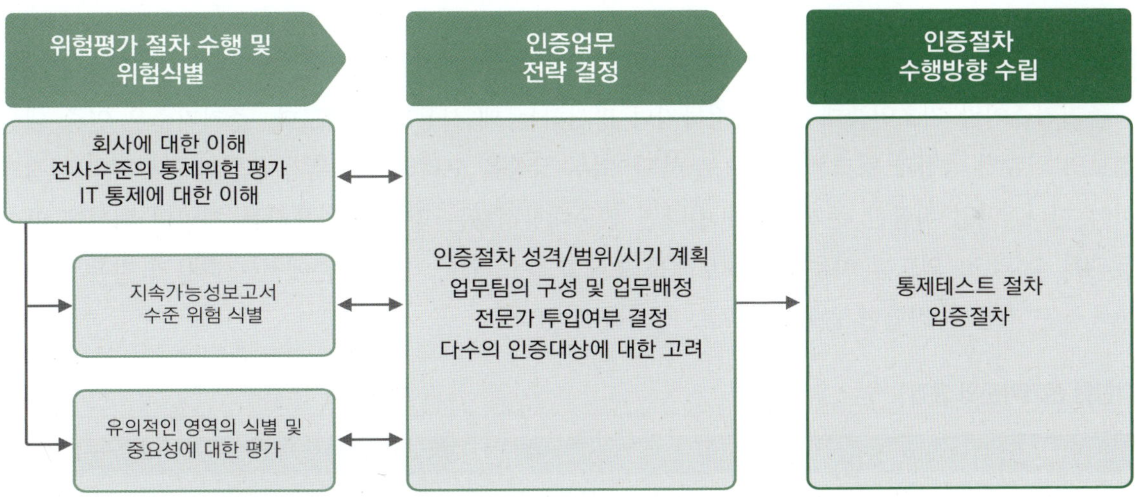

(1) 회사에 대한 이해

보고주제를 식별하기 위한 회사의 프로세스는 인증인의 중요한 고려사항이다. 인증인이 보고주제를 식별하기 위해 다양한 고려사항을 살필 때는 각각의 개별 보고주제뿐만 아니라 집합적으로 연관된 주제를 함께 고려해야 하는지에 대해서도 심도 있게 검토해야 한다. 예를 들면, 직원 이탈, 고객불만, 공급거래처 변경 등 각각의 정보가 경영진과 관련된 심각한 이슈와 집합적으로 연관된 것은 아닌지, 나아가 이들을 연관된 보고주제로 식별할 필요가 있는지 검토하여야 한다.

기업의 보고주제 식별 절차

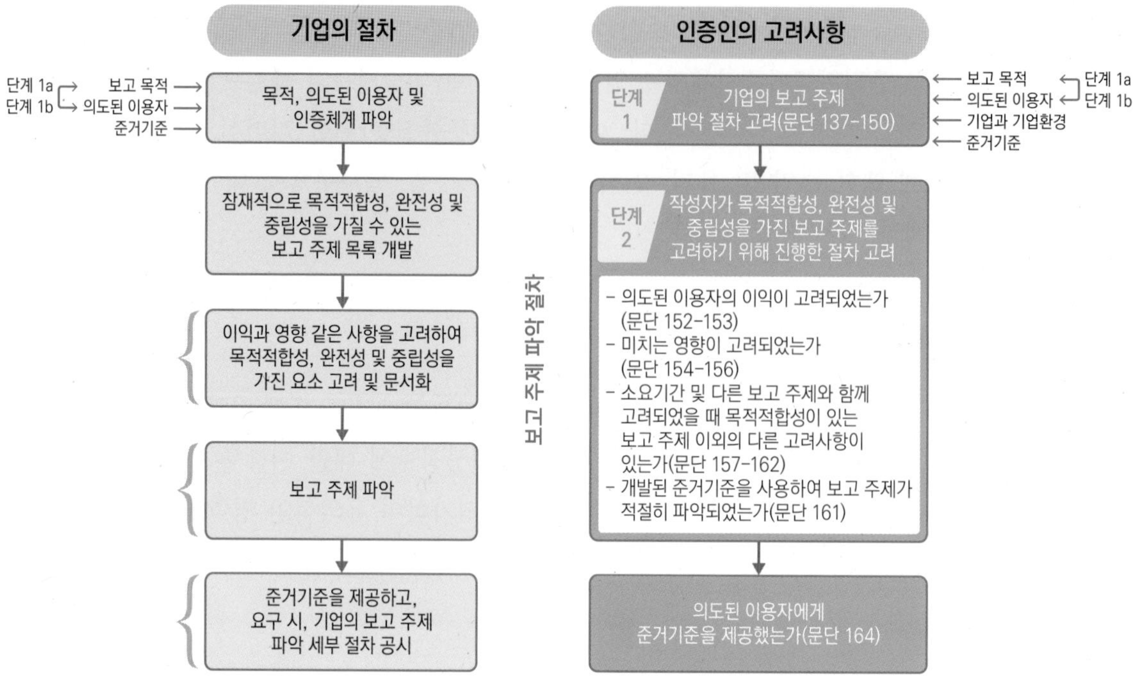

출처: 한국공인회계사회(2022b)

준거기준이란 기초인증대상을 측정하거나 평가하는 데 사용되는 척도다. 준거기준은 인증 대상 정보의 일관된 측정과 평가를 목적으로 하되, 업무 상황을 고려하여 전문가적인 판단에 따라 결정되어야 한다. 만일 적합한 준거기준이 없다면 인증대상정보는 정보를 이용하는 개인의 해석에 따라 달라질 수 있고, 의도된 이용자에게 오해를 초래할 수도 있다. 인증기준에서는 다음과 같은 요건을 충족하는 기준을 적합한 준거기준으로 정의하고 있다.

적합한 준거기준의 요건

구분	내용
목적적합성	인증대상정보가 의도된 이용자의 의사결정과 관련된 항목이어야 함
완전성	의도된 이용자의 의사결정에 영향을 미치는 요소 중 누락된 부분이 없어야 함
신뢰성	유사한 환경에서 다른 인증인이 인증업무에 적용하여도 일관된 결과가 산출될 수 있어야 함
중립성	인증대상정보가 긍정적인 부분과 부정적인 부분을 모두 포함하도록 설계되어 편견이 없어야 함
이해가능성	의도된 이용자가 인증대상정보를 이해할 수 있어야 함

출처: 한국공인회계사회(2022a)

(2) 전사수준의 통제위험 평가

지속가능성보고서와 관련된 전사수준의 통제위험에 대한 이해는 인증인의 인증전략을 결정하고, 추가적인 인증절차의 성격, 범위, 시기를 결정하기 위해 수행한다. 이를 위해 담당자에 대한 질의, 특정 통제의 적용 관찰, 문서검사가 이루어진다.

COSO 내부통제 5가지 구성요소

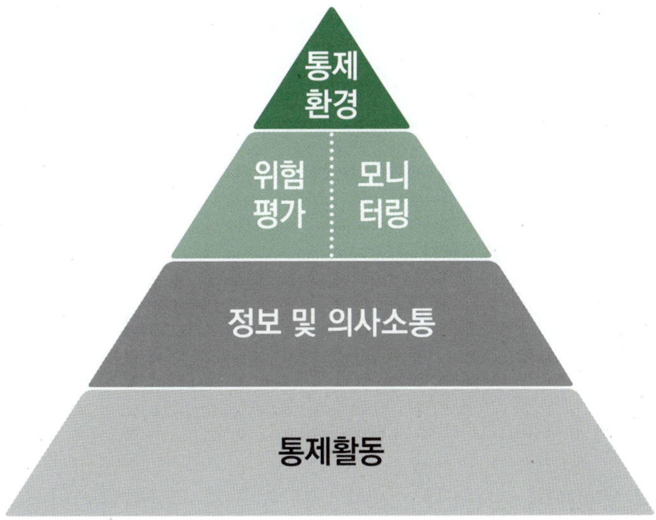

1) 1985년 미국에서 효과적인 내부통제 체계를 확립하기 위해 AICPA, AAA, FEI, IIA, IMA의 5개의 민간단체가 공동 설립한 조직이다.

출처: 내부통제기준위원회(2005), 저자 재구성

(3) IT 통제에 대한 이해

IT 시스템에서 산출된 보고서의 정확성에 의존하는 경우, 인증인이 IT 운영의 효과성에 대한 테스트를 수행할 계획이 있다면 IT 일반통제에 대한 이해 및 평가가 필요하다.

사용되는 어플리케이션은 사업프로세스 수준에서 운영되는 절차와 연관하여 기업이 거래 또는 기타 재무 데이터를 시작, 기록, 처리 및 보고하는 데 사용되는 절차와 관련된다. 또한 효과적인 통제의 운영은 거래의 발생, 승인, 완전하고 정확한 기록과 처리를 확실하게 해준다.

효과적인 설계 및 운영 여부를 확인하기 위한 통제테스트 절차는 재무제표 감사 시 수행하는 IT 통제 절차와 유사하다고 볼 수 있다.

(4) 유의적 영역의 식별 및 중요성에 대한 평가

● 유의적 영역의 식별

일반적으로 지속가능성보고서에는 회사의 지속가능경영관리나 성과와 관련된 영역이 많이 있다. 이 영역은 환경, 사회, 지배구조에 관한 전략, 정책, 법규 및 규정, 윤리규정, 공급망 관리, 이해관계자 관리, 성과관리, 보고 프로세스 등을 포함한다.

다만 지속가능성보고서상의 모든 영역에 대하여 인증절차를 수행할 필요는 없다. 부정이나 오류로 인하여 개별적 혹은 집합적으로 지속가능성보고서에 영향을 미치는 왜곡표시위험이 유의적이라고 판단되는 영역에 대해서만 인증절차를 취하는 것이다. 이러한 유의적 영역의 선정은 관련 통제를 고려하지 않고 평가된 위험을 기준으로 해야 한다.

● 중요한 인증대상정보에 대한 위험평가

유의적 영역이 식별된 경우, 인증인은 유의적 영역에 속하는 중요한 인증대상정보에 대한 경영진의 주장을 식별하고 잠재적 왜곡표시 위험을 평가한다. 이때는 관련 주장 별로 평가를 수행하게 되고, 대응 인증절차에 대해서도 설계 및 테스트를 수행하게 된다.

양적 및 질적 인증대상정보에 사용되는 일반적인 경영진 주장[45]은 다음과 같다.

인증대상 정보에 대한 일반적인 경영진 주장

구분	내용
양적 영역	완전성, 실재성과 발생사실, 정확성, 평가, 권리와 의무, 표시 및 공시
질적 영역	완전성, 발생사실 및 정확성, 이해가능성과 표시

출처: 한국공인회계사회(2022b)

● 중요성

인증업무를 수행할 때는 반드시 중요성을 고려해야 한다. 인증대상정보가 '중요하게' 왜곡표시되었는지 여부에 대하여 적절한 합리적 수준의 확신 혹은 제한적 수준의 확신을 얻어 결론과 그 근거를 인증보고서에 표현해야 하기 때문이다.

여기서 말하는 중요성은 잠재적 혹은 식별된 왜곡표시와 관련하여 인증인이 고려하는 유의성에 대한 기준치를 의미한다. 왜곡표시가 보고서 및 정보에 근거한 이용자의 의사결정에 영향을 미칠

45 인증대상정보에 내재되어 있으며 기업이 명시적 또는 기타 방법으로 나타낼 수 있는 진술로서, 발생할 수 있는 다양한 유형의 발생 가능한 잠재적 왜곡표시를 고려하기 위하여 감사인이 이용한다.

것이라고 합리적으로 예상될 경우에 '중요하다'고 간주한다.

실무 고려사항인 중요성의 크기나 정보 간의 상대적 중요성은 전문가적 판단사항이다. 보고서 내의 각 정보에 대해 개별수준 혹은 보고서 수준에서 왜곡표시의 중요성을 평가할 수 있으며, 다음과 같은 두 가지 속성으로 구분할 수 있다.

중요성의 두 가지 속성

구분	고려사항	예시
양적 요인	양적 정보의 경우, 중요성 기준치는 일반적으로 백분율을 적용함	용수 사용량의 X% 공정경쟁 규제 위반으로 인한 금전적 손실의 X%
질적 요인	이용자의 요구 및 해당 정보가 이해관계자에게 미치는 영향을 고려함	물류기업 주요 이해관계자들의 근로자 안전에 대한 요구가 높아, 안전정보의 왜곡표시에 대한 허용치가 다른 정보(예: 용수, 폐기물)의 허용치보다 낮을 수 있음

출처: 한국공인회계사회(2022b)

(5) 전문가 활용 여부의 결정

담당 팀과 전문가가 협업을 하는 경우, 업무의 담당파트너가 인증결론에 대한 책임을 감당하기 때문에 전문가가 집단적으로 충분한 기술과 지식 및 경험을 보유하고 있는지 전문가적 적격성을 판단하여야 한다.

(6) 인증절차 수행 방향 수립

인증절차 수행 방향 수립은 계획된 절차, 프로세스의 이해, 통제에 대한 설계 및 이행 평가, 운영의 효과성 평가, 통제위험의 평가, 왜곡표시 위험의 평가 순으로 진행된다.

인증절차 수행 방향 수립

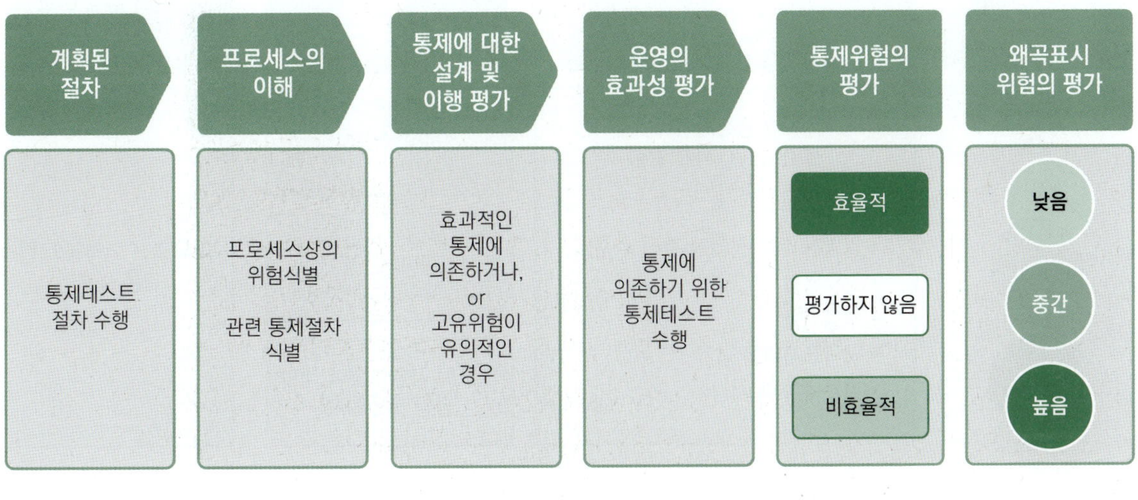

상세절차

구분	제한적 확신	합리적 확신
인증대상 정보와 업무환경에 대한 이해	인증대상 정보의 중요한 왜곡표시가 발생할 가능성이 있는 영역을 식별할 수 있을 정도의 이해로 충분하며, 이러한 절차는 일반적으로 인증결론에 대한 근거를 제공하기 위한 수준은 아님	왜곡표시의 중요한 유형별 왜곡표시위험을 식별하고 평가할 수 있을 정도의 이해가 필요하며, 이러한 위험유형은 인증대상정보 수준의 위험과 경영자 주장 수준의 위험으로 분류할 수 있음
프로세스와 내부통제에 대한 이해 및 내부통제에 대한 테스트 수행	인증대상정보를 작성하기 위해 이용되는 프로세스에 대한 이해는 업무와 관련된 절차적인 측면에 대한 것이며, 인증인의 판단에 따라 인증대상정보 작성에 대한 내부통제를 이해하는 것까지 고려할 수 있음 따라서 인증인이 통제의 설계 및 운영에 대한 평가를 수행할 것을 요구하지는 않음. 즉, 전문가적 판단에 따라 수행 절차의 범위 및 수준은 달라질 수 있음	제한적 확신에서 요구하는 절차 외에 수행하는 절차는 다음과 같음 - 왜곡표시위험을 평가하기 위해 필요한 내부통제에 대한 이해 - 관련 통제가 운영되도록 설계된 방법 및 절차 매뉴얼 점검 - 이용자승인 테스트에 대한 문서검사 - 통제운영에 대한 직원교육 증거 검사 - 프로세스 및 통제 이해를 위한 추적조사(Walkthrough Test) - 수행 중인 통제에 대한 관찰(각 프로세스 현황, 데이터 및 정보 입력, 처리, 추출 통제현황, 물리적 측정, 문서 통제 현황)

출처: EER 가이던스(2022), 저자 재구성

3) 인증업무 절차수행

인증업무 계획 및 위험평가절차 수행을 통해서 식별된 위험에 대해 충분하고 적합한 감사증거를 획득하기 위해서는 이에 대응하는 절차를 설계하여야 한다. 이러한 충분하고 적합한 감사증거는 내부통제에 대한 이해 및 테스트를 포함하며, 그 결과를 바탕으로 입증절차를 계획하게 된다.

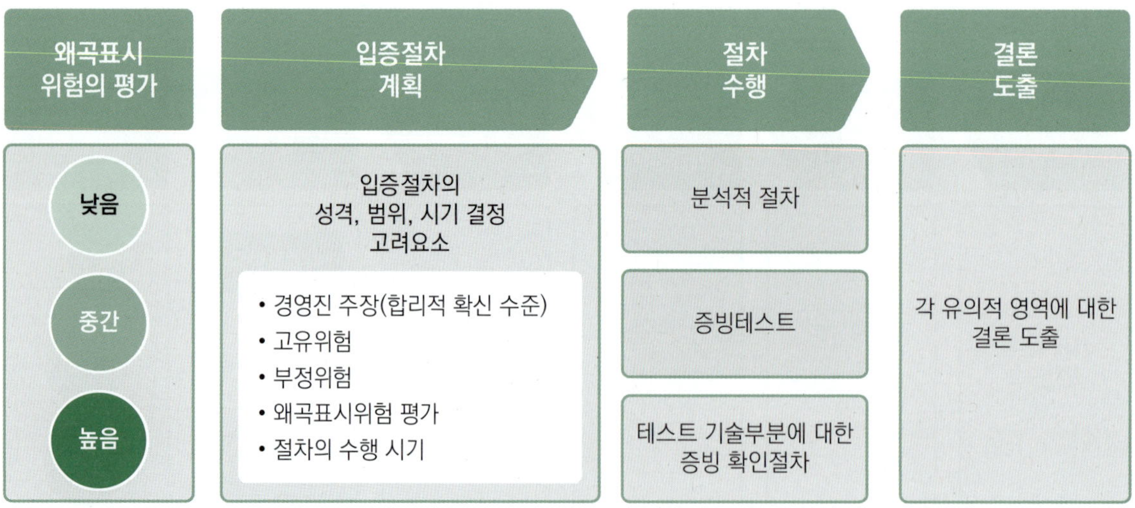

위험평가에 대응하는 인증절차 수행

구분	제한적 확신	합리적 확신
증거 획득 절차 설계 및 수행	1. 분석적 검토의 수행(집합적 수준) 2. 인증인은 중요한 왜곡표시가 발생할 수 있는 영역으로 선정된 이유를 고려하여 인증절차를 설계하여야 함 - 기초인증대상정보의 고유한 성격 - 조직 및 지배구조의 복잡성 - 자동화의 수준 - 담당자의 왜곡표시를 위한 동기 3. 인증인의 판단에 따라 추가적인 감사절차를 고려할 수 있으나 필수적인 사항은 아님 - 인증인이 인증대상정보가 중요하게 왜곡표시 되었을 수 있다고 믿게 하는 사항을 알게 되는 경우, 인증인은 다음 중 하나가 가능하도록 추가 증거를 입수하기 위해 추가적인 절차를 설계하고 수행해야 함 (a) 해당 사항으로 인해 인증대상정보가 전체적으로 중요하게 왜곡표시될 가능성이 없다고 결론을 내림 (b) 해당 사항으로 인해 인증대상정보가 중요하게 왜곡표시되었다고 결정함	1. 분석적 검토의 수행(세분화된 수준) 2. 경영자 주장 수준에서 중요한 왜곡표시가 발생할 수 있는 영역으로 선정된 다음의 이유를 고려하여 설계함 - 측정도구로 인한 한계, 불충분한 측정 주기 - 추정의 방법을 사용할 때의 가정, 불완전하고 부정확한 정보의 사용, 복잡한 계산 포함 등으로 인한 측정 평가 시의 오류 및 부적절한 판단 - 제3자로부터 제공된 정보 등 기업 내부의 비일상적 거래로 식별하지 못한 인증대상정보의 위험 - 취약한 통제설계 및 비효과적인 통제운영으로 인해 발생 가능한 오류, 부적절한 승인의 발생 가능성 3. 인증인은 기초인증대상 정보의 왜곡표시 발생가능성 및 통제의존 여부를 고려하여 기타 인증절차의 범위를 결정하게 되며, 통제의존여부는 아래의 두 가지를 고려하여 결정하여야 함 - 인증대상정보와 관련된 통제가 효과적으로 운영될 것으로 기대됨 - 통제테스트 외의 절차만으로는 충분한 감사증거를 획득했다고 할 수 없음(예: 완전 자동화 프로세스) 4. 중요한 왜곡표시의 위험과 관계없이, 감사인은 EER 인증대상정보의 중요한 측면에 대한 관련 통제 테스트(있는 경우) 외에 세부 테스트 또는 분석적 절차를 설계하고 수행함 5. 중요한 왜곡표시의 평가 위험이 높을수록 감사인은 더 설득력 있는 증거를 찾아야 함
미래지향적 정보를 포함한 추정에 관한 인증절차	아래 사항에 대해 해당 여부를 검토함 - 추정과 관련된 적용 가능한 요건에 따른 기준을 회사가 적용하였는지 여부 - 일관된 추정방법을 사용하였는지 여부 - 해당 상황에서 다른 절차가 필요하지 않은 지 여부	제한적 확신 업무에서 수행하는 절차에 추가하여 아래의 절차 수행 - 회사의 추정방법 및 데이터 인증 - 추정 관련 통제에 대한 테스트 - 독립적인 추정결과와 회사결과 비교

출처: 한국공인회계사회(2022a)

4) 인증결론 형성

인증결론 형성은 입수한 증거에 대한 평가 후, 추가 결론형성 절차를 수행하고, 의견을 포함한 인증보고서를 작성하는 순으로 진행된다.

인증결론 형성

입수한 증거에 대한 평가	추가 결론형성 절차 수행	의견을 포함한 인증보고서
• 왜곡표시사항 • 후속사건 • 기타 문서화	• 전문가 수행 업무에 대한 평가 • 타인증인 또는 내부감사 수행 업무에 대한 평가 • 품질관리 절차 수행 및 그 결과에 대한 평가 • 지배기구 등과 커뮤니케이션 수행	• 독립된 인증보고서 • 경영진 진술서 • 기타 보고

인증결론

구분	제한적 확신 업무		합리적 확신 업무
적정 결론	인증대상정보가 **중요성의 관점에 있어 준거기준에 따라 작성되지 않았다고 믿을 사항이 발견되지 않은 경우** 표명 **(예시)** "~중요성의 관점에서 회사가 사용한 준거기준에 따라 작성되지 않은 사항이 발견되지 않았습니다."		인증대상정보가 **중요성의 관점에 있어 준거기준에 따라 작성되었을 경우 적극적 형태의 의견 표명** **(예시)** "~중요성의 관점에서 회사가 사용한 준거기준에 따라 적정하게 작성되었습니다."
변형 결론	**한정적 결론** 중요한 왜곡표시가 전반적 영향을 미치지 않음 **(예시)** "~한정적 결론의 근거 문단에 기술된 사항이 미치는 영향을 제외하고는, 중요성의 관점에서 준거 기준에 따라 공정하게 표시하지 않았다는 점이 발견되지 않았습니다."	**부정적 결론** 중요한 왜곡표시가 전반적 영향을 미침 **(예시)** "부정적 결론근거 문단에 기술된 사항의 유의성 때문에 [회사명]의 보고서가 준거기준에 따라, 공정하게 표시하고 있지 않습니다."	**결론표명의 거절** 충분한 증거를 입수할 수 없는 경우 **(예시)** "결론표명의 거절 근거 문단에 기술된 사항의 유의성 때문에 검토 결론을 형성하기에 충분하고 적합한 검토증거를 입수할 수 없었습니다. 따라서 우리는 해당 보고서에 대한 검토 결론을 표명하지 않습니다."

4. 인증보고서 예시

OOO(인증인)은 A사(이하, 회사)의 2022년 12월 31일로 종료하는 사업연도에 대한 회사의 ESG Report(이하, 보고서)에 대하여 제한적 확신 업무를 수행하였습니다.

검증대상 정보
보고서에 포함된 검증대상 지속가능성 정보는 다음과 같습니다.
• XX~XX 페이지에 수록한 Global Reporting Initiative(GRI) Standards Index
• XX~XX 페이지에 수록한 Appendix(재무 데이터&비재무 데이터)
우리의 검증업무는 2022년 12월 31일로 종료하는 사업연도에 대한 것이며 그 이전 기간 및 보고서에 포함된 상기 외 정보에 대한 검증 절차를 수행하지 아니하였으므로 이에 대한 어떠한 결론도 표명하지 아니합니다.

준거기준

검증대상 정보를 작성하기 위하여 회사가 사용한 기준은 GRI Standards(Core option 적용)입니다.

검증대상 정보에 대한 회사의 책임

회사는 준거기준에 따라 검증대상 지속가능성 정보를 작성할 책임이 있으며, 검증대상 지속가능성 정보를 부정이나 오류로 인한 중요한 왜곡표시가 없이 작성하기 위한 내부통제의 설계, 운영 및 유지에 대해서도 책임이 있습니다.

검증업무의 고유한계

비재무정보를 평가하고 측정하기 위한 일반적으로 인정된 기준이 존재하지 않으며, 다양한 측정치와 측정방법이 허용될 수 있으므로 기업들 간의 비교 가능성에 영향을 미칠 수 있습니다.

인증인의 독립성과 품질관리

우리는 성실, 공정, 전문가적 적격성과 정당한 주의, 비밀 유지 및 전문가적 품위의 기본 원칙에 기반을 둔 검증업무와 관련된 대한민국의 윤리적 요구 사항을 준수했습니다. 인증인은 품질관리기준서를 적용하고 이에 따라 윤리적 요구 사항, 전문직 기준과 해당 법규의 요구 사항 준수에 관한 정책 및 절차의 문서화를 포함하여 품질 관리 시스템을 유지합니다.

인증인의 책임

우리의 책임은 우리가 수행한 절차와 우리가 입수한 증거를 근거로 식별된 지속가능성 정보에 대한 제한적 확신을 표명하는 것입니다. 우리는 IAASB가 제정한 ISAE 3000에 따라 제한적 확신 업무를 수행하였습니다. 이 기준은 검증대상 지속가능성 정보에 중대한 왜곡표시가 없는지에 대한 제한적 확신을 얻을 수 있도록 검증절차를 계획하고 실시할 것을 요구하고 있습니다.

제한적 확신 업무에는 회사가 검증대상 지속가능성 정보를 작성하기 위하여 사용한 기준의 적합성 평가, 부정 또는 오류로 인한 검증대상 지속가능성 정보의 중대한 왜곡표시에 대한 위험 평가, 위험에 대한 대응, 검증대상 지속가능성 정보의 전반적인 공시를 평가합니다. 제한적 확신 업무는 내부 통제에 대한 이해를 포함하여 위험 평가 절차와 평가된 위험에 대응하여 수행된 절차의 범위가 합리적인 확신 업무보다 제한적입니다.

우리가 수행한 절차는 우리의 전문적인 판단을 기반으로 하였으며 질문, 수행된 프로세스 관찰, 문서 검토, 분석적 절차, 정량화 방법 및 보고 정책의 적합성 평가, 기초 정보 간 비교 및 대사가 포함되었습니다.

우리는 업무의 성격을 고려하여 다음의 절차를 수행하였습니다.

- 중요이슈에 대한 관리접근방법을 파악하기 위해 회사의 지속가능성 정보에 대한 내부보고 및 데이터집계에 책임을 지고 있는 담당자 인터뷰
- XX 본사, XX 연구개발센터, XX 생산센터의 지속가능성 정보를 관리하고 보고하는 시스템과 프로세스의 이해
- 위험평가 프로세스의 결과, 지속가능성 정보 관련 정책 및 기준, 중요성 평가, 이해관계자 참여 활동 등과 관련된 문서 검토
- 질문과 분석적 검토를 기본으로 검증대상 데이터에 대한 제한된 검증 수행

제한적 확신 업무에서 수행되는 검증 절차의 성격, 시기 및 범위는 합리적 확신 업무보다 낮은 수준의 확신을 제공하도록 계획되었습니다. 따라서 우리는 회사의 검증대상 정보가 준거기준에 따라 중요성의 관점에서 작성되었는지에 대한 합리적인 확신을 표명하지 않습니다.

인증인의 의견

우리는 검증절차 수행 결과 보고서가 중요성의 관점에서 회사가 사용한 준거기준에 따라 작성되지 않은 사항을 발견하지 아니하였습니다.

이용제한

본보고서는 회사의 지속가능경영 성과와 활동에 대한 이해를 돕기 위해 회사의 경영진을 위하여 작성되었습니다. 따라서 회사 및 경영진 이외의 제3자의 사용에 대하여 당 법인은 어떠한 책임도 지지 않습니다.

※ 참고자료 – 인증업무 예시

인증절차 예시

계획 및 위험평가 > **내부통제평가** > **증거 확인** > **인증결론 형성**

계획 및 위험평가

[업무계획]
- 업무 수임에 대한 평가
- 인증대상범위(업무범위)의 선정
- 인증수준의 결정
- 투입인력 및 투입시간의 결정 (각 분야별 스페셜리스트 투입)

[위험평가]
- 중요성의 결정
- 유의적인 영역의 선정 및 인증대상 경영자주장의 선정
- 계획단계의 분석적 검토 수행
- 일반 위험평가 절차
- 회사와 환경에 대한 이해 (IT환경에 대한 이해 포함)

내부통제평가
- 전사수준에 대한 통제 설계평가
  - 통제환경
  - 위험평가
  - 통제활동
  - 정보 및 의사소통
  - 모니터링
- 프로세스수준의 통제 설계평가
- 왜곡표시 위험이 유의적인 영역에 대한 감사절차 설계
- IT 환경 및 통제에 대한 설계평가

증거 확인
- 통제에 대한 샘플테스트
- 수립된 인증계획에 따라 수행한 결과 필요한 충분한 증거입수를 통한 확인절차 수행
- 유의적이지 않은 인증대상 정보에 대한 인증절차 수행

인증결론 형성
- 중요성에 대한 재평가
- 인증결론 형성단계에서의 분석적 검토 수행
- 전반적인 인증업무 평가
- 비재무정보 공시 프로세스

- 지속가능성보고서에 대한 인증업무의 기본적 요소와 전형적 접근방식은 재무제표 감사업무와 동일함

업무수임 여부에 대한 검토절차 조서 예시

전제조건(Precondition)	전제조건 충족여부 확인
각 계약당사자별로 업무를 위한 역할과 책임이 적절한가?	
적절한 인증대상 기초정보가 존재하는가?	
인증대상정보의 준비과정에서 적용된 준거기준은 1) 수용가능하고, 2) 의도된 이용자가 이용가능한가?	
우리의 결론을 지지하기 위하여 충분하고 적합한 감사증거의 입수가 가능할 것으로 예상되는가?	
우리의 결론은 독립적 인증보고서에 포함되는가?	
제한적 수준의 확신 보고서의 경우 유의미한 수준의 인증을 의도된 이용자에게 제공가능한가?	

업무범위에 따른 수행절차 예시

범위구분	제한적 확신	합리적 확신
인증대상	ESG 정보	스코프 1, 2 배출정보
수행절차	회사와 현장의 주요 경영진 및 담당자와의 인터뷰 수행	좌동
	공시된 ESG 정보와 관련된 보고기준의 적용 및 적합 여부에 대한 평가	좌동
	ESG 정보의 수집, 관리, 보고를 위한 주요 시스템, 프로세스, 통제에 대한 설계 및 이행에 대한 평가	공시된 탄소배출량의 수집, 관리, 보고를 위한 주요 시스템, 프로세스, 통제에 대한 설계 및 이행에 대한 평가 및 테스트 수행

범위구분	제한적 확신	합리적 확신
수행절차	중요성 평가의 완전성 확인을 위한 미디어 검색 등을 포함한 위험 분석	데이터에 대한 분석
	ESG 정보 중 추정 혹은 미래에 대한 부분에 대해서는 가정의 합리성 평가	- 회사의 추정방법 및 데이터 인증 - 추정관련 통제에 대한 테스트 - 독립적인 추정결과와 회사결과 비교
	샘플링을 통한 관련 원천과 공시된 ESG 정보가 일치하는지 확인	- 탄소배출량이 원천과 동일한지 확인 - 이를 위해 검사, 관찰, 질문, 조회, 재계산, 재수행 절차 및 상세 분석적 절차 수행
	준거기준에 따른 공개에 적합한 지표가 보고되었는지 평가	좌동

중요성 선정(양적/질적 정보)시 고려사항 예시

범위구분	양적 정보	질적 정보
고려사항	- 일반적으로 5%가 사용됨 - 의도된 정보이용자의 의사결정 변경 여부를 고려하여 결정되어야 함	- 공시된 질적 정보의 완전성 - 공시된 질적 정보의 이해가능성 및 균형성

중요성 선정 예시 – 양적 정보

			5%	75%	5%
인증대상	중요성	벤치마크	중요성 (Overall Materiality, OM)	수행 중요성 (Performance Materiality, PM)[1]	명백하게 사소한 금액 (Audit Misstatement Posting Threshold, 이하 AMPT)[2]
사망자 수					
산업재해빈도율					
:					
탄소배출집약도					
총에너지 사용량					
스코프 1&2 배출량					

1) OM의 75%를 의미한다.
2) 왜곡표시의 집계도 불필요할 것이라고 판단하는 일정 금액을 의미한다. OM의 5%를 의미한다.

중요성 선정 예시 - 질적 정보

			A	중요
			53	0
			B	미중요
			32	0
총개수			85	0
순번	보고분야	문장	분류	설명/수치
1	사회	우리는 사람들의 삶을 향상시키기 위하여 지속적으로 천연자원을 개발하기 원한다.	B	설명
2	사회	우리의 사업 활동을 통해 우리는 공동체에 대한 투자뿐만 아니라 고용의 기회를 제공한다.	A	설명

위험평가 예시 1

통제위험			
		높음	낮음
고유 위험	유의적임	높음	중간/낮음
	유의적이지 않음	중간/낮음	낮음

- 위험평가는 경영진 주장을 적용하여 이루어지는데 제한적 수준의 확신의 인증에서는 의무사항이 아님

위험평가 예시 2

순번	인증대상정보	양적/질적	유의적인 추정여부	부정위험 여부	경영진 주장 (양적)						경영진 주장 (질적)		
					C	E	A	V	O	P	C	A	P
1	산업재해 빈도율	양적	X	X		높음	높음			높음			
2	:	:	:	:	:	:	:	:	:	:	:	:	:

(*) C: 완전성, E: 실재성, A: 정확성, V: 평가, O: 권리의무, P: 표시공시

- 대상 사업장이 여러 곳에 위치하는 경우에는 산정된 위험을 배분하는 과정이 필요함
- 이때 배분율은 각 인증대상정보의 성격에 따라 의도된 이용자의 의사결정에 가장 유의적인 항목 등을 고려하여 선정함

통제테스트 예시

순번	왜곡표시위험	왜곡표시위험에 대한 설명 및 관련 통제 설명
1	부정확한 재해사고 분류	(왜곡표시위험) 부상 및 질병은 경영진의 편향, 관련 지침서에 대한 불충분한 이해, 재해 통보 문서에 대한 정보 부실 등으로 인해 잘못 분류된다. 팀이 수행한 점검은 부상 및 질병 분류 오류를 식별하는 데 효과적이지 않는다. 응답이 불명확할 경우 추가 질문 없이 분류 쿼리에 대한 현장 응답을 수락한다.
		(통제활동) 매 분기마다 팀은 키워드 검색을 사용하여 분기에 기록된 모든 부상과 질병을 검토할 책임이 있다. 단어 검색은 첨부된 문서에 따라 정의된 핵심 용어를 사용하여 팀이 수동으로 수행하고 부상 또는 질병에 대한 설명에서 해당 용어를 검색한다. 부상 또는 질병에 대한 설명 내에서 단어가 발견되고 설명서가 절차 문서에 정의된 분류 정의에 따라 부상 또는 질병의 분류에 대한 근거를 명확히 하지 않는 경우, HSES (Health, Safety, Environment and Security) 팀은 부상 또는 질병 분류에 대한 질문을 제기한다.

입증절차 예시 – 질적 정보

			A-Generic	설명(Text)	기 달성(Achievements and aspriations)	4	미완결(Open)
			0	37	향후 이행약속(Committmens and requirements)	12	
			A-Policy	수치(Data)	개선필요 분야(Challanges and improvement area)	16	완결(Closed)
			5	6			
			B-Auditable	미확인된 정보수치(Data Outstanding)			조서 재작성(Reword)
			5	43			삭제(Deleted)

순번 (Claim number)	보고서 섹션 (Report Section name)	문장	분류	설명/수치	설명/수치 상세내용	구분	인증 절차	타 조서 참조 (Refer W/P)
1	건강	직원 및 계약자의 건강이 작업에 부정적인 영향을 미치지 않도록 하는 것을 목표로 합니다.	A-Policy B-Auditable	설명	그들의 정책의 전반적인 목표와 이 진술에 대한 요구 사항 사이에 연결 고리를 그릴 수 있어야 한다. 해당 문장은 x페이지의 '(회사의 정책 기준의 명)'을 통해 지원됩니다.	미완결	건강 정책에는 클레임의 정확한 문구가 똑같이 기술되어 있지 않습니다. 이 문구는 건강 정책에 명시된 중요한 목표에 의해 뒷받침된다. 그 정책은 다음과 같다. '직업병 예방'은 직원 및 계약자의 건강 위해성 및 건강상태를 효율적으로 관리함으로써 예방된다. 또한 이 표준은 건강 위험을 식별 및 평가하고, 노출 통제를 시행하며, 의료 감시를 수행하도록 요구한다.	

입증절차 예시 – 데이터 검증

구분	수행절차
STEP1	지속가능성보고서에 공개된 데이터 정보를 기본 일정에서 추출한 원천 데이터와 일치시킨다.
STEP2	연도별 검토 수행(FY2021 vs. FY2020)의 범위 내 및 범위 외 사이트에서는 유의하거나 비정상적인 예외사항을 결정한다. 이러한 예외사항에 대해 경영진과 논의한다.
STEP3	중간 검토 동안 테스트된 데이터(9개월)에 대해 이관(roll-forward) 시 보고된 최종 숫자와 일치한다.
STEP4	산업재해율 데이터의 완전성을 평가하기 위해 지역 연도별 비교를 수행한다.
STEP5	코로나19로 인한 사이트 제한으로 인해 직원 시간이 약간 감소하며, 후술하는 기업의 보고 경계에서 제외된 재택근무 시간 및 인원은 점차 업무에 복귀했다.

입증절차 예시 – 리드 스케줄(Lead Schedule)

현장	FY2020	FY2021	수치(Data)	증감률(Changes)	AMPT	10% 초과하는 변동에 대한 조사	추가 코멘트(Additional Feedback on)
Site1	1,508,877	3,834,580	2,325,703	154.1%	Y		NA

준거기준 매핑 테스트 예시

General disclosures			
As prepared by Example			인증인 확인여부
Disclosure	Disclosure title	Reference location or explanation	In line with <GRI Standard Criteria> Tab?
Organisational profile			
102-1	Name of the organisation	2021 Sustainable Development Report - Front page and Contents page	✓
102-2	Activities, brands, products and services	2021 Sustainable Development Report - Our business model (page 6-7) 2021 Annual Report - South32 at a Glance (page 4-5)	✓
102-3	Location of headquarters	2021 Sustainable Development Report - Our business model (page 6-7)	✓
102-4	Location of operations	2021 Annual Report - South32 at a Glance (page 4-5)	✓
102-5	Ownership and legal form	2021 Sustainable Development Report - Contents page 2021 Annual Report - Shareholder Information (page XX)	✓
102-6	Markets served	2021 Sustainable Development Report - Our business model (page 6-7) 2021 Annual Report - South32 at a Glance (page 4-5)	✓
102-7	Scale of the organisation	2021 Sustainable Development Report - Our business model (page 6-7) 2021 Annual Report - South32 at a Glance (page 4-5) 2021 Annual Report - Financial Report (page XX)	✓
102-8	Information on employees and other workers	2021 Sustainability Databook - Attracting, developing and retaining tab	✓

Health and Safety			
103-1	Explanation of the material topic and boundary	2021 Sustainable Development Report - Health and safety (page 14 - 17)	✓
103-2	Management approach on XXX	2021 Sustainability Databook - Health and safety approach tab	✓
103-3	Evaluation of the management approach	2021 Sustainable Development Report - Health and safety (page 14 - 17) 2021 Sustainability Databook - Health and safety data tab	✓
403-1	Occupational health and safety management system	2021 Sustainability Databook - Health and safety data tab	✓
403-2	Hazard identification, risk assessment, and incident investigation	2021 Sustainability Databook - Health and safety data tab	✓
403-5	Worker training on occupational health and safety	2021 Sustainability Databook - Health and safety approach tab	✓
403-6	Promotion of worker health	2021 Sustainable Development Report - Health and safety (page 14 - 17) 2021 Sustainability Databook - Health and safety approach tab	✓
403-7	Prevention and mitigation of occupational health and safety impacts directly linked by business relationships	2021 Sustainable Development Report - Responsible value chain (page 44) Sustainability and Business Conduct Supplier Requirements at www.south32.net	✓
403-8	Workers covered by an occupational health and safety management system	2021 Sustainable Development Report - Health and safety (page 14 - 17) 2021 Sustainability Databook - Health and safety approach tab	✓
403-9	Work-related injuries	2021 Sustainability Databook - Health and safety data tab	✓

ESG,

한 권에 담다

Environmental | Social | Governance

4

지속가능금융

4
지속가능금융

1. 지속가능금융

1) 지속가능금융의 개념

지속가능한 발전을 위해 기업은 자금조달을 용이하게 하고 투자를 촉진해야 한다. 이를 위해 금융의 역할이 중요하다는 시각에서 비롯된 지속가능금융이란 개념은 근래부터는 ESG 금융이나 기후금융 등 다양한 형태로 추진되고 있다.

지속가능금융에 대한 정의는 관련기관마다 조금씩 다르다. 유럽연합 집행위원회는 지속가능금융을 '금융부분에서 경제활동이나 프로젝트에 대한 투자의사결정을 할 때 ESG 원칙을 고려하는 과정이자 지속가능한 경제 활동 및 프로젝트에 보다 장기적인 투자를 유도하는 프로세스'로 정의하고 있다.

유엔환경계획 금융이니셔티브(United Nations Environment Program Finance Initiative, UNEP FI)[46]는 ESG 중에서도 환경과 관련된 금융을 녹색금융으로, 녹색금융 중에서도 기후변화와 관련된 금융을 기후금융으로 정의하고 있다. G20이 2016년에 구성한 '지속가능금융 스터디그룹(Sustainable Finance Study Group, SFSG)'[47]은 지속가능금융을 UN SDGs에 직간접적으로 기여할 수 있는 금융서비스 상품 프로세스를 포함하는 개념으로 정의하고 있다.

이와 같이 다양한 기관과 이니셔티브들이 지속가능금융에 대해 조금씩 다른 정의를 하고 있지만 최근에는 이들 모두 ESG 요소를 고려하여 지속가능금융의 위험과 기회를 포착하고 있다. 이에 따라 지속가능금융이 장기적 금융 수익을 내는 활동과 투자의 범위라는 개념으로 통용되고 있는 추세이다.

지속가능금융의 범위는 크게 유엔환경계획에서 구분하는 영역과 경제협력개발기구에서 구분하는 투자활동 영역으로 나눌 수 있다.

46 유엔환경계획과 금융 부문 간의 공공-민간 파트너십. 전 세계 대표 은행, 투자펀드사, 보험사 등 200여 금융기관들이 회원으로 등록되어 있다.

47 G20 국가들이 지속가능성에 대해 논의하기 위해 만든 그룹이다.

유엔환경계획에서 정의하는 지속가능금융의 범위는 ESG와 관련된 모든 분야를 포함한다. 이 중 녹색금융은 ESG 중 환경과 관련된 범위, 기후금융은 기후변화에 적응하거나 기후변화를 완화하는 활동과 관련된 범위, 끝으로 저탄소금융은 기후변화 완화활동과 관련된 분야로 각 범위를 정의하고 있다.

지속가능금융 개념

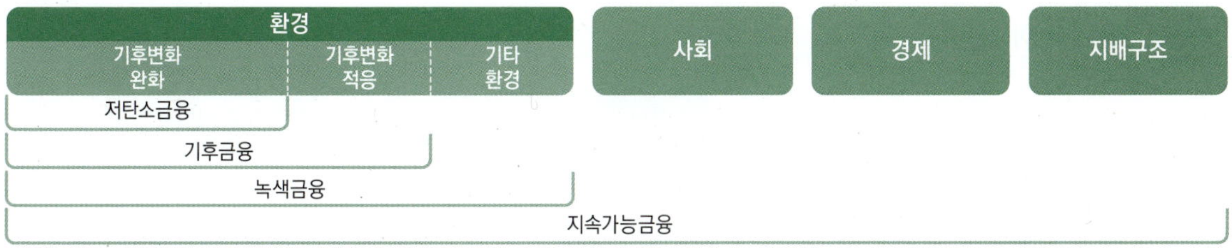

출처: 유엔환경계획(2016), 무역공사 재인용

경제협력개발기구에서는 지속가능책임투자에 대해 전통적 투자와 같이 금융수익을 추구함과 동시에 ESG 이슈와 관련된 단기 및 중장기적 위험과 기회 요인 등을 고려하고 있다. 이는 사회적 가치만을 고려하는 자선기부와 금융수익만을 추구하는 금융투자가 합쳐진 개념이다. 또한 지속가능책임투자와 구분되는 사회적·임팩트투자도 정의하고 있다. 지속가능책임투자는 궁극적으로 ESG 관련 위험과 기회 대응을 목적으로 하지만, 그에 따른 금융수익도 같이 고려해야 한다고 정의하고 있다.

사회적투자 및 금융투자의 스펙트럼

	자선·기부		사회적 임팩트투자		지속가능책임투자	금융투자
	사회 기부	벤처 기부	사회적투자	임팩트투자	ESG 투자	상업적 투자
주 목적	기부를 통한 사회문제 해결	벤처기업 지원	사회/환경적 성과 및 소액의 금융 수익	측정 가능한 환경/사회적 성과 창출	ESG를 통해 리스트 완화, 성장 기회 포착, 장기적 가치 향상	ESG 적용이 제한적이거나 전무
기대 수익	사회적 성과만	사회적 성과 중심	사회적 성과와 하위시장의 금융수익	사회적 성과와 시장수익률에 준하는 금융수익	장기적 금융수익	금융수익만
			ESG 매트릭스 및 방법론 적용			
예시	LG 전자 월드비전에 9,400만 원 기부	SC 제일은행의 코로나19 피해 소셜벤처 지원	-	HGI는 데이터 중심, 최적화, 미래 대비, 포용성의 4대 핵심가치에 기반한 임팩트투자를 집행	KBSTAR ESG 사회책임투자, ARIRANG ESG 우수기업 등의 ESG ETF	S&P 500 등

← *사회적 가치* — *사회·금융적 수익* — *투자 수익률* →

출처: 경제협력개발기구(2019), 저자 재구성

2) 지속가능금융 이해관계자

지속가능금융의 주요 이해관계자는 기업, 기관투자자, 글로벌 금융기관, 국제기구, 정부, 중앙은행 등으로 구분할 수 있다. 각 공급자는 투자자금을 조성할 뿐 아니라, 지속가능의제를 주도하고 규제를 수립하는 등의 역할을 수행하고 있다. 이러한 지속가능금융에 대한 이해관계자들의 역할에 대해 세계경관포럼(Global Landscape Forum, GLF)은 다음과 같이 구분하였다.

지속가능금융 주요 이해관계자

구분	역할
기업	ESG 이니셔티브 및 재생에너지, 지속가능 인프라 등에 대한 투자를 집행
기관투자자	녹색 투자를 위해 동원될 수 있는 재원을 제공
글로벌 금융기관	아시아 개발 은행(ADB) 등과 같은 글로벌 금융기관은 녹색 채권과 같은 메커니즘을 통해 지속가능한 개발을 위한 자금을 생성
국제기구	지속가능한 개발 및 ESG에 대한 전반적인 아젠다 및 트렌드를 주도
정부	녹색 투자에 배정된 공적 자금과 그에 대한 제도적 지원을 결정
중앙 은행	정책과 규제를 통해 금융 부문의 지속가능성을 도모

출처: 세계경관포럼(2019), 저자 재구성

주요 이해관계자들은 각자의 금융생태계 안에서 ESG 관련 의제나 투자를 요구하고 있다. 국제기구나 이니셔티브는 ESG 관련 의제를 주도하고 있으며, 정부나 중앙은행은 정책이나 규제를 기반으로 지속가능금융 투자를 관리하고 있다. 이를 기준으로 기관투자자와 금융기관 등은 지속가능금융 또는 자금의 사용목적에 따른 투자를 진행하는 프로세스이다. 결국 기업들이 금융생태계를 활용하려면 이러한 ESG 관련 의제 및 이슈에 대해 적극적으로 대응해야 한다.

최근 기업을 대상으로 기후변화, ESG 등 지속가능성 관련 이슈에 대한 요구가 증가함에 따라 비재무정보의 공시 요구가 강화되고 있다. 비재무정보 공시 요구에 소극적으로 대응하는 기업들은 지속가능성을 고려하는 투자자에게 저평가될 위험이 매우 커지고 있다. 투자자들은 포트폴리오의 장기적 비용 절감 및 수익 개선을 위해 기업에게 관련 정보의 공시를 요구하고 있으며, 이러한 경향은 전반적으로 금융생태계 내 지속가능금융의 활성화로 이어진다. 규제기관 역시 관련 공시기준을 표준화하고 기업들의 지속가능성 정도를 평가하고자 노력하고 있는데, 금융회사의 위험에 대한 관리·감독과 분류체계 준수 여부에 대한 감독 등을 골자로 하게 된다.

3) 지속가능금융의 성장

(1) 지속가능금융의 성장과정

환경 문제를 해결하는 데 있어 자금조달의 중요성이 처음 언급된 것은 1992년 6월에 개최된 리우 환경회의였다. 이 회의에서 채택된 행동지침인 의제 21[48]의 33장에서 지속가능한 발전을 위한 금융의 역할이 다루어졌다. 이를 계기로 유엔환경계획 금융이니셔티브가 설립되어 지속가능금융을 주도하기 시작하였다. 이후 유엔환경계획 금융이니셔티브는 현재까지 국제적인 지속가능금융원칙의 설계를 주도하며 금융시장이 지속가능한 발전에 기여할 수 있도록 앞장서고 있다.

지속가능금융의 개념은 일련의 원칙과 규제들이 확장되면서 발전해 왔다. 이는 크게 결과에 대한 책임을 지고 금융활동을 해야 한다는 '책임금융'과 긍정적 영향을 줄 수 있는 대상에 대한 금융활동을 지지하는 '임팩트금융'의 두 가지로 나뉜다.

ESG 관련 이니셔티브 트렌드

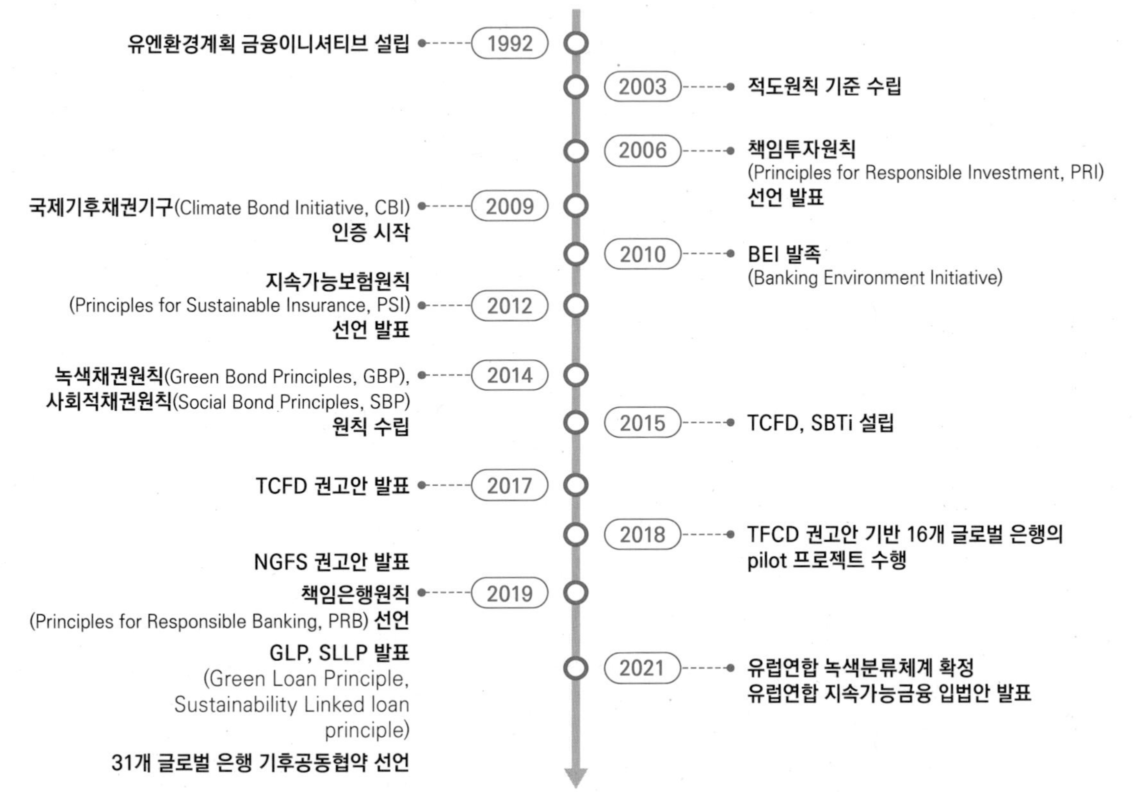

출처: 연경흠(2021)

48 지속가능한 개발을 위해 1992년에 채택된 국제적 지침. 지구보전을 위한 규범을 실현하기 위한 각론 성격의 '행동계획'이다.

즉, 지속가능금융은 책임투자(Responsible Investment)를 기반으로 하는 책임금융과 임팩트투자(Impact Investing)를 기반으로 하는 임팩트금융으로 이야기할 수 있다. 책임투자는 환경, 사회, 거버넌스 요인과 시장 전체의 장기적 지속가능성을 기반한 투자자와의 관련성을 명시적으로 인정하는 투자 접근법으로 볼 수 있다. 임팩트투자는 재무적 이익과 함께 긍정적이고 측정 가능한 사회적, 환경적 영향을 창출하려는 의도로 이루어지는 투자로 소셜임팩트(Social Impact)와 금융투자(Finance Investing)가 결합하여 만들어진 용어이다.

지속가능금융의 한 축인 책임금융은 기업이 자발적으로 사회에 대한 관심을 갖고, 이에 대한 책임을 진다는 기업의 사회적 책임(Corporate Social Responsibility, CSR)[49] 개념과 맞닿아 있다. 책임금융의 실천을 위해 적도원칙, 책임투자원칙, 지속가능보험원칙, 책임은행원칙이 제정되었고, 이를 통해 책임금융을 확장하기 위한 국제적 노력이 이뤄지고 있다.

적도원칙은 환경 파괴나 인권 침해를 일으킬 수 있는 대규모 개발 사업에는 금융지원을 하지 않겠다는 협약으로 2003년 6월 채택되었다. 이 원칙과 연관된 중요한 이정표 중 하나가 기후 관련 정보 공개를 목적으로 2017년에 발표한 TCFD 권고안이다.

책임투자원칙, 지속가능보험원칙, 책임은행원칙은 모두 유엔환경계획 금융이니셔티브에서 마련하였으며, 지속가능한 금융을 촉진하고 이에 대한 기준을 마련하기 위해 각각 2006년, 2012년, 2019년에 제정되었다.

책임투자원칙은 환경, 사회, 지배구조를 고려함에 있어 세계적으로 인정받는 평가지표로, 전 세계 투자자들이 이 세 이슈를 반영하여 투자 결정을 내리도록 촉구하는 모범관행을 제시한다. 이 원칙은 기업에 대한 투자의사결정을 할 때 재무적 요소뿐 아니라 비재무적 요소까지 반영할 것과 관련 정보 공개를 요구하고 있다. 현재 전 세계적으로 4,925개, 국내에는 23개 기관과 투자자 등이 이 원칙에 서명하는 등 널리 적용되고 있다.

지속가능보험원칙은 보험업계가 지속가능성과 관련된 비재무적 위험 요소를 고려하여 솔루션을 개발할 수 있도록 하고자 제정되었다.

책임은행원칙은 파리협정과 SDGs 이행을 위한 금융 산업의 역할과 책임을 규정하는 국제 협약으로, 사금융의 지속가능발전 전환을 촉진하기 위해 마련되었다.

49 기업 활동과 영향을 주고받는 직간접적 이해관계자들에게 발생하는 이슈들에 대해 책임을 감당하며, 기업의 위험을 줄이고 기회를 포착하여 중·장기적 기업 가치를 제고하는 '이해관계자 기반 경영활동'을 의미한다.

지속가능금융의 또 다른 축인 임팩트금융은 금융기관이 투자를 시행할 때 재무적 이익뿐 아니라 사회적으로 긍정적 영향을 끼칠 수 있는 기업 또는 조직 등을 대상으로 삼는 금융을 말한다. ESG 펀드, 지속가능채권, ESG여신 등이 임팩트금융에 포함된다. 임팩트금융의 대표적 방법론 중 하나인 ESG펀드는 환경, 사회, 지배구조에 긍정적 기여를 한 기업을 대상으로 포트폴리오를 구성하고 있다. 한편 유럽투자은행이 2007년에 최초의 녹색채권을 발행한 이후, 많은 기업들이 녹색투자를 위한 활동을 최근까지 계속해서 확대하고 있다.

(2) 규제 제정과 지속가능금융의 강화

유럽연합집행위원회는 지속가능금융을 확대하기 위해 2018년 지속가능금융 액션플랜(Sustainable Finance Action Plan)을 발표하였다. 이를 통해 지속가능금융공시규정(Sustainable Finance Disclosure Regulation, SFDR), 녹색분류체계 등을 선도적으로 제시하고, 민간 부문의 자금을 지속가능한 경제 영역으로 유도하며, 2050년까지 탄소중립 경제로 전환하기 위한 지속가능금융 체계 수립을 모색하고 있다. 또한 지속가능금융을 위해 유럽연합 녹색분류체계 규정을 마련했으며, 지속가능금융공시규정 기반의 공시를 요구하고 있으며, 녹색채권표준(European Green Bond standard, EuGB)을 정립하여 기업들이 녹색채권을 발행할 수 있도록 지원하고 있다.

유럽연합 지속가능금융 기반

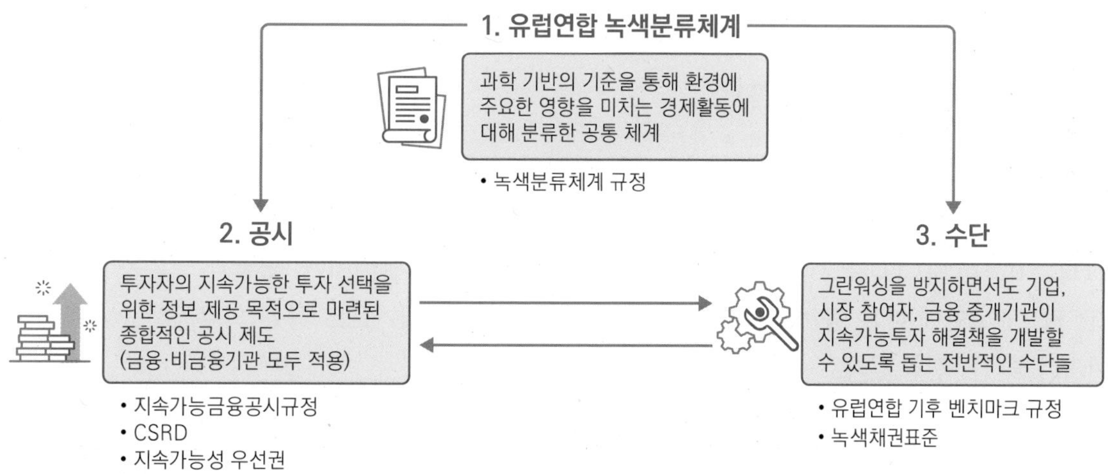

출처: 유럽위원회(2021), 저자 재구성

먼저, 녹색투자와 지속가능한 투자에 대한 관심이 높아짐에 따라 어떤 프로젝트나 기술이 지속가능한 것인지에 관한 기준 마련의 필요성이 높아졌다. 이에 따라 투자를 함에 있어 지속가능한 경제 활동의 정의 및 경계에 대한 혼돈을 줄이기 위해 유럽위원회가 2020년 유럽연합 녹색분류체계를 발표하였다.

녹색금융기관에 대한 공시규제는 유럽연합을 중심으로 시작되었다. 유럽연합의 지속가능금융공시규정은 금융기관이 금융상품이나 투자 등을 공시할 때 지속가능성 정보를 공시하도록 의무화하는 규제이다. ESG 공시를 제도화하여 그린워싱을 예방하고자 제정되었다. 2021년 3월부터 보험회사·보험중개사, 퇴직급여 관련 회사, 투자회사·신용기관, 대체투자 펀드 매니저, 양도성증권 집합투자 관련 회사 등을 대상으로 첫 시행되고 있다. 특히 지속가능금융공시규정의 제8조와 9조는 금융상품 계약 이전에 환경, 사회, 지속가능성과 관련된 내용을 고지해야 한다는 조항을 포함하고 있다. 이는 금융상품 공급자가 프로젝트 초기부터 해당 내용을 고려해야 한다는 의미를 시사하는 것이다.

우리나라는 먼저 녹색분류체계를 수립한 뒤, 2021년 4월 환경기술 및 환경산업지원법을 개정할 때 환경책임투자 관련 내용을 포함시켰다. 다음은 환경기술 및 환경산업지원법에 포함된 환경책임투자 관련 내용이다.

제10조의4(환경책임투자 지원 및 활성화)
① 금융기관은 환경적 요소를 투자의사결정에 반영하는 투자(이하 "환경책임투자"라 한다)를 하기 위하여 노력하여야 한다.
② 환경부장관은 환경책임투자의 지원 및 활성화를 위하여 다음 각 호의 사업을 할 수 있다.
1. 환경적으로 지속가능한 경제활동 여부를 판단하기 위한 녹색분류체계의 수립. 이 경우 환경부장관은 미리 산업통상자원부장관 및 금융위원회 위원장과 협의하여야 한다.
2. 기업의 환경적 성과를 평가하기 위한 표준 평가체계의 구축
[본조신설 2021. 4. 13.]

(3) 지속가능금융과 기후 관련 공시

현행 TCFD 권고안은 현재 글로벌 기후변화 공시의 핵심 프레임워크로 자리 잡았다. 2021년 12월 기준으로 TCFD를 지지하는 금융기관의 수는 1,069개이며, 비금융기관은 1,547개에 달한다(TCFD, 2021c). TCFD를 지지한 금융기관의 운영자산은 25조 달러이다. 영국과 일본은 2023년부터 TCFD 권고안에 따른 공시를 의무화하였으며, 뉴질랜드와 싱가포르 등은 의무공시를 시행할 예정이거나 추진 중에 있다.

금융기관은 TCFD 권고안에서 요구하는 정보를 기업으로부터 전달 받아 투자지표에 활용하여 금융안정화에 도움을 받을 수 있다. 반대로 금융기관은 TCFD 권고안에 따라 기후관련 정보를 공시함으로써, 이해관계자들이 기후와 관련하여 합리적 의사결정을 할 수 있도록 유도할 수 있다.

통상적으로, 금융배출량을 측정하는 방법과 공시기준은 온실가스 회계처리 및 보고기준의 방법론을 활용하여 PCAF에서 제시하고 있다.

PCAF에서는 2020년 11월 금융 산업의 탄소회계보고기준(The Global GHG Accounting & Reporting Standard for the Financial Industry)을 발간하였다. PCAF의 탄소회계보고기준에서는 여섯 가지 자산분류에 따른 온실가스 배출의 측정 및 공개에 대한 표준을 제시하였다.

앞으로 IFRS S2 기후 관련 공시기준이 도입되면 금융배출량은 온실가스 회계처리 및 보고기준 혹은 PCAF에 기반한 방법론을 활용하여 산정해야 할 것으로 예상된다.

또한, 미국 증권거래위원회의 기후변화 공시 의무화 규정, 유럽연합지속가능성보고기준 초안 등 다수의 기후관련 글로벌 기준에서 기후변화 공시를 요구하고 있으며, 금융기관은 투자자산에 대한 온실가스 배출량(스코프3, 금융배출량)에 대한 공시를 요구받고 있다.

4) 지속가능금융 추진 방향

(1) 기후금융/ESG채권/녹색여신 활동

기업은 적절한 정보의 공시를 통해 투자를 유도하기 위해, 투자자들은 이러한 정보를 활용하여 적절한 의사결정을 내리기 위해 지속가능금융에 대한 관심이 높아지고 있다. 이에 따라 지속가능한 금융시장을 구축하기 위한 다양한 이해관계자들의 노력도 활발해지고 있다.

지속가능금융은 투자 목적에 따라 기후금융, ESG채권, 녹색여신 등으로 구분할 수 있다. 지속가능금융에서 환경과 관련된 금융을 녹색금융이라고 하고, 녹색금융 중에서도 기후변화와 관련된 영역을 특정하여 기후금융으로 분류하고 있다. 지속가능금융과 마찬가지로 기후금융 역시 기후책임금융과 기후임팩트금융으로 나누어 볼 수 있다.

기후책임금융은 기업들이 기후변화 대한 책임을 가지고 금융활동을 하는 것을 말한다. 일반적으로 회사가 기후변화에 대한 자체적 활동을 공시하고 기후 위험이 높은 산업에 대한 투자를 제한하는 것을 지칭한다. 기후임팩트금융은 기후변화 위험의 정도와 영향을 파악하여 프로젝트 파이낸싱이나 기후 위험이 낮은 기업 등을 대상으로 금융활동을 하는 것을 의미한다. 최근 유럽연합이나 한국에서 발행한 녹색분류체계나 녹색채권 발행, 녹색여신 활동 등이 기후임팩트금융과 관련된다고 볼 수 있다.

ESG채권은 자금사용처가 제한된다는 측면에서 특수목적 고정수익증권의 성격이 있는데, 이 외에는 일반 채권과 비슷하기 때문에 금융당국의 규제가 적용되고 있다. 현재 금융당국은 ESG채권 여부를 결정하기 위해 외부기관으로부터 사전 인증 절차를 요구하고 있으며, 사후인증을 통한 관리도 고려하고 있다.

녹색여신은 친환경 사업을 영위하는 기업에 금리 할인 혜택을 제공하고 외부기관으로부터 자금 사용처와 성과를 인증 받는 녹색금융상품으로, 주로 은행권에서 다양한 대출상품으로 추진 중이다. 은행 등 금융기관들은 친환경 사업과 기업에 대한 기준을 설정하기 위해 녹색분류체계를 활용하고 있다.

(2) 금융기관의 지속가능금융 추진 현황

은행이 지속가능금융을 추진하는 방향은 크게 ESG 투자, ESG 경영, ESG 관련 체제 수립으로 나누어 볼 수 있다.

먼저 ESG 투자는 투자 메커니즘에 따라 자금조달, 투자의사결정, 위험관리 등을 통해 추진할 수 있다. 자금조달의 경우 녹색/사회적/지속가능채권에 대한 프레임워크를 기반으로 은행이 발행한 채권에 대해 중앙은행, 국제기구, 자산운용사 등 투자자의 투자를 다양한 채널을 통해 받을 수 있다. 투자의사결정은 자금조달 뒤 ESG여신/투자 상품, ESG 연계 프로젝트 금융 등 관련 상품과 연계하여 관리한다. 신용등급과 ESG 두 가지에 대해 평가한 후 ESG 위험 통합관리(탄소배출량, 기후위험 등에 대한 평가)를 기반으로 ESG 투자를 추진할 수 있다.

ESG 경영은 환경 경영, 사회책임 경영, 투명한 지배구조 및 윤리/인권 경영을 통해 추진할 수 있다. 환경 경영은 탄소관리, 친환경빌딩, 구매 및 친환경경영활동을 포함한다. 사회책임 경영은 인적 다양성, 지역사회, 인재 양성, 사회책임 활동 등을 포함할 수 있다. 지배구조 및 윤리/인권 경영에는 ESG 지배구조, 부패 및 내부통제, 윤리 및 인권경영 등을 포함할 수 있다.

마지막으로 은행권은 ESG 관련 체제 수립을 위해 다양한 이니셔티브들과 협업을 추진하고 있다. 탄소중립 은행연합 같은 협의체를 조성하여 포트폴리오를 관리하는 등 은행권이 자체적으로 지속가능성 향상을 위한 프레임워크를 마련하고 있다. 또한 환경 및 사회 실사를 통해 지속가능성을 향상 또는 저해하는 요인들을 이해하고, 투자 시 이를 반영[50]하는 사례가 대표적이다.

이해관계자들의 지속가능한 투자 요구 증대, 정부의 규제 강화, 장기적으로 ESG 투자가 고수익 저비용으로 이어질 것이라는 전망에 따라 투자자들이 지속가능금융을 확대해 가고 있다. 유엔 책임투자원칙 가입 기관수나 기관투자자들의 ESG 자산운용규모도 지속적으로 증가하는 것으로 나타났으며 지속가능채권 및 여신 규모 역시 꾸준하게 증가하고 있는 것으로 나타나고 있다.

50 경제협력개발기구 기업책임경영 실사 지침(OECD Due Diligence for Responsible Corporate Lending and Securities Underwriting)을 주로 사용했다.

책임투자 자산운용규모 및 유엔 책임투자원칙 가입 추이

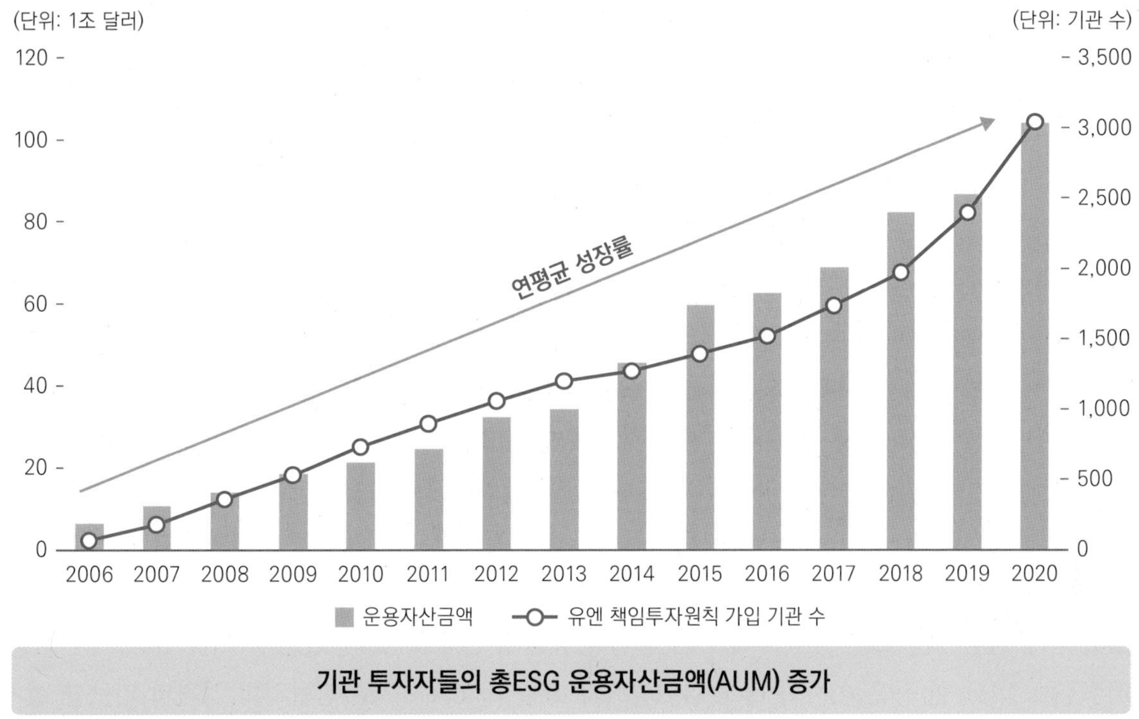

출처: 유엔 책임투자원칙(2020)

지속가능채권 및 여신 규모

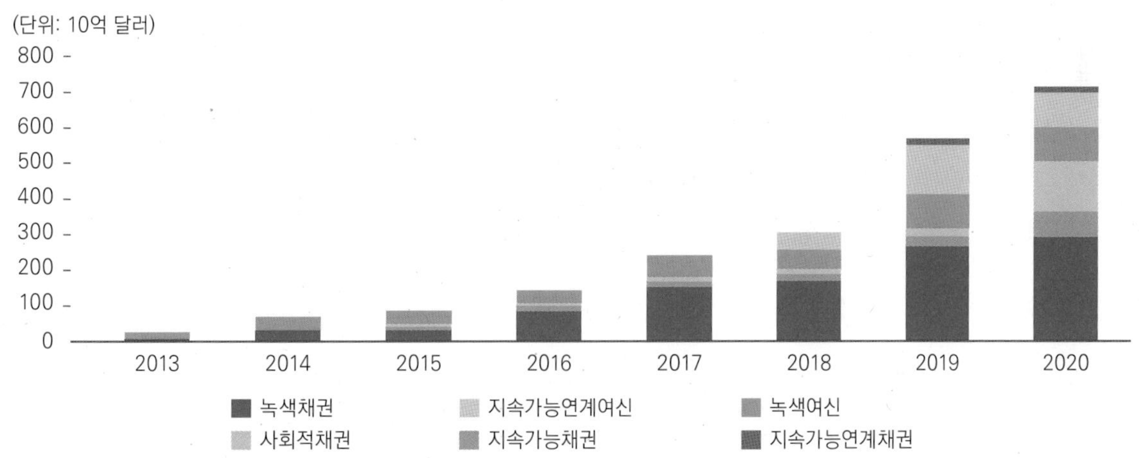

출처: 서스테이널리틱스(2021)

연기금의 경우 연기금별로 ESG 관련 투자원칙 및 전략을 수립하고 있다. 네덜란드 연기금(APG/ABP)은 10대 투자원칙과 책임투자정책을 수립하여 ESG 적용기준에 대한 가이드라인을 제공하고 있고, 일본 국민연금(GPIF)은 2017년부터 주식, 채권, 부동산 등 전 자산군에 대해 ESG를 측정 및 평가하여 ESG 통합 전략을 시행 중이다. 캐나다 공적연기금(CPPIB)도 여덟 가지 책임투자 정책을 제정하였으며, 유엔 책임투자원칙 세부원칙을 준용하여 투자분석, 기관 내 지속가능 투자 부문의 심사 및 평가 프로세스에 ESG 요소를 반영할 것을 제시하고 있다. 마지막으로 노르웨이 정부연기금(NBIM/GPFG)은 기후 리스크 위원회를 설립하여 기후 위험을 투자 프로세스 내에 반영하는 방법으로 책임투자를 확대하고 있다.

국내 금융기관들도 여러 움직임을 보이고 있다. 2021년 말 기준으로 948조 7000억 원을 운용하고 있는 국내 대표 연기금사인 국민연금은 2015년 국내 주식에 대한 ESG 평가체계를 마련한 뒤, 2018년 스튜어십 코드 등을 통해 ESG를 강화한 이후 적용 대상 자산을 계속 확대하고 있다. 2019년 11월에는 전체 자산군에 책임투자를 적용하는 '책임원칙'을 제정하여 책임투자를 강화하였다. 2021년 5월에는 탈석탄 등 투자제한 전략 도입 방안을 의결하면서 기금운용지침 개정에 대해서도 논의했는데, 이때 2021년까지 국내외 주식과 채권, 해외주식의 'ESG 통합' 운용 및 2022년부터 전체 기금 규모의 50% 이상을 ESG 통합 전략으로 운용하겠다는 계획을 발표하였다. 국민연금의 책임투자 규모는 2024년 약 500조 원 규모로 확대될 것으로 전망(2020년 기준 약 100조 원)되고 있다. 국내 금융그룹 또한 발 빠르게 ESG 관련 활동을 추진하고 있다. KB금융, 신한금융, 우리금융, 하나금융, NH농협 등은 이사회 내 ESG위원회와 그룹 내 ESG경영추진협의회 성격의 기구를 설치하여 ESG 성과 평가와 보상체계 연동 등을 반영하는 경영시스템을 구축하고 있다. KB금융그룹은 다양성과 포용성, 기후변화대응(TCFD), 지속가능한 금융 등 핵심 3대 주제를 다룬 스페셜 리포트 및 KB금융그룹의 지배구조, 환경경영, 사회적 책임 등을 담은 2021년 지속가능성보고서를 발간하였다. 또한 2030년까지 ESG 상품, 투자, 대출 규모를 50조 원까지 확대(Green Wave 2030 전략 내)하고, 친환경 대출 및 투자 사례, 중소기업의 ESG 경영활동 지원을 위한 KB ESG 컨설팅 서비스 등을 확대하기로 하였다. 신한은행은 연 2회 ESG 관련 보고서를 공시하면서 신한금융의 ESG 금융 실적에 대한 정량 데이터를 엑셀파일로 별도 팩트북(Factbook)에 게시하는 등 투자자 및 평가기관 등 이해관계자를 위해 투명성, 편의성 있는 정보를 제공하고 있다.

(3) 지속가능금융의 양적 증가

전 세계 ESG 자산[51] 총액은 2016년 22.8조 달러, 2018년 30.6조 달러, 2020년에는 35조 달러를 달성하였다. 블룸버그는 2022년에는 총 41조 달러, 2025년에는 50조 달러 규모를 달성할 것으로 내다보고 있다. 이와 같은 ESG 자산은 현재 전 세계에서 운용중인 자산의 3분의 1 규모를 차지하고 있다.

---

51 일반적으로 평가되는 금융기관의 운용자산에서 ESG와 관련된 기준을 말한다.(ESG 의무 자산)

전 세계 ESG 자산 규모

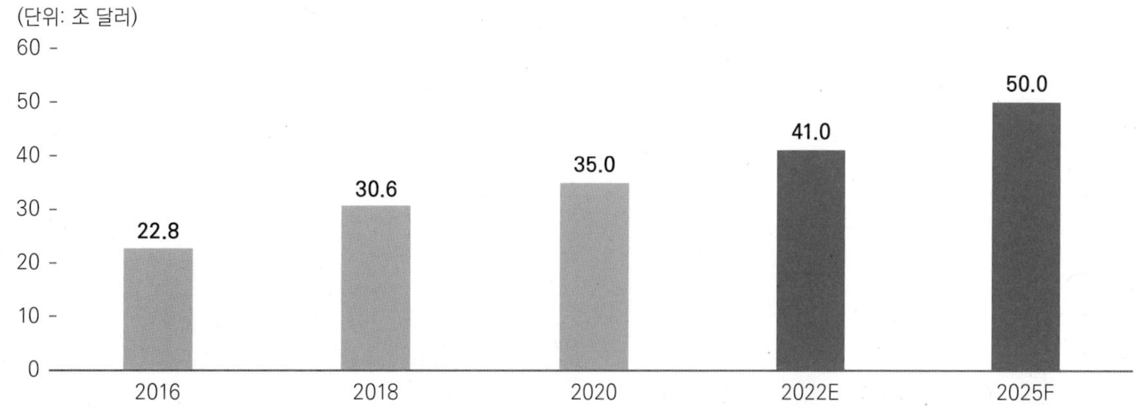

출처: 블룸버그(2022)

지속가능채권의 2021년 총 시장 규모는 2.8조 달러를 기록하여 1.7조 달러였던 2020년보다 무려 65% 가량 성장하였다. 지속가능채권의 신규 발행 금액 역시 계속 성장하고 있는 것으로 나타났는데, 2019년 3,580억 달러에서 2020년 7,000억 달러로 늘어난 뒤, 2021년에는 1조 1,000억 달러로 증가했다(국제기후채권기구, 2022).

한국거래소의 사회투자책임채권 통계자료에 의하면 우리나라 역시 녹색채권, 사회적채권, 지속가능채권에 대해 신규 상장된 금액과 거래량 모두 계속해서 증가하는 추세를 보이고 있다.

채권 신규 발행 금액 / 거래 금액

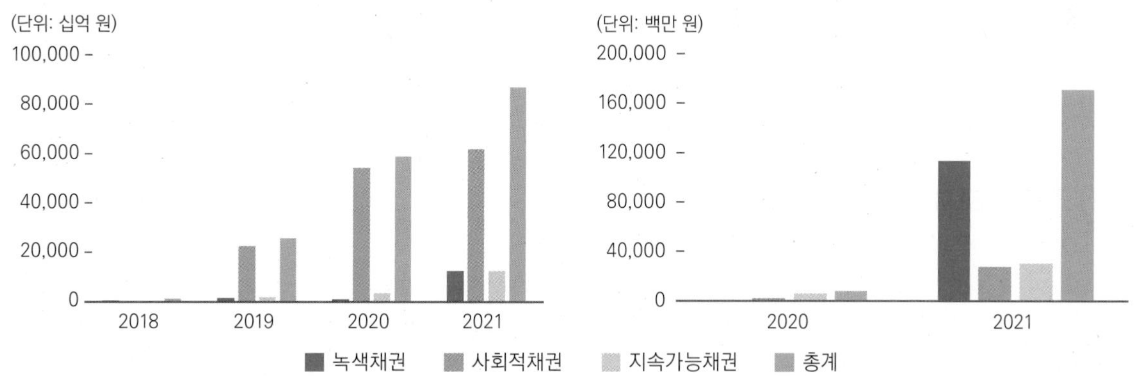

출처: 한국거래소 사회책임투자채권 홈페이지

ESG 의무 자산 규모

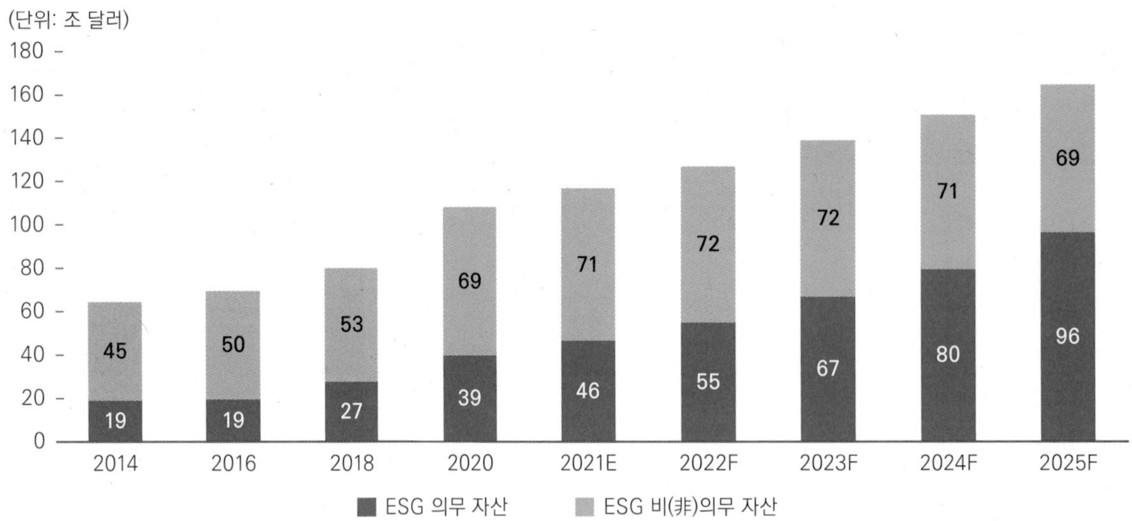

출처: 딜로이트(2022)

딜로이트 글로벌의 분석에 따르면, ESG 의무 자산[52]은 2021년 기준 46조 달러로 전체 자산의 약 40% 수준을 차지하고 있다. 또한 ESG 의무 자산 규모도 계속 확대되어 2025년에는 96조 달러, 전체 운용자산의 약 60%까지 비중이 커질 것으로 전망하고 있다.

2. ESG채권/펀드 인증

1) ESG채권 가이드라인

(1) 국내외 ESG채권 가이드라인 현황

주로 국제기후채권기구에서 발표한 기후채권기준(The Climate Bond Standards, CBS) 가이드라인이 활용되고 있다. 한편, 국제자본시장협회(International Capital Markets Association, ICMA)[53]는 ESG채권과 관련하여 녹색채권원칙, 사회적채권원칙, 지속가능채권 가이드라인(Sustainability Bond Guidelines, SBG)을 발표하였다. 국내의 경우 환경부와 금융위원회도 국제

52 ESG 관련 현안이 투자 선정에서 고려되거나 상장기업의 ESG 현안에 주주 결의가 제출되는 전문 관리 자산을 의미한다.
53 자본시장 참가자를 위한 자율 규제 조직이자 무역 협회. 높은 수준의 시장 관행, 적절한 규제, 무역 지원, 교육 및 커뮤니케이션 촉진을 목표로 한다.

자본시장협회에서 발표한 녹색채권원칙을 바탕으로 녹색채권 가이드라인을 수립하여 2020년 12월 발표하였으나, 사회적채권과 지속가능채권 가이드라인은 아직까지 마련되어 있지 않은 실정이다.

2) 녹색채권 인증

(1) 녹색채권원칙

국제자본시장협회는 녹색채권 발행 시 녹색채권의 네 가지 핵심 구성요소에 대한 부합 여부에 대해 외부검토를 받도록 요청하고 있다.

녹색채권의 4대 핵심 요소

4대 핵심 요소	세부 내용
조달자금의 사용	조달된 자금은 녹색 프로젝트를 위해 사용되어야 하며, 녹색 프로젝트는 명확한 환경 개선효과를 제시해야 한다.
프로젝트 평가와 선정 과정	녹색채권 발행기관은 다음 사항에 대해 소통해야 한다. 1) 환경 개선 목표 2) 발행기관이 추진하는 프로젝트가 녹색 프로젝트에 해당되는지 여부 3) 해당 프로젝트와 관련된 잠재적 환경 및 사회적 위험을 파악하고 관리하기 위해 사용한 배제 기준 혹은 절차 등의 적합성 판단기준
조달자금 관리	녹색채권을 통해 마련한 조달금은 별도의 회계계정으로 관리하거나 추적 가능한 적정한 방법으로 관리해야 한다.
보고	발행기관은 매년 조달자금 사용 정보를 공개해야 하며 중요한 변경사항이 있는 경우 수시로 보고해야 한다. 연차보고서에는 녹색채권 조달금이 사용된 프로젝트 목록, 개별 프로젝트별 주요 내용, 프로젝트별 배정금액, 각 프로젝트의 환경에 대한 예상 효과를 기재해야 한다.

반면 환경부와 금융위원회에서 발표한 녹색채권 관리 체계는 총 다섯 가지 항목을 제시하고 있는데 녹색채권 가이드라인에서는 국제자본시장협회와 다르게 채권의 발행 개요에 대해 서술하도록 요구하고 있다.

녹색채권 관리 체계

5대 항목	세부 내용
녹색채권 발행개요	녹색채권의 발행 목적, 발행자의 녹색경영 전략과 환경개선 목표와의 연계에 관한 사항 등을 서술
조달자금의 사용처	조달금은 녹색프로젝트에 사용되어야 함. 녹색프로젝트는 6가지 환경목표에 부합하는 프로젝트를 의미
프로젝트의 평가 및 선정 절차	환경개선 목표, 프로젝트의 녹색프로젝트 해당 여부, 프로젝트 선정 시 참고할 기준 공개
조달자금 관리	녹색채권 조달자금이 녹색프로젝트에만 사용될 수 있도록 내부 통제 절차를 통해 추적하여 관리
사후 보고	자금 사용처에 대한 정보와 예상되는 환경개선 효과를 보고서를 작성하여 공개

(2) 외부검토 유형

외부검토 유형에는 검토 의견, 검증, 인증, 평가 등급 부여의 네 가지 방식이 있으며 기업은 이 중 하나를 자율적으로 선택할 수 있다. 원칙적으로 외부검토를 한 번 받은 후 동일한 녹색채권을 발행할 때는 외부검토를 생략할 수 있다. 단, 관리체계에 변경이 있는 경우에는 추가적인 외부검토가 필요하다.

외부검토 유형

외부검토 유형	세부 내용
검토 의견 (Second Party Opinion)	녹색채권원칙 준수 여부 확인
검증(Verification)	사업 프로세스, 환경 기준과 같은 특정 기준에 대한 검증
인증(Certification)	녹색채권, 녹색채권 프레임워크, 조달금의 사용에 대한 외부 기준 혹은 라벨 인증
평가 등급 부여 (Green Bond Scoring/Rating)	녹색채권, 녹색채권 프레임워크, 조달금의 사용과 같은 채권의 주요 특성들에 대한 전문기관의 평가

(3) 환경 목표 및 추가 판단요소

국제자본시장협회는 유럽연합 녹색분류체계의 규정을 준용하도록 하고 있다. 국내의 경우 환경부의 6대 환경 목표와 함께 최소한의 인권침해 예방조치 적용과 다른 환경 목표와 상충되지 않아야 한다는 두 개의 추가 판단요소를 기반으로 판단하도록 하고 있다.

환경부의 6대 환경 목표

6대 환경 목표	2대 추가 충족 조건
기후변화 완화	최소한의 인권침해 예방조치 적용
기후변화 적용	
천연자원 보전	
생물다양성 보전	다른 환경목표와 상충되지 않아야 함
오염방지 및 관리	
순환자원으로의 전환	

3) 사회적채권 인증

(1) 사회적채권의 원칙

사회적채권은 조달자금의 전체 또는 일부가 적격한 사회적 프로젝트에 대해 신규 자금 조달 또는 차환 조달하는 데 전적으로 활용되는 채권을 의미한다. 국내의 경우 별도의 원칙은 존재하지 않으며, 국제자본시장협회의 4대 핵심 요소를 준용하도록 하고 있는데 주요 내용은 다음과 같다.

국제자본시장협회의 4대 핵심 요소

4대 핵심 요소	세부 내용
조달자금의 사용	사회적 프로젝트는 특정 사회적 이슈에 대한 대처나 경감을 직접적인 목표로 하는 것이다. 그리고 특히, 특정 계층을 위한(하지만 전적으로 특정 계층만을 위하지는 않는다) 긍정적인 사회적 성과를 추구한다.
프로젝트 평가와 선정 과정	사회적채권 발행기관은 다음 사항에 대해 소통해야 한다. 1) 사회적 프로젝트의 사회적 목표 2) 발행사의 프로젝트가 적격한 사회적 프로젝트라고 판단하는 의사결정 프로세스 3) 발행사가 프로젝트와 관련하여 인식한 사회적, 환경적 위험을 확인하고 관리하는 프로세스에 관한 보완적 정보
조달자금 관리	사회적채권을 통해 마련한 조달금은 회계계정을 별도로 만들어 관리하거나 추적 가능한 적절한 방법으로 관리해야 한다.
보고	발행기관은 매년 조달금 사용 정보를 공개해야 하며 중요한 변경사항이 있는 경우 수시로 보고해야 한다. 연차보고서에는 사회적채권 조달금이 사용된 프로젝트 목록, 개별 프로젝트별 상세 설명, 프로젝트별 배정금액, 각 프로젝트의 환경에 대한 예상 효과를 기재해야 한다.

(2) 외부검토 유형

국제자본시장협회는 발행사가 채권 발행 전에 외부검토기관을 선정하여 외부검토 과정을 수행하게 함으로써 자사의 사회적채권 또는 사회적채권 프로그램 및 프레임워크가 사회적채권의 4대 핵심 요소와 부합하는지 평가받도록 권장하고 있다. 또한 채권 발행 후에는 외부 감사인 등 제3의 기관을 활용하여 발행사의 내부 추적 시스템과 사회적채권 조달자금의 배분을 검증함으로써 발행사의 조달자금 관리를 보완하도록 권고하고 있다.

4) 기후채권 인증

(1) 국제기후채권기구 기후채권 인증

기후채권은 기후변화 및 지구온난화 방지에 기여하는 사업에 투자하는지 엄격하게 통제하고 있다. 기후채권은 유럽 각국 정부와 국제 금융기관의 지원으로 운영되고 있는 비영리기관인 국제기후채권기구 인증을 반드시 받아야 발행할 수 있다. 국제기후채권기구에서는 기후채권기준을 기반으로 채권 발행자가 국제기후채권기구 인증을 받기 위해 필요한 정의 및 규칙을 제시하고 있다.

국제기후채권기구는 정해진 기준을 위반할 경우 해당 채권에 대한 인증을 철회한 뒤, 국제기후채권기구 홈페이지와 언론을 통해서 해당 내용을 공표하고 있다. 나아가 해당 채권을 발행한 주관사에 대해 제재를 가하기도 한다. 이에 따라 기후채권은 신뢰도가 높아 금리가 일반채권보다 낮으며, 그린워싱에 대한 우려도 작기 때문에 발행사의 ESG 이미지를 강화할 수 있다.

녹색채권과 기후채권의 주요 내용 비교

구분	녹색채권원칙 (국제자본시장협회)	기후채권기준 (국제기후채권기구)
목적	국제자본시장협회 녹색채권 강령 기반 녹색채권 대중화	국제기후채권기구 인증을 통한 기후채권 표준화
내용	1. 채권 발행금 사용처 발표 2. 프로젝트 녹색성 평가 3. 채권 발행금 관리 발표 4. 사업 내용 보고	발행자가 국제기후채권기구 인증을 받기 위한 정의 및 규칙 존재
적용 범위	원칙적으로 모든 환경 프로젝트와 사회사업	기후변화 방지에 영향을 주는 프로젝트(사회사업 제외)
독립적 객관적 제3자 인증	강제성은 없음	반드시 필요
기준 위반 시 불이익	발행자가 녹색채권원칙을 준수한다고 발표한 후 추후 위반을 해도 제제가 없음	기후채권 인증 후 위반사항이 확인되면 국제기후채권기구가 인증을 철회하고 이를 홈페이지 및 언론에 공표

5) 외부검토기관 준수사항

채권 발행에 대한 외부검토는 지속가능성을 평가할 수 있는 전문성을 보유한 회계법인, 신용평가 회사, 컨설팅 회사, 연구기관 등이 수행할 수 있다. 국제자본시장협회에서는 외부검토기관의 준수사항을 크게 두 가지로 구분하여, 각각의 세부 내용을 제시하고 있다. 국내 녹색채권 가이드라인에서도 이와 동일하게 요구하고 있다.

외부검토기관 준수사항

준수사항	세부 내용
윤리 및 전문성 기준	1. 성실 2. 객관성 3. 전문가적 적격성과 정당한 주의 4. 비밀유지 5. 전문가적 품위
외부검토 진행 중 준수 사항	1. 외부검토를 수행하기 위한 조직 체계, 업무 시스템, 관련 시스템 확보 2. 외부검토를 위해 필요한 경험과 자격을 갖춘 인력 보유 3. 필요한 경우, 적합한 전문인배상책임보험 가입

외부검토를 받은 뒤에는 해당 보고서를 웹사이트나 채권 상장 증권거래소를 통해 공개해야 한다. 우리나라 환경부에서는 외부검토 보고서에 반드시 포함되어야 하는 정보를 다음과 같이 규정하고 있다(환경부, 2020).

① 외부검토기관의 자격, 외부검토 목적과 검토범위에 대한 설명
② 외부검토기관의 독립성 및 이해상충 방지를 위한 방침에 대한 내용
③ 외부검토 시 활용한 관련 내용에 대한 정의, 접근방식, 평가 방법론
④ 외부검토의 한계점을 포함한 평가 의견 또는 결론

다만, 국제자본시장협회에서 발간한 '녹색채권, 사회적채권, 지속가능채권, 지속가능연계채권의 외부 검토를 위한 가이드라인'에서는 지속가능연계채권에 대한 핵심성과지표, 지속가능성과목표(Sustainability Performance Targets, SPT) 및 관련 벤치마크, 기준 및 전략, 녹색 및 사회적 결합 원칙 범주의 잠재적 환경, 지속가능성 위험·영향을 평가하는 데 필요한 자격 증명에 대한 사항도 포함하도록 규정하고 있다(국제자본시장협회, 2022a).

현재 ESG채권 발행 전 외부검토를 받도록 권고하고 있으나, 사후 평가는 의무화되어 있지 않은 상태이다. 그러나 발행사가 실제로 ESG채권 자금이 인증 당시 언급한 프로젝트에 적절히 사용되는지, 해당 프로젝트가 잘 진행되고 있는지 철저하게 사후검증을 해야 그린워싱에 대한 우려를 줄일 수 있을 것이다. 따라서 향후 사후검증의 의무화에 대한 적극적 검토가 필요할 것으로 보인다.

6) ESG채권 평가

ESG채권 평가 방법은 신용평가사마다 일부 차이가 있으나 평가의 기본 틀이나 프로세스는 거의 유사하다. 여기서는 가장 대중화되어 있는 ESG채권 평가 방법을 살펴보고자 한다.

먼저, ESG채권 발행기업으로부터 제출 받은 관련 자료와 공개되어 있는 관련 공시자료 등과 함께 자금투입계획, 프로젝트 적격성, ESG 분류체계 준수여부(택소노미) 등을 추가적으로 고려하여 개별 ESG채권에 대해 상대적인 등급을 부여한다(1단계).

ESG채권 등급 예시

등급(예시)	정의
E Level 1	ESG채권의 거의 모든 자금을 적격 프로젝트에 투입하며, 발행기업이 운영 및 관리체계, 공시와 관련하여 탁월(Excellent)한 접근법을 채택하고 있음
E Level 2	ESG채권의 대부분의 자금을 적격 프로젝트에 투입하며, 발행기업이 운영 및 관리체계, 공시와 관련하여 매우 우수(Very Good)한 접근법을 채택하고 있음
E Level 3	ESG채권의 50% 이상을 적격 프로젝트에 투입하며, 발행기업이 운영 및 관리체계, 공시와 관련하여 우수(Good)한 접근법을 채택하고 있음
E Level 4	ESG채권의 50% 미만을 적격 프로젝트에 투입하며, 발행기업이 운영 및 관리체계, 공시와 관련하여 적정(Fair)한 접근법을 채택하고 있음
E Level 5	ESG채권의 매우 적은 금액을 적격 프로젝트에 투입하며, 발행기업이 운영 및 관리체계, 공시와 관련하여 취약(Poor)한 접근법을 채택하고 있음

다음으로 2단계에서는 ESG채권 발행(예정)기업이 발행한 채권으로 조달된 자금의 운영 및 관리 체계와 정보의 투명성 등을 고려하여 1단계에서 부여한 등급 이외의 별도 등급을 부여한다. 이어서 마지막 3단계에서는 1단계와 2단계 결과를 종합적으로 고려하여 대상 ESG채권의 최종등급을 결정하게 된다.

이후 ESG채권을 발행하면 사후보고 및 공시가 이루어져야 한다. ESG채권 발행기업은 채권으로 조달한 자금의 사용처 및 사용내역에 대한 유용한 정보를 이해관계자들에게 제공해야 한다. 만약 ESG채권을 통해 조달한 자금이 프로젝트 계획대로 사용되지 않거나 변경되었을 때 이를 공시하지 않는다면 페널티를 받을 수 있다.

이를 예방하기 위해 ESG채권 평가사는 사후 평가를 실시하게 된다. 사후 평가에서는 ESG채권 발행기업이 조달자금이 당초 계획에 따라 적격하게 투입되고 활용되었는지 평가하고, 나아가 해당 내용을 적시에 적절하게 공시하고 있는지 등에 대해 확인한다.

이러한 ESG채권 평가 프로세스는 ESG 대출, ESG 펀드 및 이에 상응하는 ESG 금융상품을 평가하는 데도 활용된다. 일부 차이가 있으나 ESG채권, 대출, 펀드, 금융상품 등의 평가방법론은 대체로 유사하다.

ESG,

한 권에 담다

Environmental | Social | Governance

5

ESG 평가

5
ESG 평가

ESG 경영을 이행하고 관련 규제를 준수하며 이에 입각해 정보를 공시하는 일은 이제 필수로 자리 잡은 것으로 보인다. 그렇다면 어떤 기업이 ESG 경영을 '잘'했다고 할 수 있을까? 이에 대한 판단기준은 무엇일까?

기업이 이해관계자들로부터 자사의 ESG 성과를 평가 받는 주요 경로는 ESG 평가와 정보 공시 두 가지이다. 실제로 이 둘은 국내 대기업들이 활용하는 단위부서별 핵심평가지표의 상당 부분을 차지하고 있다. ESG 평가는 일반적으로 기업의 공시 내용을 기반으로 이루어진다. 따라서 ESG 평가의 동향과 특성, 특히 ESG 평가의 기준을 알면 어떤 기업이 ESG 경영이란 측면에서 우수한 기업 또는 위험이 높은 기업으로 인식되는지 판단할 수 있는 실마리를 찾을 수 있다. 이 장에서는 국내외 ESG 평가의 주요 특징과 내용을 살펴본 뒤 환경(E), 사회(S), 지배구조(G) 각 영역에서 요구하는 평가 기준을 살펴보고자 한다.

1. ESG 평가의 기능 및 주체

자본시장 내에는 ESG 평가와 관련된 여러 주체가 있다. 우선 피평가 대상인 기업과 평가주체인 ESG 평가기관이 있다. 평가기관에서 생성한 ESG 평가 등급은 자본시장에 공급되어 투자상품 구성의 근거로 활용된다. 이 외에 ESG 평가 기준 수립에 직·간접적으로 영향을 주는 ESG 공시기준 제정 기구와 ESG 관련 법안을 제정하는 규제·감독 당국도 존재한다.

자본시장에서 ESG 우수 기업에 투자금이 이뤄지는 방식은 해당 기업에 대한 직접 투자와 ESG 우수 기업을 중심으로 구성한 포트폴리오 및 인덱스에 투자하는 간접 투자로 구분된다. 이때 투자자산을 보유한 자산 보유자와 이들이 위탁한 자산을 운용하는 자산 매니저가 투자 주체로서 두 가지 방식 중 하나를 선택한다. 최근 ESG 평가의 중요성이 확대되고 있는 근본적인 이유가 여기에 있다. 자본시장에서 ESG 기반 투자 규모가 확대됨에 따라 ESG 평가 등급에 따라 투자기회에 노출되는 수준이 달라지거나 신용등급이 조정되는 등 자본조달에 미치는 영향이 크게 증가했기 때문이다.

ESG 평가 생태계

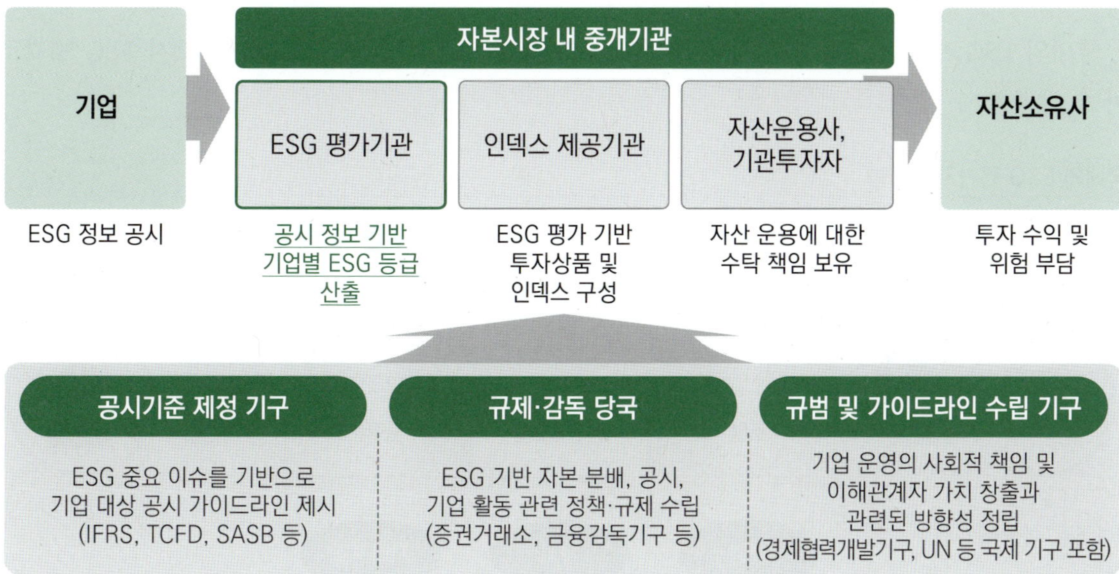

ESG 평가기관 역시 제공하는 결과의 유형과 평가 결과가 시장에서 활용되는 목적에 따라 유형을 구분할 수 있다. 국제증권감독기구가 2021년 11월에 발간한 'ESG 평가와 데이터 제공 기관' 보고서에 따르면 ESG 평가기관은 제공하는 결과의 유형에 따라 아래와 같이 분류된다.

ESG 평가기관의 유형

유형	내용
ESG 데이터 제공 기관 (ESG Data Product Providers)	환경(E), 사회(S), 지배구조(G) 영역 내 세부 항목 또는 전체에 대한 데이터를 수집 및 가공하여 평가기관이나 자본시장에 공급하는 주체
ESG 평가기관 (ESG Rating Providers)	자체 수집하거나 외부로부터 제공받은 ESG 데이터를 기반으로 피평가 기업에 대한 ESG 수준을 구분하여 평가 의견을 제시하고, ESG 등급이나 순위 등을 부여하는 주체

출처: 국제증권감독기구(2021), 저자 재구성

ESG 관련 규제가 강화되고 공시기준이나 투자자 요구 수준이 점차 상향됨에 따라 ESG 평가 기법과 ESG 평가를 위해 필요한 데이터도 계속 고도화되고 있다. 특히 기후변화 시나리오에 따른 기업 영향 예측, 공급망 범위의 ESG 위험 측정 등에 요구되는 데이터의 양적 방대함과 질적 정교함은 많은 사람들의 예상을 뛰어넘는 속도로 급격히 발전하고 있다.

한편 ESG 평가는 평가 결과의 활용 목적에 따라 자본시장 ESG 평가와 고객사 ESG 평가로 나눌 수 있다.[54]

54 공식적인 분류가 아니며 ESG 평가 유형을 설명하기 위한 본서의 구분이다.

2. 국내외 ESG 평가기관 동향

국내외 ESG 평가기관 동향은 아래 그림과 같이 크게 자본시장 ESG 평가와 고객사 ESG 평가로 나눠 살펴볼 수 있다.

국내외 ESG 평가기관 동향

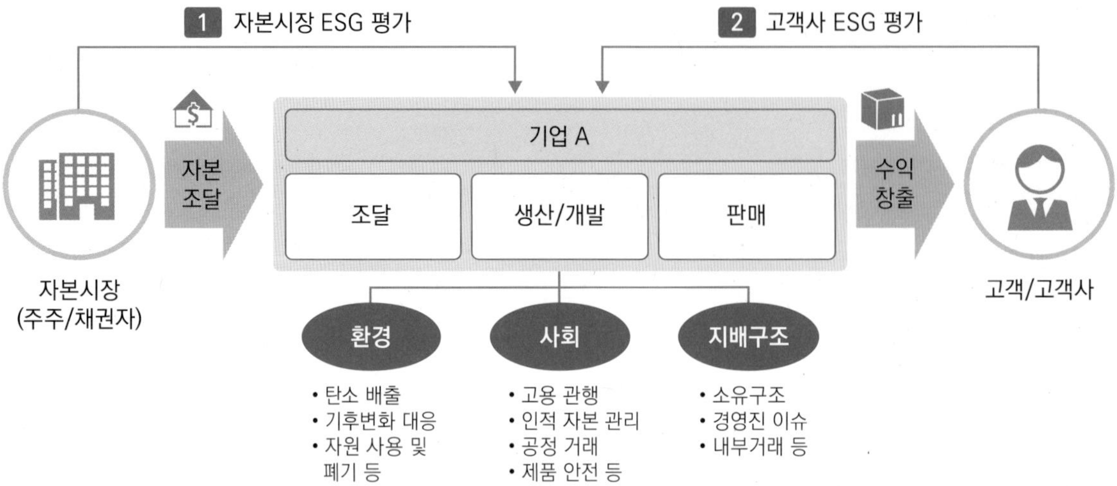

출처: KPMG Analysis

1) 자본시장 ESG 평가

자본시장 ESG 평가는 평가 등급이 피평가 기업의 주식/부채 발행 등 자본 조달 측면에 영향을 주는 평가이다. 자본시장에 평가 결과를 제공하는 ESG 평가기관이나 직접 투자/여신 대상의 ESG 수준을 평가하는 투자자와 금융기관이 자본시장 ESG 평가의 주체가 될 수 있다. 최근 일부 투자자와 금융기관이 자체적으로 ESG 평가 역량을 내재화하고 있으나, 아직까지는 투자자들은 대부분 ESG 평가기관의 서비스와 데이터를 활용하고 있다. 국내외의 대표적인 ESG 평가기관들은 다음과 같다.[55]

해외 주요 자본시장 ESG 평가

평가명	개요	평가 대상 기업
MSCI ESG Rating	MSCI(Morgan Stanley Capital Investment) 산하 MSCI ESG Research LLC에서 수행하는 ESG 평가. 기업의 재무성과에 영향을 미치는 35개 ESG 주요 이슈 및 쟁점사안을 기반으로 기업의 ESG 위험 및 기회의 노출 수준과 관리 역량 평가	글로벌 약 14,000개 기업

55 2022년 5월 각 평가기관 홈페이지 공시기준

평가명	개요	평가 대상 기업
서스테이널리틱스 ESG Risk Rating	미국 금융서비스 제공 기업인 모닝스타 소속 서스테이널리틱스에서 실시하는 ESG 위험 평가. ESG 위험 노출 수준과 관리 역량을 기반으로 기업별 위험 등급 제시	글로벌 약 13,000개 기업
ISS ESG	세계 최대 의결권 자문사인 ISS(Institutional Shareholder Services) 에서 제시하는 ESG 평가 등급. 기업 ESG 평가 등급 및 순위, 주요 쟁점 사안, ESG 펀드 등급 등을 제시	글로벌 약 11,800개 이상 기업
블룸버그 ESG Score	글로벌 금융 데이터 제공기업 블룸버그의 ESG 평가. 방대한 ESG 데이터를 기반으로 ESG 공시, 이사회 구성, 기후변화 대응, 성평등 지표 점수 등을 제시	70개국 약 9,000개 이상 기업
SAM CSA	미국 S&P 다우존스 지수와 S&P 글로벌이 인수한 ESG 평가 전문 기업 RobecoSAM에서 공동 시행하는 ESG 평가. 지속가능성 중심의 기업 재무성과 측정	글로벌 약 10,000개 이상 기업
Glass Lewis ESG	세계 2위 의결권 자문사인 Glass Lewis가 2022년부터 착수한 ESG 평가. 투자자 대상 기업의 ESG 투명성 점수, ESG 목표 및 달성도 점수, 기후 위험 완화 점수 등을 제공	글로벌 약 1,900개 이상 기업

국내 주요 자본시장 ESG 평가

평가명	개요	평가 대상 기업
KCGS ESG 평가	한국거래소 산하 ESG 정책 연구 및 평가 전문 기관인 한국ESG기준원에서 매년 실시하는 ESG 평가. 국내 상장사와 주요 금융사의 ESG 수준 평가 및 등급 공표	국내 약 900개 상장사, 비상장 주요 금융기관
서스틴베스트 (Sustinvest) ESG 평가	국내 민간 의결권자문사인 서스틴베스트가 자체 평가 모델인 ESG Value™를 기반으로 매년 실시하는 ESG 평가	국내 시가총액 상위 기업 약 800개 및 투자사 요청 기업

출처: Media Research, KPMG Analysis

2022년 6월 유럽증권시장감독청은 ESG 평가기관에 대한 규제 방향성에 관해 유럽 내 47개 주요 금융기관 및 자본시장참여기관의 의견을 수렴한 결과를 발표했다. 조사 결과에 따르면 유럽 내 주요 자본시장 참여자의 80%는 투자의사결정에 ESG 평가 결과를 활용하며, ESG 평가 결과를 활용하는 기관의 77%는 1개 이상 평가기관의 결과를 활용한다고 응답했다. 활용 빈도가 높은 평가기관은 MSCI, 서스테이널리틱스, ISS순이었으며 S&P, 무디스, Refinitiv가 그 뒤를 이었다.

평가기관별 활용 빈도

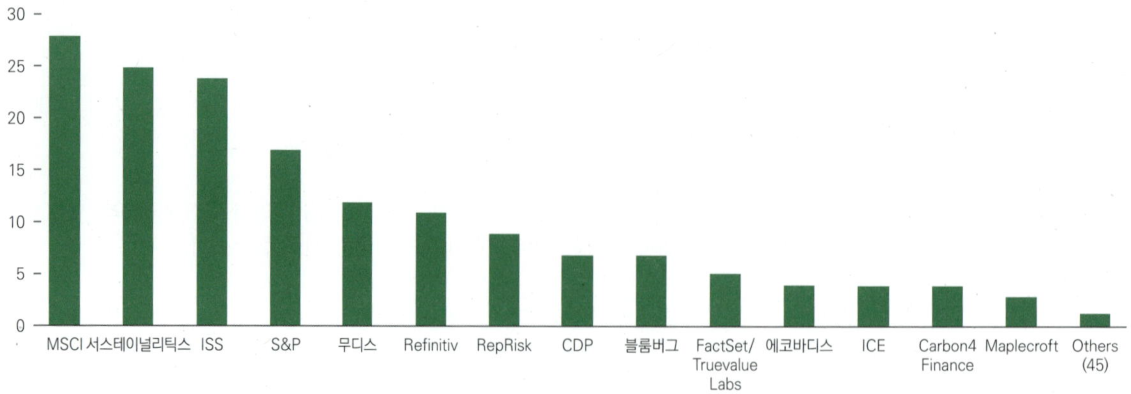

출처: 유럽증권시장감독청(2022)

2) 고객사 ESG 평가

ESG 평가에는 기업의 ESG 기반 기업 가치 위험과 기회 수준을 측정하기 위해 실시하는 자본시장 ESG 평가 외에 원자재나 부품을 납품 받는 고객사가 공급망의 ESG 관리 현황을 확인하기 위해 실시하는 평가도 존재한다. 이를 고객사 ESG 평가라 할 수 있다. 완제품 제조 기업은 생산에 필요한 수많은 부품이나 장비를 공급받는 과정에서 여러 협력사들과 거래하게 되는데, 이 협력사들이 원료 조달 제조/생산 과정에서 부정적인 환경/사회 이슈 없이 경영하는지 점검하는 것이다. 이 평가를 통해 협력사의 고객사는 자사의 통제범위를 넘어 제품 생산과정에서 열악한 노동환경, 불공정거래, 환경파괴, 분쟁광물 사용 등의 ESG 위험이 공급망 전반에 걸쳐 발생하지 않도록 관리할 수 있다. 따라서 보통 이러한 개념을 공급망 ESG 위험관리로 별도 구분하기도 한다.

이처럼 고객사 ESG 평가는 공급망의 ESG 위험관리를 목적으로 한다. 2022년 2월 유럽연합이 지속가능성 실사 지침을 의무화함에 따라 해외기업도 유럽연합 내에서 1억 5천만 유로 이상의 매출을 발생시키면 가치사슬의 ESG 실사를 2024년부터 의무적으로 이행해야 한다. 이와 같이 전 세계적으로 가치사슬 범위의 ESG 위험관리가 빠르게 보편화되고 있는 추세이다. 특히 제조업에 속해 있는 회사라면 식품, 의약품, 전자제품 등 최종재화의 성격을 막론하고 고객사 ESG 평가를 예의주시해야 할 것이다.

[Case] 공급망 ESG 이슈 발생 사례

2010년 애플의 협력회사인 대만 폭스콘에서는 20명 이상의 노동자가 열악한 근로환경을 이유로 잇따라 집단 자살을 시도, 12인이 사망하는 사건이 발생했다. 당시 홍콩 언론에 따르면 폭스콘 직원들은 최저임금 수준의 대우, 주당 100시간에 이르는 과중한 근무, 30분밖에 안 되는 점심시간, 한 달에 단 이틀 주어지는 휴일 등 비인간적인 처우를 호소했다. 이에 따라 폭스콘의 주 고객사인 HP, 애플, 델 등은 즉각적으로 폭스콘의 근로환경 조사에 나섰으나, 홍콩과 미국 일부에서 애플 제품에 대한 불매운동이 벌어지고 아이패드의 제품 생산이 늦어지는 등의 영업 차질이 불가피했다. 이는 협력사의 ESG 위험이 기업 이미지와 비즈니스에 타격을 주고, 기업에게 공급망 ESG 관리 책임의 확대 필요성을 인식시킨 사례이다.

출처: 뉴욕타임스(2012)

고객사 ESG 평가는 자본시장 ESG 평가와 달리 피평가 기업의 ESG 위험 및 기회에 따른 기업가치 증감영향을 고려하지 않는다. 다만 환경, 노동·인권, 기업 윤리 등의 영역에서 기업이 지켜야 할 최소 요건 준수 여부를 중심으로 ESG 위험이 발생할 가능성을 점검한다.

해외 주요 고객사 ESG 평가기관

평가기관명	개요
RBA (책임 있는 비즈니스 연합, Responsible Business Alliance)	전기/전자 업종 공급망 지속가능성 관리를 위한 이니셔티브인 전자전기시민연대(EICC)에서 출발한 공급망 ESG 평가 및 감사 이니셔티브. RBA 회원사 및 협력사는 노동, 윤리, 건강 및 안전, 환경, 경영시스템 5개 부문 43개 규정으로 구성된 행동규범의 지지를 선언하고 이를 적극 준수하여야 함. 평가 형태는 자가설문평가와 현장감사(Validated Assessment Program, VAP)로 구성
에코바디스 (EcoVadis)	유럽 기반의 글로벌 지속가능경영 평가 기구 및 플랫폼으로 평가 요소는 환경, 노동, 공정거래, 공급망 관리 4개 영역으로 구성됨. 회원사가 자사의 협력사 평가를 요청하면 협력사는 에코바디스 플랫폼을 통해 자사의 평가 결과를 제출하게 됨
Know the Chain	글로벌 기업의 공급망 및 인권/노동 관리 수준을 평가하는 기관. 국제기업인권단체인 기업과 인권 자원센터(Business Human Right Resource Center, BHRRC), ESG 평가기관인 Sustainalytics 등 4개 기관이 공동 주관하여 공급망/구매 정책, 모니터링, 실제 개선활동을 평가
PSCI (Pharmaceutical Supply Chain Initiative)	글로벌 제약산업의 공급망 지속가능성을 평가/관리하기 위한 이니셔티브. 가입 기업은 산업 내 공급망 ESG 위험 표준 가이드라인을 따르며, 협력사 ESG 감사 결과 공유 플랫폼을 통해 협력사 ESG 실사에 소요되는 자원을 경감할 수 있음.

고객사 ESG 평가는 하나의 협력사가 여러 고객사들로부터 ESG 평가 요청을 중복하여 받을 수 있으므로, 플랫폼을 구축하여 각 고객사들이 평가 데이터 및 결과를 상호 공유하는 경우가 많다. 이처럼 플랫폼 기반 서비스를 이용하면 고객사는 협력사 ESG 평가 및 실사의 부담을 줄일 수 있고, 협력사는 여러 고객사들로부터 중복하여 평가를 받아야 하는 번거로움을 피할 수 있다. 또한 평가

결과가 우수한 협력사는 자사의 ESG 경영관리 역량을 인증 받는 효과도 얻을 수 있다. 고객사 ESG 평가의 영역만 놓고 보면 내용과 범위가 포괄적일 수 있다. 그러나 개별 항목을 살펴보면 자본시장 ESG 평가처럼 중장기 ESG 목표나 전략을 수립하거나, 동종사 대비 성과창출을 요하는 수준은 아니므로 중견·중소기업을 관리하는 데 무리가 없을 것으로 보인다.

3. ESG 평가 대응을 위한 영역별 가이드

ESG 평가기관에 따라 평가방법론이나 기준은 조금씩 다르다. 그럼에도 불구하고 평가기관들이 ESG 요소별로 기업에게 요구하는 지향점은 같은 선상에 있다. 예컨대 환경 영역에서 탄소배출량 절감 목표를 수립하여 관리하고 이를 이해관계자에게 투명하게 소통하는 일, 사회 영역에서 기업의 구성원은 물론 고객이나 협력사 등 이해관계자의 인권이 침해되지 않도록 할 것을 명시적으로 선언하는 일 등이 그렇다. 따라서 ESG 평가 기준에 반영된 글로벌 가이드라인, ESG 관련 규제 트렌드, 자본시장의 요구 사항 등을 파악하면 환경, 사회, 지배구조 각각의 영역에서 기업이 지향해야 하는 기준을 가늠할 수 있다.

지금부터 ESG 평가기관에서 요구하는 각 영역별 기대사항을 살펴보고자 한다. MSCI ESG Ratings, 서스테이널리틱스, S&P 글로벌의 SAM CSA, 한국ESG기준원 ESG 평가, CDP, CA100+에서 평가하는 사항들을 취합하여 분석하였다. 평가기관별 상세 요구 수준과 평가 로직은 대외적으로 공개하기 어려운 경우가 많음을 미리 밝혀 둔다.

ESG 평가기관별 평가 방법 공개 현황

ESG 평가기관	핵심 ESG 이슈/주제 공개 여부	지표 공개 여부	가중치 공개 여부	점수 산출 방법론 공개 여부
서스테이널리틱스				✓
CDP	✓	✓	✓	✓
ISS ESG	✓			
ISS Quality Score	✓	✓		✓
블룸버그				
SAM	✓	✓	✓	
MSCI	✓			✓
Vigeo Eiris	✓			✓
FTSE Russell	✓			
Refinitiv	✓		✓	✓

출처: 유럽연합(2021), 이영한 등(2022) 재인용

위 그림에서 확인할 수 있는 것처럼 ESG 핵심 이슈 및 요소를 공개하는 기관은 상대적으로 많지만 평가 등급을 계산하는 데에 기초가 되는 지표(Indicator)나 각 요소들의 비중(Weightings)을 공개하는 기관은 매우 적다. 등급 평가 방법을 공개하는 기관 역시 많지 않음을 확인할 수 있다.

본서에서는 다양한 평가기관의 요구수준을 일반화하여 설명하고자 한다.

일반적으로 ESG 영역별 세부 관리 항목은 아래와 같이 분류할 수 있다.

ESG 영역별 세부 관리 항목

구분	관리 항목
환경(E)	환경경영 체계
	기후변화 위험·기회 관리
	운영상의 환경영향 및 환경 효율성
	비즈니스 기회
사회(S)	기본권 존중
	산업 안전·보건
	인적 자본 개발
	가치사슬 관리
	정보보호·사이버 보안
	제품 안전 및 고객관계 관리
	지역사회 참여 및 개발
	비즈니스 기회
지배구조(G)	주주가치 제고
	이사회 구성
	이사회 운영
	경영진 보상체계
	투명 공시
	기업 윤리

이어서 각 영역의 주요 내용과 함께 해당 영역에서 기업이 관리해야 하는 중점 지표들을 짚어보고자 한다.

1) 환경

(1) 환경경영체계

기후위기 심화에 따라 세계경제는 2050년 탄소중립 목표 달성을 위한 권역별, 지역별 규제를 수립하고 저탄소경제로의 이행을 가속화하고 있다. 이에 따라 기업이 비즈니스 운영상의 환경 부하를 최소화해야 한다는 이해관계자 요구가 강화되고 있으므로 기업은 내부적으로 환경경영을 추진할 수 있는 관리체계를 확보해야 한다.

'환경경영'은 온실가스 배출량 감축, 자원 사용량 절감, 폐기물 배출의 환경영향 최소화 등 기후변화 대응을 위해 환경 영역에서 기업이 관리할 수 있는 모든 영역을 관리하는 것을 뜻한다. 또한 '환경경영체계'는 기업이 환경경영을 추진하기 위해 갖춰야 하는 조직, 내부 보고 체계, 성과관리 방식, 교육 프로그램, 환경 관련 데이터 관리 체계 등을 총칭한다. 기업의 환경경영체계는 크게 다음과 같은 네 가지 항목으로 구성될 수 있다.

① 환경경영 정책

ESG 평가기관 및 투자자는 환경뿐만 아니라 전반적인 ESG 영역에서 기업의 수준을 평가할 때 보편적으로 기업이 해당 영역의 '정책'을 보유하고 있는지 확인한다. 정책은 기업이 가고자 하는 방향성과 지향점에 대한 명문화된 증거이기 때문이다. 평가기관은 환경 영역에서도 기업이 지향하는 환경경영 방향성이 문서화된 정책으로 외부에 공개되어 있는지 평가한다. 이 정책에는 환경경영 내에 포함되는 개념, 해당 정책이 적용되는 사업장의 범위 등이 명시되어야 한다. 특히 오늘날 기업의 환경경영 관리 범위는 자사의 사무/생산시설 운영에서 발생하는 영향을 넘어 공급망 등 가치사슬 범위로 확장되고 있으므로 정책 내에 명시되는 환경경영의 범위도 포괄적일수록 좋다. 다만 이렇게 포괄되는 범위에 속하는 사업장이 실제로 해당 정책에 구속되어야 하므로, 기업은 통제 가능한 가장 광범위한 영역에 대해 환경경영 정책을 수립하고 해당 사업장에 이를 이행할 것을 요구하여야 한다.

② 추진 조직 및 보고 체계

기업이 환경경영에 어느 정도의 자원을 투입하고 있는지 확인한 결과는 해당 기업이 환경경영을 추진하는 진정성을 평가하는 척도 중 하나로 활용할 수 있다. 이에 따라 평가기관들은 기업의 환경경영 추진을 위한 전담 부서 설치 여부, 전사적 관점의 보고 체계, 특히 이사회 및 최고경영진 차원의 환경경영 의사결정 체계를 보유하고 있는지 중점적으로 평가한다. 주식회사에서는 주주가 경영진에게 투자기업의 환경경영 관련 위험에 대한 책임을 묻는 일들이 종종 발생하기도 하는데, 이때 주주가 임면에 대한 의결권을 행사할 수 있는 대상에 최고경영진 또는 이사회 수준의 환경경영 최고책임자가 설정되어 있는지도 중요한 포인트 중 하나가 된다.

③ 전략, 목표 및 성과관리 체계

환경 부하를 최소화하기 위해 기업이 중장기 목표와 전략을 수립하고 이를 구성원이나 임원의 성과평가에 반영하고 있는지도 주요 평가 대상이 된다. 최근 투자자와 평가기관은 중장기 탄소배출량 절감 목표 달성 여부나 감축량 등이 최고경영진의 핵심성과지표와 연계된 경우를 이상적인 환경경영 성과관리체계로 판단하고 있다.

④ 환경성과 개선을 위한 활동 추진 현황

한국ESG기준원 등 일부 평가기관에서는 기업이 환경경영 성과 창출을 위해 PDCA(Plan-Do-Check-Act) 관점의 경영활동을 이행하는지도 평가 사항에 포함시키고 있다. 기업이 환경경영 기업문화 조성, 교육 실시, 임직원 참여 유도 등을 통해 안정적인 환경경영 내재화를 달성하는지가 이에 해당한다.

⑤ 환경경영에 대한 대외 인증 획득

일부 기업은 자사가 환경경영체계를 갖추었다는 사실을 제3자 기관으로부터 인증 받기도 하는데, 이와 같은 인증의 대표적인 실례로 국제표준화기구의 ISO 14001이 있다. 이를 환경경영시스템(Environmental Management System, EMS)에 대한 인증이라 한다. ISO 14001 인증을 획득한 기업은 환경경영시스템 요소로서 앞서 제시된 환경 정책 및 조직, 관련 자원과 업무 프로세스를 모두 갖춘 것으로 볼 수 있다.

(2) 기후변화 위험·기회 관리

기후위기는 정책·규제, 시장 심리, 소비자 행동 전반에 영향을 미치며 기업의 생산시설 및 고정자산에도 즉각적인 손상을 입힐 수 있다. 따라서 기업은 단기, 중기 및 장기 관점에서 기후변화와 이로 인한 경제구조 변화가 자사의 영업수익이나 매출원가, 자본조달 비용, 자산가액 등 기업의 재무성과에 미치는 영향을 관리하여야 한다. 최근 자본시장에서는 TCFD 등 이에 대한 공시를 의무화하는 움직임이 확산되고 있다.

① 중장기 기후변화 대응 목표 수준

기업의 기후변화 목표 수립 및 달성 현황에 대한 평가는 두 가지 측면에서 중요하다. 하나는 산업계의 탄소배출량을 절대적으로 감축하여 기후위기를 늦춰야 한다는 당위성 측면이고, 다른 하나는 저탄소경제로 이행하는 과정에서 피평가 기업이 변화하는 기술 수준, 소비자 행동, 규제 환경 등에 도태되지 않을 수 있는지를 파악하기 위함이다. 기후 위기 심화에 따라 세계경제는 계속해서 저탄소경제로의 이행을 가속화할 것이므로, 탄소배출량이 많은 기업일수록 파리협정에서 제시된 글로벌 기후변화 대응 목표 수준에 부합하는 온실가스 배출 감축 목표를 수립하여 관리하는 것이 매우 중요하다. 국가 온실가스 감축목표 수준은 물론, 글로벌 지향 수준인 2050년 1.5℃ 기온상승에 부합하는 수준의 탄소감축 목표를 수립하지 않은 기업은 향후 강화되는 탄소관련 규제로 추가적인 재무부담을 짊어질 수밖에 없기 때문이다.

② 기후변화로 인한 위험/기회 수준

ESG 평가기관은 기후변화로 인해 기업이 직면하는 재무적 위험과 기회 수준을 평가한다. 이에 대응하기 위해 기업은 관련 위험을 완화하고 기회를 확대하고자 하는 노력을 공시하는 것이 바람직하다.

③ 기후 관련 공시 적극성

최근 미국 증권거래위원회와 ISSB 등은 기업에게 스코프 3 범위를 포함하는 온실가스 배출량 관리 및 공시를 의무화하는 추세이다. 이에 대응하기 위해 기업은 자사 운영, 생산 범위뿐만 아니라 공급망, 제품 운송, 투자회사 온실가스 배출량 등 가치사슬 전반에 걸쳐 배출책임을 확대하는 인식을 정립하여야 한다.

(3) 운영상의 환경 영향 및 환경 효율성

기업은 필연적으로 비즈니스를 위한 제품/서비스 생산과 운송, 판매 전반의 과정에 걸쳐 환경부하를 야기한다. 이러한 환경영향을 최소화하기 위해 기업은 제조/생산과정에서 투입되는 자원의 양을 감축하고 폐기 시의 환경영향을 관리하며 재활용을 확대하는 등 환경효율성 개선정책을 이행하여야 한다.

① 용수 사용량 및 폐기물 발생 경감을 위한 노력

기업은 비즈니스 운영과정에서 발생하는 자원 사용을 최소화할 수 있도록 내부 공정이나 생산 프로세스 등을 개선하여야 한다. 이를 통해 환경 부하를 줄일 뿐만 아니라 경제적 측면의 효율성도 제고할 수 있다. 글로벌 평가기관의 경우 특히 용수 사용량이 많은 업종이 수자원을 조달함에 있어 해당 사업장이 수자원을 지속가능하게 조달할 수 있는 영역인지, 기후변화에 따르는 수자원 조달 측면의 위험이 존재하는 곳인지 평가한다. 기후위기에 따른 가뭄이나 수자원 위험이 발생하면 곧바로 생산 차질이 빚어질 수 있기 때문이다. 따라서 기업은 자사 사업장이 필요 자원을 조달하기에 적합한 입지나 여건을 갖추었는지 지속적으로 모니터링하여야 한다.

② 수질·대기오염물질 배출 관리

기업의 제조 및 생산 과정에서는 화학적 산소요구량(COD), 생물학적 산소 요구량(BOD) 등 수질오염물질과 질소산화물, 황산화물, 미세먼지, 육불화유황가스(SF_6) 등 대기오염물질이 발생할 수 있다. 국내 기업의 경우 대기환경보전법, 물환경보전법 등에서 제시하는 오염물질 배출 허용기준을 충족하는 것은 물론, 법적 요구 기준보다 엄격한 내부 공정관리를 이행하여야 한다. 이러한 맥락에서 평가기관은 해당기업에게 환경법규 위반에 따른 제재나 벌과금 납부 사례가 있는지 평가한다.

③ 유해화학물질 및 폐기물 관리

제조 기업 중 생산 프로세스상에서 유해화학물질의 처리를 수반하는 기업은 화학물질등록평가법, 화학물질관리법, 화학제품안전법 등 화학물질 처리와 관련한 법률을 준수해야 한다. 뿐만 아니라 유럽연합 REACH(화학물질관리제도), RoHS(전기전자 제품 내 유해물질 사용 제한지침) 등의 규제에도 대응하여야 한다. 나아가 보다 완전한 화학물질 관리를 위해 유해화학물질을 정의하여 공정 내 입고, 사용, 처리되는 전 과정의 실시간 현황을 관리하기 위한 시스템을 구축하여야 한다. 화학물질은 취급상의 작업자 안전을 각별하게 요구한다. 따라서 기업은 물질안전보건자료(MSDS) 등을 업데이트하여 화학물질의 안전한 취급을 위해 임직원이 숙지해야 할 내용들을 관리하고, 발생 가능한 위험상황에 대응할 수 있는 비상상황 대응 체계를 마련하여야 한다. 글로벌 평가기관의 경우에는 여기서 한 발 더 나아가, 공정에서 사용되는 유해화학물질 자체를 줄이기 위한 대체 계획을 수립하여 실행하고 있는지를 평가하기도 한다.

(4) 비즈니스 기회

특정 기업들은 저탄소경제로 전환하는 과정에서 성장기회를 포착하기도 한다. 자본시장의 투자자들은 어떤 기업이 저탄소경제에서 새로운 모멘텀을 확보할 것인지에 대해 촉각을 곤두세우고 있다. 글로벌 규제당국은 유럽연합의 그린딜, 한국의 그린뉴딜 등을 앞세워 친환경 투자 육성정책을 본격화하고 있는데 이와 같은 움직임 가운데 친환경 비즈니스 기회를 확보한 기업의 성장은 향후 더욱 가속화될 전망이다.

① 친환경기술 기회

MSCI 등 일부 글로벌 ESG 평가기관은 기업의 친환경기술과 관련한 매출 비중, 관련 연구개발비 규모, 특허 건수를 기준으로 미래 저탄소경제에서의 잠재성장성을 측정한다. 최근 유럽연합과 한국에서 각각 발표한 녹색분류체계가 친환경 기술에 대한 범위를 제시하고 있으므로, 기업은 해당 분류체계와 연계하여 자사 매출이나 자본적 지출, 수익적 지출에서 친환경기술이 차지하는 비중을 확인할 수 있을 것이다. 친환경기술 측면의 분류체계 연계도가 높은 기업들은 이에 대해 자발적으로 공시함으로써 ESG 평가에 선제 대응할 수도 있다. 유럽연합 내 기업들은 2023년부터 분류체계에 따른 기업 현황 공시가 의무화된다. 국내 기업 역시 향후 녹색분류체계에서 정의한 친환경기술과 자사 매출, 자본적 지출, 수익적 지출, 자산 비중 등을 관리하기 위해 발 빠르게 준비해야 한다.

2) 사회

(1) 기본권 존중

기업은 비즈니스를 영위함에 있어 내부 구성원, 협력사, 인근 지역사회 주민, 고객 등 다양한 이해관계자의 기본권을 존중하여야 한다. 기본권 존중은 기업의 사회적 책임 이행과 관련된 핵심적인 요소로 국제기구와 각국 정부는 이미 오래 전부터 이와 연관된 규범을 마련해 왔다. 대표적인 예로 유럽연합 산하기관인 국제노동기구가 제시하는 핵심협약이 있다. 국제노동기구는 '양질의 일자리(Decent work)'에 대해 다음과 같이 정의한다.

> 정당한 임금을 지급하고, 고용의 안정과 안전한 노동환경을 보장하며, 공정한 기회가 보장되고, 노동자와 그들의 가족에게 사회적 안전망을 제공하며, 노동자들이 본인의 의사를 자유롭게 표현할 수 있는 노동

① 글로벌 가이드라인에 따른 인권 정책 수립 및 공개

먼저 기업은 인권 존중에 대한 의지를 천명한 인권 정책을 수립하여 공개하여야 한다. ESG 평가기관들은 보편적으로 기업이 최고경영진 주도로 국제노동기구 핵심협약, 유엔 기업과 인권 이행지침에 대한 준수 약속을 포함하는 인권 정책을 선언하는지 평가한다.

② 인권영향평가 실시

일부 국내외 평가기관들은 발생 가능한 인권 관련 위험에 대한 기업의 관리역량을 확인하기 위해 인권영향평가 실시 여부를 평가한다. 인권영향평가란 기업 운영과정에서 발생할 수 있는 잠재 인권 위험을 식별하고 구성원, 협력사, 지역사회 주민 등 연관된 이해관계자에게 위험 발생 여부를 확인하여 인권경영 수준을 진단하는 절차를 의미한다. 기업은 인권경영을 위해 주기적으로 인권영향평가를 실시하고 위험관리 취약점을 지속해서 발굴 및 개선하며 이러한 노력을 대외에 소통하여야 한다.

③ 결사의 자유 보장, 단체협약에 가입한 임직원 비율 공개

ESG 평가기관들이 중요하게 보는 기본권 영역 중 하나는 노동권과 단체협약에 대한 권리 존중이다. 일반적으로 단체행동을 수반하게 되는 노동쟁의가 발생하면 생산차질로 직접 연계될 우려가 크기 때문이다. 기업은 임직원의 단체협약 참여에 대한 자유를 존중하고, 참여 비율을 대외에 투명하게 공개하며, 노사 간의 신뢰를 증진할 수 있는 다양한 활동을 이행하여야 한다.

(2) 산업 안전·보건

작업장에서 발생하는 여러 재해는 기업이 관리하여야 할 핵심 위험 중 하나이다. 최근 위험작업에 대한 원청사의 관리책임이 확대되고 중대재해 발생 시 최고책임자에 대한 처벌이 강화됨에 따라 자사 및 협력사의 안전·보건 위험관리 수준 고도화가 필수로 여겨지고 있다.

① 재해율 관리

ESG 평가기관이 산업 안전·보건 영역에서 가장 중요시하는 내용은 피평가 기업의 재해율의 현황 및 증감 추이이다. 산업 평균 대비 재해율이 높거나 증가추세에 있는 기업은 안전관리에 취약하여 향후 지속적인 위험 발생 가능성이 있는 것으로 판단한다. 따라서 기업은 단기, 중·장기 관점에서 재해율 추이를 파악하고 이를 저감하기 위한 목표를 수립하여 엄격하게 관리하여야 한다.

② 산업 안전·보건 관리체계

보편적으로 ESG 평가기관은 위험이 외부에 드러난 결과지표인 재해율과 함께 이를 관리하기 위한 과정으로서의 관리체계 수준도 평가한다. 환경경영시스템과 마찬가지로 안전·보건 영역에서도 안전보건경영시스템(KOSHA-MS), ISO 45001 등 기업의 경영시스템에 대한 외부 인증이 존재한다. 이러한 인증시스템을 전 사업장에 걸쳐 획득하고 주기적으로 갱신하는 기업은 평가기관으로부터 완결적인 안전보건 관리체계를 갖춘 것으로 인정받을 수 있다. 이상적인 안전·보건 관리체계는 수직적 측면에서는 최고경영진이 주도하며, 수평적 측면에서는 전사적 차원을 넘어 자회사 및 협력사까지 관리할 수 있도록 확장된 형태를 띤다.

(3) 인적 자원 개발

인적 자원은 기업의 핵심 무형자산이다. 특히 고숙련 인력의 비중이 높은 IT/소프트웨어 산업, 반도체산업 등의 경우 우수 인재를 유치하고 육성하여 유지하는 인적자원관리가 해당 기업의 장기 가치창출능력을 좌우한다고 해도 과언이 아니다. 이에 글로벌 ESG 평가기관들은 특히 연구개발이나 전문 인력 수요가 높은 산업에 대해 인적 자원 개발 영역을 중요하게 평가한다.

① 우수 인재 채용 전략

기업은 채용 이전 단계부터 기업이 필요로 하는 인재의 인재상과 역량을 정의하고, 우수한 인재를 확보할 수 있는 풀을 확대하기 위해 노력하여야 한다. 이를 통해 기업은 우수 인재에게 경쟁사보다 빠르고 효율적으로 접근함으로써 채용 목표 수준을 달성할 수 있다.

② 임직원 보상 체계

시장 내 경쟁력 있는 보상체계의 제공은 우수 인재 유치 및 유지에 핵심 요건이므로 기업은 동종사 대비 자사 보상 체계의 수준을 점검하여야 한다. 평가기관은 기업이 우수 인재의 장기 근속을 유도할 수 있는 주식보상제도, 주식매수선택권 부여 등의 제도를 활용하는지 평가한다.

③ 임직원 육성체계 확립 및 공정한 성과평가

채용한 임직원들이 기업 내에서 최상의 기량을 발휘하며 기여도를 높이도록 하기 위해서는 임직원에 대한 우수한 교육·훈련제도가 필요하다. 일부 글로벌 ESG 평가기관들은 임직원 교육의 전문화를 위해 외부 교육기관과의 협업을 진행하는지 평가하기도 한다. 아울러 임직원 전반의 성과창출을 독려하고 우수인재의 이탈을 막기 위해 전체 임직원을 대상으로 공정하고 신중한 성과평가 체계를 갖추고 있는지 평가한다.

④ 임직원 이직률

ESG 평가기관 관점에서 인적 자원 개발 측면의 핵심적인 정량데이터는 단연 이직률 수치이다. 이직률 역시 재해율과 같은 맥락에서 동종사 대비 비교 수준이나 최근 증감 추이를 기반으로 해당 기업의 인사제도 경쟁력을 판단한다.

(4) 가치사슬 관리

가치사슬에서 ESG 위험이 발생하면 비즈니스는 물론 기업의 평판에도 위협을 줄 수 있다. 가치사슬은 관리 범위가 넓고 경우에 따라 영세기업들을 포함하기도 하므로 실질적인 관리가 어려울 수 있다. 그럼에도 불구하고 기업은 자사 가치사슬의 특성과 유형을 파악하고 ESG 위험이 발생 가능한 협력사를 중점적으로 관리하여 가치사슬 전반의 ESG 위험을 최소화하고자 노력하여야 한다.

① 가치사슬 행동규범

다른 영역과 마찬가지로 가치사슬 ESG 위험관리도 먼저 기업이 가치사슬 전반에 제시하는 행동규범을 문서화된 형태로 제정하여 외부에 공개하는지 평가한다. 기업은 협력사가 준수해야 할 ESG 관련 기본 사항과 기업의 방향성을 가이드라인 형태로 제시하여야 한다. 필요한 경우 협력사와 계약 체결 시 계약서의 부속서류 형태로 해당 가이드라인을 첨부할 수 있다.

② 가치사슬 ESG 위험 평가 및 실사

다음 단계에서는 계약을 체결한 협력사가 가치사슬 행동규범을 잘 이행하는지에 대한 정기 평가가 필요하다. 내부 역량이나 자원으로 가치사슬 전체의 ESG 위험 관리가 불가능한 기업의 경우,

거래 규모나 빈도가 높은 핵심(중점) 협력사를 중심으로 평가를 수행하거나 IT 시스템 기반으로 가치사슬 ESG 평가를 대행해주는 전문 업체를 활용할 수 있다. 최근 글로벌 ESG 평가기관들은 협력사 평가/실사 범위를 1차 협력사뿐만 아니라 2차, 3차 협력사 범위까지 확대하기도 한다.

③ 가치사슬 ESG 위험 점검 결과를 계약 여부에 반영

가치사슬 ESG 위험 진단 결과에 따라 위험이 높다고 판명된 협력사는 다음 계약 심사대상에서 배제하거나 위험 요인을 개선할 수 있도록 지원해야 한다. 국내 ESG 평가나 모범규준 가이드라인은 대기업과 중소기업 간 상생협력의 관점에서 ESG 추진 역량이 부족한 협력사에게 ESG 경영 측면의 역량 지원 활동을 이행할 것을 권고하기도 한다.

(5) 정보보호·사이버 보안

고객정보 유출, 기업의 중요 지적 재산에 대한 사이버 공격, 임직원/협력사/고객에 대한 프라이버시 침해 등 정보보호 관련 위험은 브랜드 평판이나 제품/서비스 신뢰도에 악영향을 미칠 수 있다. 또한 최근 유럽연합의 일반개인정보보호법(EU GDPR), 국내 개인정보보호법 및 정보통신망법 등 정보보호 규제 강화에 대응하기 위해 기업은 내부적인 관리체계 정비를 통해 역량을 확보해야 한다.

① 정보보호 정책 및 보고 체계

MSCI 등 글로벌 ESG 평가기관은 기업이 공개하고 있는 정보보호 정책의 범위가 자사뿐만 아니라 주요 자회사를 포괄하는지 평가한다. 또한 기업은 정보처리 지침과 관련하여 제3자 데이터 제공을 포함한 이용자 데이터의 수집, 활용, 공유, 보유에 대한 명확한 정책을 확립하고 있어야 한다. 아울러 정보보호 관련 최고책임기구가 임원/최고경영진, 나아가 이사회 내 위원회 수준으로 설정되어 있는지도 평가 받게 된다.

② 정보보호·사이버 보안 위험관리

정보보호 관련 위험관리 활동은 주로 시스템에 대한 정보보호 감사, 모의 해킹 등 비상상황 대응 활동, 개인정보 수집/제공 시 이에 대한 정보주체 및 데이터 수집 주체의 동의 획득 활동 등을 의미한다. 기업은 국내외 규제에 부합하는 수준으로 합법적이고 투명한 데이터 수집을 이행하여야 한다. 또한 ISO 27001, 정보보호관리체계(ISMS), 개인정보보호 관리체계(PIMS) 등 정보보호 인증을 획득함으로써 정보보호 체계의 완결성을 대외 소통할 수 있다.

③ 정보보호·사이버 보안 문화 조성

고객 정보나 회사의 주요 민감 데이터들은 기업 내에서도 오고 갈 수 있다. 따라서 기업은 임직원

또는 협력사를 대상으로 정보보호 교육을 실시하고 관련 서약을 주기적으로 획득하는 등 정보보호 인식을 강화하기 위한 활동을 지속하여야 한다.

(6) 제품 안전 및 고객관계 관리

기업에서 발생하는 ESG 위험의 대부분은 해당 기업의 비용을 증가시키는 형태의 재무 영향을 수반한다. 특히 제품 안전과 관련된 이슈들은 소비자의 구매의사결정에 영향을 미쳐 기업의 수익 감소로 이어지는 경향이 강하다. 또한 제품 안전과 관련된 평판이 훼손되면 이를 복구하는 데에도 비교적 긴 시간이 필요하기 때문에 소비자 안전 이슈가 민감한 업종일수록 제품 안전성과 품질 관리에 각별히 유의해야 한다. 글로벌 ESG 평가기관들은 특히 소비자 안전과 매출 간의 연계성이 높은 제약/바이오 산업, 식품 제조업 등의 산업에서 고객 안전 이슈를 중요하게 평가하고 있다.

① 임직원/협력사 품질 안전 관리체계

제조·생산시설을 갖춘 기업의 경우 자사와 협력사 임직원의 품질관련 교육 이수율이나 교육 빈도 등을 관리하여야 한다. 또한 식품안전관리인증기준(HACCP), ISO 9001 등 제조시설의 품질관리에 관한 외부 인증을 획득한 기업은 인증 사업장 현황, 인증 갱신 현황 등을 대외 공개하는 것이 바람직하다.

② 제품·서비스 안전성 평가

MSCI 등 글로벌 평가기관은 기업이 내부적으로 자사 제품의 품질 및 안전성을 평가할 수 있는 역량을 갖추고 있는지 평가한다. 한국ESG기준원 등 국내 평가기관들은 안전성 평가 여부 및 원칙의 대외 공개 여부를 평가하기도 한다. 제조품질관리기준(GMP), ISO 20000, 글로벌식품안전표준(FSSC22000) 등 각 산업별로 제품 안전성에 대한 다양한 인증이 존재하는 바, 기업은 제품안전 관련 인증 획득 및 관련 내용 공개를 통해 외부 평가에 대응할 수 있다. 또한 최근 MSCI, 서스테이널리틱스 등 글로벌 평가기관은 인터넷/미디어 기업이 이용자 보호를 위한 서비스 가이드라인을 마련한 뒤, 이에 따라 콘텐츠 유해성을 관리하는지 평가하므로 해당 업종 기업들은 이를 주의 깊게 관리하여야 한다.

③ 고객관계 관리

S&P 글로벌이 실시하는 SAM CSA 등 일부 해외 ESG 평가에서는 우수한 고객관계를 유지하고자 하는 기업의 노력을 평가하기도 한다. 이를 위해 기업은 고객만족도 조사 실시 결과 및 추이, 고객만족도 관련 내부 목표 등을 관리하여야 한다. 나아가 고객만족도 조사 결과 식별된 고객 니즈와 개선 요구 사항을 제품·서비스 설계 및 기획에 반영하여야 한다.

(7) 지역사회 참여 및 개발

기업은 비즈니스 거점지역 및 사업장 인근 지역사회와 우호적인 관계를 형성하여 대외 커뮤니케이션 비용을 줄이고 이해관계자의 신뢰를 확보하여 긍정적 평판을 형성할 수 있다. 또한 사회공헌 추진 시 지역사회 니즈를 반영하고 회사 업무 역량을 활용한 프로그램을 통해 수혜자 만족도와 프로그램 효과성을 동시에 높일 수 있다.

① 지역사회 관계

대규모 생산시설을 갖추어 인근 지역사회의 환경에 영향을 끼칠 수 있는 에너지, 산업재 제조업 등의 업종은 특히 회사 운영이 지역사회에 미칠 수 있는 부정적 영향을 계속해서 모니터링하고 관리하여야 한다. 일반적으로 ESG 평가기관들은 피평가 기업의 지역사회 분쟁 발생 여부를 모니터링한다. 또한 지역사회나 환경에 대한 영향을 관리하기 위한 정책 보유 여부와 현지 인력 채용과 관련한 방침 보유 여부 등을 평가한다.

② 전략적 사회공헌 추진

MSCI나 서스테이널리틱스와 같이 기업 가치 위험을 평가하는 기관에서는 ESG 평가에 사회공헌 영역을 포함하지 않는다. 그러나 그 밖의 여러 ESG 평가기관들은 기업의 사회적 책임과 이해관계자 가치창출 관점에서 기업의 사회공헌 정책, 방침, 목표 보유 여부 등을 평가하고 있다. 바람직한 사회공헌 활동은 단순기부보다는 비즈니스 특성을 기반으로 취약계층에 대한 지식·역량·인프라 공유 등의 형태를 띤다. 이는 기업이 보유한 특정 영역의 전문성을 기반으로 사회공헌활동을 추진해야 단순 기부보다 더 많은 효과를 창출할 수 있기 때문이다. 기업은 사회공헌활동의 투입 대비 사회적 효과성을 관리하여야 하며, 이에 대한 목표를 수립하고 정량적 성과를 측정하여 보다 전략적인 프로그램 이행이 가능하도록 관리하여야 한다.

(8) 비즈니스 기회

동종사보다 넓은 스펙트럼의 가격접근성을 제공하는 기업은 보다 쉽게 시장과 고객층을 다각화할 수 있으므로 지속가능성 측면에서 장기적인 경쟁력을 확보할 수 있다. 또한 최근 소비자들의 가치소비 성향 증대에 따라 기업은 사회문제를 해결하는 제품·서비스를 개발하거나 제품·서비스 제공의 다양성과 포용성을 확대함으로써 보다 큰 비즈니스 기회를 창출할 수 있다.

① 제품·서비스 접근성

모두가 이용하는 필수재나 기반 서비스를 생산하는 업종일수록, 신흥시장 및 취약계층도 이용할 수 있도록 제품·서비스의 접근성을 높여야 한다. 그래야 수익 기반을 확장할 수 있고 기업의 평판

관리 측면에서도 유용하기 때문이다. MSCI는 이러한 관점에서 금융, 헬스 케어, 통신업 등 일부 산업에 한하여 시장 및 소비자 접근성 확장 측면의 기업 경쟁력을 평가한다. 한국ESG기준원 역시 제품 및 서비스의 사회적 책임에 대하여 기업이 관리하고 관련 내용을 소통하고 있는지 평가하고 있다.

3) 지배구조

(1) 주주가치 제고

기업은 핵심 이해관계자로서의 주주권을 존중하기 위해 주주의 의결권 행사 편의성을 보장해야 한다. 소액주주의 권리를 침해하지 않아야 하고 배당을 확대함으로써 재원을 보다 안정적으로 확보하여 종국적으로 기업 가치를 제고해야 한다.

① 소액주주 보호

대부분의 ESG 평가기관들은 소액주주 보호를 위한 기업의 1주 1의결권 준수 여부를 평가하며 의결권 제한 주식 현황, 기업 소유주 및 특수관계인의 지분율을 확인한다. 또한 국내 평가기관은 소액주주가 지지하는 이사의 선출이 가능하도록 집중투표제 실시 여부를 평가하기도 한다.

② 경영정보 제공 및 의결권 행사 편의성 제공

주주는 경영상의 중요 정보를 적시에 제공 받아 의결권 행사의 근거 자료를 충분히 확보할 수 있어야 한다. 이를 위해 평가기관은 기업이 주주총회 소집 통지 시 당해 연도 경영상의 주요 정보를 함께 제공하고 있는지 평가한다. 최근 기업은 실적발표 자료나 주주서한 등 다양한 경로를 통해 기업의 경영실적, 주요 전략, 향후 전망에 관한 기존 주주 및 잠재 투자자들과 활발히 의사소통하고 있다. 국내의 경우 보통 주주총회가 3월 중하순에 집중되므로 여러 기업의 주주총회 일자가 겹치는 경우도 자주 발생한다. 이에 따라 기업은 주주에게 전자투표제, 서면투표제 등의 방법을 통해 의결권 대리행사를 용이하게 하고 의결권 행사 편의성을 높여 보다 많은 주주들이 총회에 참석할 수 있도록 독려해야 한다.

③ 주주환원 확대

기업은 재무실적을 기반으로 주주에게 경영 성과를 배분하여야 한다. ESG 평가기관은 기업이 안정적이고 예측 가능한 배당 정책을 통해 주주환원을 지속적으로 확대하고자 하는 노력을 이행하는지 평가한다. 이를 위해 기업은 배당규모 산정 기준을 마련하여 배당의 예측가능성을 높여야 하며, 중간배당 도입이나 자사주 매입 및 소각 등 주주환원 확대를 위한 다양한 수단을 적극 강구하여야 한다.

(2) 이사회 구성

기업의 최고위 경영의사결정 기구인 이사회는 경영진의 의사결정을 감독·견제하고 중장기 기업 가치 극대화에 기여하여야 하므로 독립성과 전문성이 충분히 확보되어야 한다.

① 위원회 및 이사 구성

자산 총액 2조 원 이상 상장사는 상법상 요건에 따라 사외이사후보추천위원회와 감사위원회를 의무적으로 설치하여야 한다. 설치 의무 대상이 아닌 회사라도 이사회의 독립성 확보와 감사기능 강화를 위해 해당 위원회 설치를 검토하는 것이 바람직하다. 또한 2022년부터 본격 시행된 자본시장과 금융투자업에 관한 법률(자본시장법) 에 따라 이사회 구성원 전원을 같은 성(性)으로 구성하는 것이 금지되었으므로 기업은 최소 1인 이상의 여성이사를 선임하여야 한다. 아울러 사외이사후보추천위원회와 감사위원회 모두 설치 취지에 따라 위원 정수의 과반 이상을 사외이사로 선임하여야 한다. 따라서 기업은 적정 수준의 여성이사와 사외이사를 선임하여야 한다.

② 개별이사의 독립성, 다양성, 전문성

ESG 평가기관은 기업이 이사회의 독립성을 확충하기 위해 여러 제도와 장치를 마련하고자 노력하는지 확인한다. 예컨대 선임사외이사제도 도입, 이사회 의장과 최고경영자(CEO)의 분리, 사외이사의 이사회 의장 선임 등을 이러한 노력으로 볼 수 있다. 선임사외이사의 역할은 사외이사 간의 소통을 확대하고 경영진 면담을 주선하는 등 경영정보 관점에서 사외이사의 비대칭을 해소하고 보다 나은 의사결정이 가능하도록 이끄는 것이다. 또한 한 연구에 따르면 이사진의 성별, 경력, 전문성이 다양한 기업이 그렇지 않은 기업에 비해 우월한 재무성과를 창출한다는 결과가 증명된 바 있다. 기업은 이사회의 다양성 확보를 통해 여러 이해관계자의 다양한 의견을 경영의사결정에 반영할 수 있다. 이에 따라 현재 업종과 향후 진출을 희망하는 비즈니스 영역에 대한 산업전문성을 갖춘 이사나 기업 인수·합병(M&A), 투자, 위험관리 전문성을 갖춘 이사를 고루 확보한 이사회가 우수한 이사회로 평가된다.

(3) 이사회 운영

① 이사회 운영 현황

ESG 평가기관은 정기 이사회와 임시 이사회를 포함하여 연간 이사회 개최 수를 근거로 이사회 운영의 활성화 정도를 가늠하기도 한다. 또한 개별 이사 중 참석률이 저조한 이사의 인원수나 이사회 내 위원회의 개최 횟수를 평가하기도 한다. 때론 이사회 운영 활성화를 지원하는 맥락에서 이사회 구성원이 임시 이사회를 소집할 수 있는 제도의 마련 여부도 평가 대상이 된다.

② 이사회 성과평가

이사회는 기업 내 최고위 의사결정 기구인 만큼 효과성 있는 회의 개최 여부와 기업 가치에 대한 기여 수준을 주기적으로 점검 받아야 한다. 일반적으로 이사회 평가는 이사회, 이사회 내 위원회, 개별이사에 대한 평가로 구분될 수 있는데, 국내외를 막론하고 ESG 평가기관은 이사회 성과 평가 실시 및 공개 여부를 확인하고 있다.

(4) 경영진 보상체계

경영진의 대리인 문제를 해소하기 위해 경영진 보상체계는 기업 가치 및 장기 가치창출을 고려하여 설계되어야 한다. 또한 성과를 반영한 보상체계가 수립되어야 하는데 이때는 이해관계자에게 보상 근거에 대해 투명하게 소통하는 것도 중요하다.

① 보상 규모 적정성

한국ESG기준원의 경우 주주총회에서 승인된 이사보수한도가 실제 지급금액에 대비해 과도한 수준이 아닌지 평가한다. 또한 대부분의 ESG 평가기관은 최고경영진의 보상 규모가 임직원 평균 급여 대비 몇 배인지, 최고경영진의 보상 지급 규모에 대한 명확한 근거가 설정되어 대외 공개되는지 평가한다.

② 장·단기 성과 연계 여부

경영진은 주주 또는 기업 소유주와 달리 재임기간이 비교적 짧아 단기 실적 위주의 편향된 의사결정의 우려가 있다. 이에 따라 ESG 평가기관은 기업이 장기 성과를 기반으로 경영진의 보상 수준을 조정하는지 확인한다. 또한 경영진의 성과지표에 ESG를 반영하는지 평가하기도 하는데, 이 역시 장기적 관점의 성과지표 부여를 권장하는 맥락으로 이해할 수 있다. 장기 성과 창출을 지향하는 보상체계는 일반적으로 주가와 연동된다. 경영진에게 스톡옵션을 부여하고, 스톡옵션의 행사기간 요건을 임기보다 길게 부여하면 경영진이 장기 기업 가치와 자신의 성과를 연계할 수 있다. 이에 기업은 스톡옵션을 보유한 경영진 비율, 경영진의 핵심 성과지표 등을 적극적으로 공개하여야 한다.

(5) 투명 공시

기업은 자사의 재무·비재무 성과와 주요 위험 및 기회 요소에 대해 이해관계자과 투명하게 소통하여야 한다. 특히 자본조달 관점에서 정보이용자의 의사결정에 유의미한 영향을 줄 수 있는 중요 정보를 식별하여 관리 현황 및 추세, 향후 계획을 공개하여야 한다.

① ESG 관련 정보공개

기업은 ESG 경영에 필요한 기본적인 세부 정책을 공개하여야 한다. ESG 경영체계를 새롭게 도입하고자 하는 기업의 우선 과제는 국내외 ESG 평가기관들이 공통적으로 요구하는 인권 존중에 대한 정책, 윤리규정, 공급망 지속가능성 행동규범, 정보보호의 네 가지 영역의 정책을 기본적으로 정립하는 것이라고 할 수 있다.

② 재무정보와 ESG 위험/기회 연계성

최근 ESG 공시기준은 기업의 재무정보와 ESG 위험 및 기회의 연계성을 관리하고 공개할 것을 요구하는 방향으로 점차 발전하고 있다. 이를 위해 기업은 TCFD를 기반으로 하는 기후 공시 체계를 준비하고, 나아가 여러 ESG 영역에서 기업이 직면한 주요 위험 및 기회가 실제 재무제표에 반영될 여지가 있는지 지속적으로 식별함은 물론 예상되는 재무영향을 산정하여 관리하여야 한다. 이미 자본시장에는 이러한 영향을 산정하기 위한 다양한 기법과 인프라가 마련되고 있다. 기업은 이 영향을 '산정'하는 수준을 뛰어넘어 '관리'하는 전략을 어떻게 수립할 것인지에 초점을 맞춰 관련 내용을 공개해야 할 것이다.

(6) 기업 윤리

기업 윤리 이슈는 시장경제 질서를 왜곡하고 기업의 운영비용 증가와 매출 하락을 야기하며 끝내 기업의 평판을 나락에 떨어뜨릴 수 있다. 이에 따라 ESG 평가기관은 기업이 윤리경영 관점에서 위험을 관리하는 수준과 이해관계자에게 노출된 윤리경영 위험 사건의 발생 현황을 중점적으로 평가한다. 일반적으로 기업 윤리는 환경이나 사회 이슈에 비해 산업군에 따른 편차 없이 모든 산업에 걸쳐 매우 높은 가중치로 평가에 반영되고 있다. 또한 지배구조 이슈와 달리 상장 여부나 자산 총액 규모와 관계없이 동일한 선상에서 평가되므로 모든 기업이 유의하여 관리해야 할 이슈이다.

① 윤리경영 위험관리 체계

기업 내 윤리경영 위험관리 체계는 윤리경영 관련 정책, 보고 체계, 임직원 교육, 위험관리 활동으로 구성된다. 특히 한국ESG기준원의 평가 및 ESG 모범규준에서는 이사회 감사위원회가 외부감사뿐만 아니라 내부감사에 대한 관리 수준 및 전문성을 높여 윤리경영 위험에 대한 발생을 통제할 책임을 보유해야 함을 강조하고 있다. 또한 대부분의 ESG 평가기관은 자사는 물론 협력사의 윤리경영 방침 보유 여부, 정기적이며 포괄적인 내부 감사 실시 여부를 핵심 관리 항목으로 평가한다.

② 윤리경영 이슈 발생 현황

내부적으로 관리되지 못한 윤리경영 이슈가 외부 이해관계자에게 노출되면 곧바로 영업이익에 영향을 미치는 경향이 강하다. 최근 국내 대기업을 중심으로 발생하는 임직원 횡령사건부터 폭스바겐 그룹의 디젤 차량 배기가스 조작 게이트까지 다양한 이슈들은 대부분 기업 윤리 관리체계와 연계되어 있다. 또한 이러한 위험이 일어나면 미디어 노출이 많아 고객 평판에 지속적인 악영향을 끼친다. 이에 따라 ESG 평가기관은 기업의 윤리경영 이슈 노출 현황과 심각성을 미디어를 통해 모니터링하여 평가에 반영하고 있다.

4. ESG 평가 대응 시 유의 사항

지금까지 전반적인 ESG 평가 생태계의 현황과 ESG 평가 시 관리해야 하는 세부 영역에 대해 알아보았다. 주지하다시피 ESG 평가는 실시 기관도 매우 많고, 기준도 너무나 다양하기 때문에 이에 대응하기 위해 기업이 들여다보아야 할 이슈 역시 엄청날 정도로 방대하다. 그럼에도 불구하고 자본시장에서 ESG 평가가 미치는 영향이 계속 증가하고 있고, 기후위기 심화로 인해 요구 수준도 더욱 상세해지다 보니 ESG 평가에 대한 기업의 부담은 계속해서 증가할 수밖에 없는 실정이다. 이와 같은 위기 가운데 ESG 평가에 대한 전략적 대응을 위해 기업이 인식해야 할 세 가지 유의 사항을 다음과 같이 제안한다.

첫째, 대응해야 할 핵심 평가기관에 대한 선택과 집중을 한다. 수많은 ESG 평가기관에 대해 모두 대응하는 것은 자원과 역량의 심각한 낭비이다. 상장사라면 자사의 주요 투자자가 가장 관심을 갖는 ESG 평가를, 비상장사라면 자사 고객과 공급망과 일반 이해관계자에게 가장 영향력이 큰 ESG 평가를 먼저 확인하는 것이 바람직하다. 이를 위해 기업에서 ESG를 담당하는 실무진은 IR 부서, 영업/마케팅 부서, 구매부서 등과 긴밀히 협력하여 이해관계자들이 가장 중요시하는, 즉 집중 관리할 때 가장 효과적인 ESG 평가기관을 찾는 것이 급선무이다.

둘째, ESG 관리 영역은 우리 기업 가치에 중요한 것부터 우선순위화 한다. 앞서 영역별 ESG 평가 가이드에서 설명한 ESG 세부 요소만 해도 무려 18개나 되며 기업 내 대부분의 부서가 이들 세부 요소와 연계되어 있을 것이다. 모든 요소들에 대한 전략을 단시간 내에 수립하고 과제를 도출하는 것은 분명 무리이며 가시적인 성과를 창출하는 것도 생각만큼 쉽지 않을 것이다. 따라서 여러 ESG 영역 중에서 어떤 위험 및 기회 요소가 기업의 재무성과와 기업 가치에 큰 영향을 미칠 수 있는지 확인하여야 한다.

산업과 시장 내 회사의 위치에 따라 직면하게 되는 중요 이슈는 확실히 다를 것이다. 따라서 주가나 영업이익과 가장 밀접하게 연계되는 ESG 위험 및 기회를 정립한 뒤 해당 영역을 관리하는 데 역량을 집중해야 한다. 이것이 투자자는 물론 ESG 평가기관이 볼 때 가장 이상적인 ESG 경영의 모습일 것이다. ESG의 모든 영역을 글로벌 선도 기업 수준으로 우수하게 관리하는 기업은 절대로 ESG 1등 기업이 아니다. 기업의 목표와 ESG 팀의 목표가 일치되어, ESG 팀이 본연의 역할로 '기업 가치 극대화'에 기여하고자 노력하는 기업이 진정한 ESG 1등 기업이다.

셋째, 공시 품질을 높인다. ESG 평가기관들은 대부분 기업의 공시내용을 기반으로 평가 등급을 산출한다. 따라서 내부적으로 아무리 잘 관리되고 있는 영역이라도 대외에 공개되지 않으면 평가기관에서 이를 반영하지 못하는 경우가 많다. 따라서 기업은 내부적으로 이행하고 있는 활동과 계획을 적극적으로 대외에 공개해야 한다. 지속가능성보고서, 홈페이지, IR 자료 등을 통해 자사의 ESG 활동과 계획을 알려야 하며, 특히 외국인 주주가 많은 기업일수록 영문 정보공개에도 각별히 노력해야 한다.

최근의 글로벌 공시 흐름을 고려할 때에는 TCFD 권고안, SASB 기준, ISSB가 제시한 지속가능성 공시기준 초안을 바탕으로 ESG 공시의 틀을 마련하는 것이 적절할 것이라 판단된다. ESG 평가기관들도 이에 맞추어 평가 기준과 방법론을 발전시켜 나아갈 것이기 때문이다.

Environmental | Social | Governance

6

ESG 관련 회계 및 세무

6-1
ESG 회계

1. ESG 사안이 재무보고에 미치는 영향

현재 진행되고 있는 ESG에 대한 논의는 주로 ESG와 관련된 정보 중 무엇이 중요하고 이를 어떻게 보여주어야 하는지에 초점을 맞추고 있다. 그러나 ESG 관련 정보를 공개하는 것만큼 ESG 관련 정보가 재무회계와 어떤 관계를 갖는지, ESG 관련 사안을 재무회계에서 어떻게 고려하여야 하는지 이해하는 일도 매우 중요하다.

1) ESG 관련 사안과 재무회계

ESG와 관련된 사안들은 수익구조나 운영방식 등 기업의 활동에 큰 영향을 준다. 예를 들어, 생산 과정에서 막대한 양의 이산화탄소를 배출하는 기업은 환경을 중시하는 소비자에게 외면 받아 수익이 감소할 수 있다. 또한 저탄소 경제로 전환하고자 하는 정부의 규제로 인해 과도한 벌과금을 지불해야 할 수도 있다. 이처럼 ESG와 관련된 사안들이 기업의 활동에 끼치는 영향 중 일부는 재무회계 측면에서도 고려가 필요하다.

다음 그림은 재무보고와 지속가능성 보고의 관계를 나타낸다. 현재 기업들이 수행하고 있는 보고는 크게 두 가지이다. 하나는 재무보고(①)이고, 다른 하나는 지속가능성에 대한 보고(②와 ③)이다.

재무보고와 지속가능성공시와의 관계

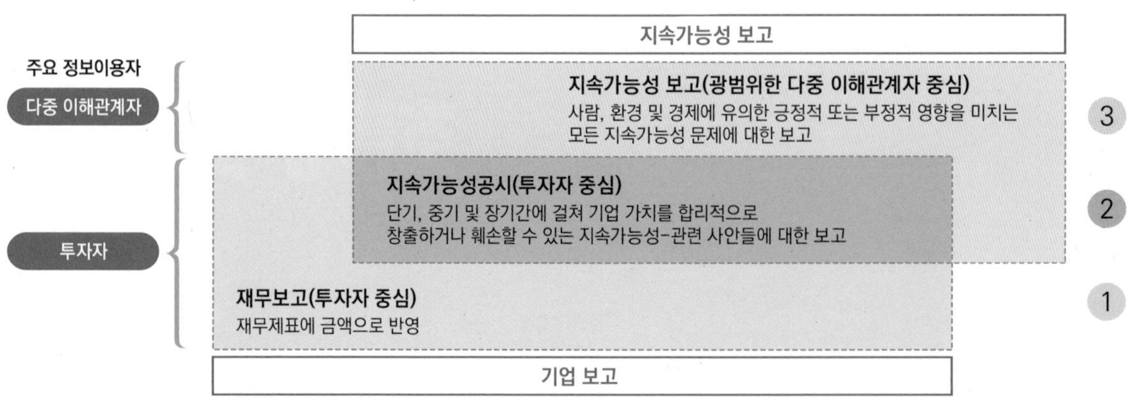

출처: 이웅희, 윤나영(2021)

일반적으로 재무보고는 사업보고서의 일부로 발행되며, 지속가능성 보고는 '지속가능성보고서' 또는 'ESG 보고서' 등의 명칭으로 발행된다. 재무보고는 기업 가치에 영향을 주는 정보를 재무제표에 금액으로 반영하는 반면, 지속가능성 보고는 기업 가치에 영향을 주는 정보를 포함한 ESG와 관련된 모든 정보들을 주로 서술하는 방식으로 보여준다.

여기서 중요한 점은 재무보고는 기업 가치에 영향을 주는 정보를 재무제표에 금액으로 반영한다는 점이다. 이를 위해 국제회계기준에서는 인식과 측정에 있어 몇 가지 요건을 충족하도록 요구하고 있다. 자산과 부채 그리고 수익과 비용의 정의를 충족하는지, 경제적 효익이 유입되거나 유출될 가능성이 높은지, 해당 거래를 신뢰성 있게 측정할 수 있는지 등이 이러한 요건에 해당한다. 이와 같은 인식과 측정요건으로 인해 기업에 영향을 미치는 ESG 관련 사안들이 모두 재무회계에 반영되지는 않는다. 하지만 인식과 측정 요건을 충족하는 사안들은 재무회계에서도 고려되는 것이 마땅하다.

이번 장에서는 지속가능성 보고(②와 ③)를 다루기보다는 재무보고(①)에 초점을 맞추어 ESG 관련 사안이 기업에게 어떤 영향을 주며 그것을 재무회계에서 어떻게 고려할 수 있는지 살펴보고자 한다. 주로 IFRS재단에서 발행한 '기후 관련 정보가 재무제표에 미치는 영향(Effects of Climate-Related Matters on Financial Statements)' 보고서를 토대로 기술하였다.

2) 기후 관련 사안이 기업에 미치는 영향

기후 관련 위기 및 기회

<table>
<tr><th colspan="2">위험</th><th>기회</th></tr>
<tr><td>물리적 위험</td><td>- 해수면 상승, 이동 제한, 공급망 파괴, 자산손상</td><td rowspan="2">- 새로운 시장의 확대
- 운영비용 감소(예: 신항로 개척)
- 에너지 비용 절감(예: 자원 효율성 향상)</td></tr>
<tr><td>전환 위험</td><td>- 정책 및 법률 위험(예: 세금, 온실가스배출량의 상한선)
- 기술위험(예: 신기술 개발)
- 시장위험(예: 수요 및 공급의 변화)
- 평판위험(예: 이미지)</td></tr>
</table>

출처: TCFD(2021a)

기후와 관련된 사안이 기업에게 초래하는 위험은 물리적 위험과 전환 위험으로 구분할 수 있다.

물리적 위험은 해수면 상승으로 인한 공장 침수, 도로 등의 인프라 파괴로 인한 이동 제한과 공급망 파괴, 자연재해로 인한 물리적 자산손상 등과 같이 자산에 피해를 일으킨다. 2021년 초 미국 텍사스 주에 몰아친 엄청난 한파로 대규모 정전사태가 발생하고, 이로 인해 이동이 제한된 것 역시 물리적 위험의 예에 해당한다.

전환 위험은 저탄소 경제로의 전환과 같이 정책이나 법률, 또는 기술 등의 전환 인하여 발생한다. 또한 수요나 공급의 변화에 따라 발생하는 시장위험, 고객이 기업을 어떻게 생각하는지와 관련된 평판위험도 여기에 포함된다. 기업 입장에서는 일반적으로 물리적 위험보다 전환 위험이 분석이나 대처하기 어렵다. 한편, 기후와 관련된 사안은 기업에게 새로운 기회가 될 수도 있다. 예를 들어, 탄소배출량이 많은 내연차의 대체재로 전기차가 각광을 받게 되면 2차 전지 회사 등 관련 부품 생산 기업의 시장이 확대된다. 이처럼 기후와 관련된 사항은 손상을 초래하기도 하고 전략에 영향을 주는 등의 위험도 있으나 시장 확대 혹은 자원 효율성 제고 등 긍정적인 기회를 창출하기도 한다.

3) 기후 관련 사안과 재무회계

한국채택국제회계기준(K-IFRS)은 기후와 관련된 사안이 기업에 미치는 영향을 재무제표에 어떻게 반영하여야 하는지에 대해 명시적으로 언급하지 않고 있다. 그러나 기후와 관련된 사안은 기업의 사업 모형 및 활동에 영향을 미치기 때문에 재무회계에서도 반드시 고려하여야 한다.

(1) 자산손상

기후 관련 사항과 자산손상

구분	내용	기후 관련 사안
한국채택국제회계기준 제1036호 자산손상	- 보고기간 말마다 손상징후가 있는지 검토 - 회수가능액 추정	- 제품에 대한 수요 및 환경과 규제의 불리한 변화 등은 손상징후에 해당 - 미래 현금흐름을 추정하는 가정에 미치는 영향 고려(예: 기술투자, 배출권 거래가격 등)

● 한국채택국제회계기준 요구 사항

한국채택국제회계기준 제1036호 '자산손상' 기준서에서는 보고기간 말마다 자산의 손상징후가 있는지 검토하고, 손상징후가 있다면 그 회수가능액을 추정하도록 요구하고 있다. 이때 회수가능액은 자산의 사용가치와 순공정가치 중 큰 금액을 말한다.

사용가치를 산정할 때에는 자산에서 얻을 것으로 예상하는 미래 현금흐름의 추정치와 금액 및 시기의 가능한 변동에 대한 예상 등을 반영하여야 한다. 또한 자산의 잔여 내용연수 동안 존재할 다양한 경제 상황에 대한 최선의 추정치를 반영한 합리적 가정을 기초로 하여야 한다.

순공정가치는 공정가치에서 매각부대비용을 차감한 것이다. 공정가치를 산정할 때는 한국채택국제회계기준 제1113호 '공정가치 측정' 기준을 참고할 수 있다. 이 기준서에서는 공정가치를 산정할 때 시장참여자가 경제적으로 최선의 행동을 한다는 가정 하에, 시장참여자가 자산이나 부채의 가격을 결정할 때 사용할 가정에 근거하여 공정가치를 측정하도록 한다.

● 기후 관련 사안

기후변화와 관련된 위험과 기회들은 다음과 같이 수익, 비용(연구개발비 포함), 자본적 지출에 여러 가지 영향을 미친다(KPMG, 2021).

- 고객 및 공급자 행동: 고객의 선호가 환경 친화적이지 않은 현재의 상품과 서비스 대신 지속가능한 것들로 변경되면서 수익과 성장성이 변화하게 된다. 기후변화로 인해 공급자가 증가된 원가를 유통경로에 전가하는 경우 회사의 원가구조 역시 변동하게 된다.
- 투자자 및 자금대여자 행동: 회사가 기후변화 관련 위험에 더 많이 노출되어 투자자 또는 자금대여자가 의사결정에 환경 관련 위험을 고려하면 자금조달 비용이 증가하거나 자금조달에 제약이 생기므로 성장률이 낮아지게 된다.
- 정부 정책 및 입법: 탄소세 도입과 같은 새로운 환경관련 정책이나 입법은 회사의 수익이나 원가에 영향을 미친다.
- 기술 발전: 새롭게 등장하는 녹색 기술은 시장에서 회사의 경쟁력에 영향을 미치며 이에 상응하는 기술을 개발하거나 획득하기 위한 자본적 지출을 증가시키게 된다.
- 물리적 영향: 온도 상승이나 극단적인 기후 발생의 빈도와 심각도 증가 등과 같은 기후변화로 인한 물리적 영향은 보험료나 유지 관리비용을 증가시키며 심한 경우에는 현재의 영업장소를 더 이상 유지할 수 없게 만들기도 한다.

기온상승으로 인해 날씨가 더워지면 온수매트 같은 난방상품 수요는 감소하고, 에어컨과 같은 냉방상품 수요가 증가할 것이다. 또한 수박과 같이 무더위를 이겨낼 수 있는 농축산물이나 레저상품의 수요는 늘어날 것이다. 이처럼 기후와 관련된 사안은 제품에 대한 수요를 변화시켜 장단기적으로 기업의 수익에 영향을 주게 된다. 이러한 수요 변화가 기업의 미래 현금흐름에 부정적인 영향을 준다면, 이는 자산 손상을 나타내는 징후에 해당할 수 있다. 마찬가지로 탄소 배출량이 많은 공정의 사용 제한 등 환경 정책 및 규제의 불리한 변화도 자산손상 징후에 해당할 수 있다.

회수가능액을 산정할 때에는 기후와 관련된 사안이 미래 현금흐름을 추정하는 가정에 영향을 미치는지 고려하여야 한다. 예를 들어, 특정 원자재나 에너지를 사용할 때 세금을 부과하는 정부 방침은 기업의 생산원가에 부정적인 영향을 줄 수 있다. 다만, 미래 현금흐름을 추정할 때 미래의 구조조정이나 자산의 성능향상에 대한 예측은 제외하여야 한다는 점을 주의하여야 한다. 또한 공정가치를 측정할 때에는 기후와 관련한 법규 등에 대한 시장참여자의 견해가 영향을 줄 수 있다는 점도 고려하여야 한다.

세계 최대 철강회사 중 하나인 아르셀로미탈(ArcelorMittal)의 2021년 연차보고서는 현금창출단위(CUG)의 회수가능액을 추정함에 있어 저탄소 배출 기술을 개발하는 데 필요한 투자, 탄소 배출

비용, 유럽연합과 캐나다에서 발효되는 탄소중립에 대한 법적 의무 등 기후 관련 사안을 고려하였다. 또한, 유럽 항공사인 이지젯(Easyjet)은 2021년 연차보고서에 손상 평가를 수행할 때 탄소상쇄 비용의 증가, 예상되는 배출권 거래가격, 지속가능한 항공연료 사용의 예상 가격 및 수량을 고려한다고 공시하였다.

(2) 유형자산, 무형자산

기후 관련 사안과 유형자산, 무형자산

구분	내용	기후 관련 사안
한국채택국제회계기준 제1016호 유형자산, 한국채택국제회계기준 제1038호 무형자산	매 회계연도 말, 잔존가치와 내용연수 검토	환경 규제, 자연재해, 중고자산에 대한 미래의 수요 등이 자산의 잔존가치와 내용연수에 영향 행사
한국채택국제회계기준 제1038호 무형자산	연구개발비에 대한 회계처리 제시	기술전환으로 인해 증가하는 연구 개발비 고려

● 한국채택국제회계기준 요구 사항

한국채택국제회계기준 제1016호 '유형자산'과 한국채택국제회계기준 제1038호 '무형자산'에서는 매 회계연도 말에 자산의 잔존가치와 내용연수를 검토할 것을 요구한다. 잔존가치와 내용연수가 변경된 경우, 이를 회계추정의 변경으로 보아 당기 및 이후 기간의 감가상각비에 반영한다. 또한 그 성격과 당기 및 후속회계기간에 미치는 영향을 공시하여야 한다.

더불어 한국채택국제회계기준 제1038호 '무형자산'에서는 내부적으로 창출되는 무형자산과 관련한 회계처리를 제시하고 있다. 연구단계의 지출과 개발단계의 지출을 구분하여 연구단계의 지출은 비용으로 인식한다. 또한 기술적 실현가능성이나 사용에 대한 기업의 의도와 능력 등 몇 가지 개발단계의 조건을 충족하면, 해당 시점부터 관련된 원가를 무형자산으로 인식한다.

● 기후 관련 사안

기후 관련 위험은 자산의 예상 내용연수와 감가상각 또는 상각 방법에 영향을 미칠 수 있다. 예를 들어, 경영진은 유·무형 자산의 내용연수를 검토할 때 저탄소 경제로의 전환에 따른 다음과 같은 영향을 고려해야 한다(KPMG, 2021).

- 기후 관련 규정 - 광물 탐사 허가 또는 세금 도입과 같이 특정 자산의 사용에 대한 법적 제한 신설로 인해 재생 불가능한 에너지의 생산 비용이 증가한다.
- 기술 발전 - 새로운 환경 친화 기술의 개발 또는 출현으로 인해 회사는 생산 관련 자산을 애초 예상보다 빨리 교체해야 한다.

- 시장의 변화 - 녹색 제품에 대한 소비자 선호도의 변화는 비(非)녹색 제품을 생산하는 자산의 상업적 노후화를 가속화할 수 있다.
- 평판 손상 - 오염 자산 사용으로 인한 회사 브랜드 손상

기업이 환경 규제로 인해 탄소배출이 많은 생산설비를 더 이상 사용할 수 없게 되거나, 자연재해에 따른 침수 등으로 인해 생산설비에 대한 접근이 제한되거나, 미래 수요를 예측해 중고자산을 매각하는 경우 등은 자산의 잔존가치와 내용연수에 영향을 줄 수 있다. 이에 따라 기후 관련 사안이 자산관리에 어떤 영향을 미치는지 파악해야 하며, 필요한 경우 잔존가치와 내용연수를 변경해야 한다.

또한 기후변화를 고려한 경영활동에 따라 기업은 기술 개발에 많은 자원을 투입하여 신기술을 개발하거나 생산방식을 변경할 수 있다. 이때 기업의 연구개발 활동이 내부적으로 창출된 무형자산에 해당한다면 관련 지출이 개발비 인식요건을 충족하였는지 등도 고려하여야 한다.

프랑스 전력공사(Electricité de France, EDF)의 연차보고서를 보면 기후와 관련된 사안을 유형자산과 연구개발비에 어떻게 고려하였는지 알 수 있다. 2019년 11월 발표된 프랑스의 에너지 및 기후법(France's Energy and Climate Law) 12조는 2022년 1월 1일부터 화석 연료에서 에너지를 생산하는 시설에 대해 온실가스 배출량 상한선을 도입하여 석탄 화력발전소를 완전히 폐쇄할 것이라고 규정하였다. 이 규제에 따라 프랑스 전력공사는 2019년 연차보고서에 석탄 발전을 사용하는 르아브르 공장(Le Havre Plant)을 폐쇄하고 꼬르드메 공장(Cordemais Plant)을 바이오매스 공장으로 전환하는 방안을 검토하고 있음을 공시하였다. 이에 따라 해당 공장의 내용연수를 변경하였으며, 이러한 변경이 재무제표에 미치는 영향에 대한 정보도 제공하였다. 또한, 2021년 연차보고서에서는 기후 관련 목표와 연계하여 연구 개발비의 세부 내용을 다음과 같이 공시하였다.

20.5 환경 및 기후 보호를 위한 지출
20.5.1 연구 및 개발

2050년 탄소중립 목표와 전기가 탈탄소화에 중요한 지렛대라는 사실을 감안할 때, 연구 및 개발은 전기, 기후, 디지털 및 사회적 전환에서 중요한 역할을 한다.
2021년 EDF 그룹의 총 연구 및 개발 예산은 6억 6100만 유로로, EDF의 연구 및 개발 예산의 99%가 탄소중립 목표 달성과 에너지 시스템 전환을 위해 투자되었다.
연구 및 개발 예산은 특히 에너지 효율과 화석연료 기반 에너지의 대체재로서의 전기 사용, 재생에너지 및 전력망(grid)의 삽입, 에너지 저장 및 생산, 탄소 없는 수소(carbon-free hydrogen) 및 경제 탈탄소화와 지속가능한 도시, 기후변화의 지역적 영향 및 기타 환경 문제(생물다양성, 수질, 오염완화 등)를 위한 적용 연구에 집중된다.
전력 저장, 에너지 성능 진단 방법의 향상, 도시 냉난방 네트워크의 기술 개선, 생태적 전환과 관련된 연구 공유 플랫폼 및 원자력 발전소의 안전성 증대에 관한 연구는 특히 유럽연합의 보조금에 의해 지원된다.
연구 및 개발에 대한 회계정책과 방법은 주석10.2에 기술된다.

(3) 충당부채 및 우발부채

기후 관련 사안과 충당부채, 우발부채

구분	내용	기후 관련 사안
한국채택국제회계기준 제1037호 충당부채, 우발부채, 우발자산	- 충당부채 인식: 현재의무, 자원의 유출 가능성, 신뢰성 있는 추정 - 충당부채 측정: 최선의 추정치 - 공시: 성격, 경제적 효익의 유출금액, 시기에 대한 불확실성 정도	오염물질 배출에 대한 부담금 지불의무, 자산의 복구 관련 비용, 수익성 악화에 따른 손실부담 계약 등 기업의 현재의무와 부채 측정에 영향을 줌

● 한국채택국제회계기준 요구 사항

한국채택국제회계기준 제1037호 '충당부채, 우발부채, 우발자산'에서는 과거사건의 결과로 현재 의무가 존재하고 의무이행을 위하여 자원을 유출할 가능성이 높으며 의무이행에 필요한 금액을 신뢰성 있게 추정할 수 있는 경우, 충당부채를 인식하도록 하고 있다. 이때, 충당부채는 보고기간 말 현재 의무를 결제하는 데 필요한 지출에 대한 최선의 추정치로 인식한다. 또한, 동 기준서에서는 우발부채를 과거사건으로 의무가 발생하였으나 기업이 통제할 수 없고, 미래 사건의 발생여부로만 그 존재 여부를 확인할 수 있는 잠재적 의무로 정의하여, 이에 대한 설명을 공시할 것을 요구한다.

● 기후 관련 사안

기업은 새로운 규제의 도입으로 인해 생산과정에서 발생하는 탄소나 오염물질 배출에 대해 부담금을 지불하거나, 자산의 복구와 관련된 추가 비용을 부담하거나, 자산의 해체 시기를 앞당겨야 할 수도 있다. 또한, 기업의 미래 수익성 악화나 생산비용의 증가로 기존의 수익성 계약이 손실부담계약으로 바뀔 수도 있다. 이처럼 기후와 관련한 규제나 기업의 사업 환경에 대한 변화는 기업의 현재 의무에 영향을 줄 수 있으므로 충당부채의 인식과 측정에 있어 면밀한 검토가 필요하다.

영국 석유회사 중 하나인 브리티시 페트롤륨(BP)은 2021년 연차보고서에서 에너지 전환이 석유 및 가스 산업 자산의 해체를 앞당겨 복구충당부채의 현재가치가 증가될 수 있음을 언급하였다. 또한, 정유소의 경우 일반적으로 결산일에 제조 중단으로 인해 발생하는 현재의무가 결정되지 않아 복구충당부채가 인식되지 않지만, 경영진이 이를 인식할 필요가 있는지 여부를 지속적으로 검토하고 있음을 공시하였다.

한편, 기업에게 기후변화와 관련된 책임을 묻는 등 기업과 이해관계자 간에 소송이 빈번하게 발생할 수 있다. 이러한 소송위험은 우발부채에 해당할 수 있으며, 이 경우에는 관련 내용을 공시한다. 네덜란드에 본사가 있는 다국적 기업 셸은 기후변화와 관련하여 여러 소송을 진행 중인데, 연차보고서에 소송 내용과 그 불확실성에 대해 다음과 같이 공시하였다.

26. 법적 절차와 그 밖의 우발사항
기후변화 소송

2021년 12월 31일 현재 미국에서는 Shell plc를 포함하여 석유 및 가스 회사에 대한 여러 지방자치단체(State, 州)에서 제기한 21건의 소송이 계류 중이다. 원고는 피고인의 화석 연료제품으로 인한 해수면 상승 및 기타 기후변화의 영향에 따른 공공 및 민간 기반 시설 피해에 대한 손해 배상을 청구했다. 이와 유사하게 어업단체는 기후변화가 해양에 미친 영향으로 인해 어업활동에 피해가 발생했다고 주장하며 소송을 제기했다. 또한 환경 시민단체와 개별 청구인이 Shell을 상대로 제기한 소송에서 네덜란드 법원은 Shell이 현재 불법적으로 행동하고 있지는 않지만, Shell은 연간 탄소배출총량(Scope 1, 2, 3)을 2030년 말까지 2019년 수준에 비해 순 45%를 줄여야 한다고 판결했다. Shell은 이 판결에 항소했다. 경영진은 이러한 문제가 Shell에 유리한 방식으로 해결되어야 한다고 생각하지만, 해당 소송의 궁극적인 결과와 향후 운영, 수익, 현금흐름 및 Shell의 재무에 대한 잠재적 영향에 대한 불확실성은 높다.

(4) 금융상품

기후 관련 사안과 금융상품

구분	내용	기후 관련 사안
한국채택국제회계기준 제1109호 금융상품	- 금융상품 분류: 현금흐름 특성 고려 - 금융자산 손상: 기대신용손실 고려	금융상품의 조건이 기업의 기후 관련 목표와 연계된 경우, - 보유자: 현금흐름 특성을 평가할 때 이를 고려 - 발행자: 내재파생상품인지 평가 기후 관련 사안들이 채무이행 능력, 담보가치 하락에 영향

● 한국채택국제회계기준 요구 사항

한국채택국제회계기준 제1109호 '금융상품'에서는 금융자산을 상각후원가, 기타포괄손익-공정가치, 당기손익-공정가치로 측정되도록 분류함에 있어, 해당 금융자산의 계약상 현금흐름 특성을 고려하도록 하고 있다. 만약 금융자산의 계약 조건에 따른 현금흐름이 원리금 지급만으로 구성되어 있지 않다면, 이는 공정가치로 측정되어 당기손익으로 인식되어야 한다. 또한, 금융자산의 손상과 관련하여 보고기간 말 자산의 신용위험을 평가하여 전체기간 기대신용손실에 해당하는 금액을 손실충당금으로 인식할 것을 요구한다.

● 기후 관련 사안

금융상품계약에 기업의 기후 관련 사안이 연계될 수 있으며 이 경우 해당 금융자산의 분류와 측정에 영향을 줄 수 있다. 예를 들어, 차입자가 미리 정해진 기후 관련 목표를 충족하면 이자율이 변동되는 것처럼 특정된 기후 목표에 계약상 현금흐름이 연계된 금융상품이 있을 수 있다. 금융상품 보유자는 이러한 계약 조건이 원리금 지급만으로 구성되어 있는 현금흐름인지 평가하여야 한다. 한편 금융상품 발행자는 해당 계약 조건이 내재파생상품인지 평가해야 한다. 특히 비금융변수가 계약의 당사자에게 특정되지 않고 기초변수의 변동에 따라 가치가 변동하는지 확인하여야 한다.

또한 산불이나 홍수 같은 자연재해나 규제 변경 등 기후와 관련된 일련의 사안들은 채무자의 채무 이행 능력에 부정적인 영향과 담보가치 하락을 유발할 수 있다. 이러한 상황은 금융자산의 기대신용 손실을 측정함에 있어 영향을 줄 수 있다.

(5) 기타

이 외에도 한국채택국제회계기준 제1012호 '법인세'나 한국채택국제회계기준 제1002호 '재고자산', 한국채택국제회계기준 제1001호 '재무제표 표시' 등에서도 기후와 관련된 사안들을 고려하여야 한다.

한국채택국제회계기준 제1012호 '법인세'에서는 차감할 일시적 차이가 사용될 수 있는 과세소득의 발생 가능성이 높은 경우, 모든 차감할 일시적 차이에 대하여 이연법인세자산을 인식하도록 요구하고 있다. 기후 관련 사안으로 인해 미래 과세소득이 줄어들게 된다면 이연법인세자산을 인식할 수 없거나, 이전에 인식한 이연법인세자산을 제거해야 할 수 있다.

기후 관련 사안으로 인해 공급망에 문제가 생기거나, 수요 변화로 인해 재고자산이 장기간 판매되지 못하여 정체되거나, 수요 감소로 판매가격이 하락하거나, 규제변화로 인해 생산원가가 상승할 수 있다. 한국채택국제회계기준 제1002호 '재고자산'에서는 재고자산을 순실현가능가치로 인식할 것을 요구하고 있다. 이는 재고자산의 원가가 판매가보다 높아지는 것을 막기 위한 것이다. 따라서 재고자산의 원가가 순실현가능가치보다 높다면 이를 반영하여 감액할 필요가 있다.

한국채택국제회계기준 제1001호 '재무제표 표시'에서는 재무제표에 인식되는 금액에 유의적인 영향을 미친 경영진이 내린 판단을 공시하도록 요구하고 있다. 따라서 기후 관련 사안에 대한 경영진의 판단이 재무제표에 유의적인 영향을 미쳤다면 이와 관련된 내용에 대한 공시 또한 필요할 것이다.

4) ESG 사안과 재무회계의 연계

지금까지 기후 관련 사안이 기업에 주는 영향을 중심으로 회계기준에서 이를 고려하는 방법에 대해 개괄적으로 살펴보았다. 물론 기후와 관련된 사안들은 각 기업의 특성에 따라 다른 영향을 미치기 때문에 이에 대한 추가적인 고려가 필요하지만, 특히 ESG 사안을 재무회계에서 고려할 때에는 다음 두 가지 사안에 주의해야 한다.

첫째, 기업의 전략 목표와 재무가정의 일관성이다. 요즘 기업들은 ESG 경영을 위해 탄소중립이나 RE100 등을 선언하고 이를 달성하기 위한 전략을 수립하고 있다. 그런데 이러한 기업의 전략적 방향성은 재무회계에 있어서도 일관되게 적용되어야 한다. 예를 들어 탄소중립 선언으로 특정연도 이후부터 탄소를 많이 배출하는 생산 공장을 폐쇄할 예정이라면, 이러한 가정이 유형자산의 내용연수나 자산손상평가 등의 가정에 일관되게 반영되어야 한다.

둘째, 지속가능성공시기준과 재무회계의 연계성이다. IFRS재단에서는 ISSB를 설립하여 두 가지 지속가능성공시기준의 공개초안을 발표하였다. 그중 하나인 IFRS S1 일반 요구 사항에서는 지속가능성 관련 위험 및 기회가 기업의 재무상태, 재무성과, 현금흐름에 미치는 영향과 단기, 중기, 장기에 걸친 예상 영향을 이용자가 이해할 수 있도록 하는 정보를 제공할 것을 요구한다. 가능한 한 양적 정보로 공시하여야 하지만, 양적 정보를 제공할 수 없는 경우라면 질적 정보를 제공하여야 한다. 국제지속가능성공시기준을 적용하는 기업은 이를 위해 지속가능성 위험 및 기회가 재무상태, 재무성과 및 현금흐름에 어떠한 영향을 미쳤는지와 미래에 미칠 영향을 분석할 수 있어야 한다.

2. 온실가스 배출권

우리나라는 2050 탄소중립을 목표로 온실가스 감축을 위해 온실가스 배출권 거래제를 운영하고 있다. 이로 인해 온실가스 배출권 회계처리에 대한 필요성이 대두되었으며, 일반기업회계기준에서 관련 회계처리를 명시적으로 규정하고 있다.

1) 온실가스 배출권 거래제도

온실가스 배출권 거래제도는 정부가 온실가스 배출업체를 대상으로 배출권을 유상 또는 무상으로 할당하고 해당 범위 내에서 온실가스 배출을 허용하는 제도이다. 다음 그림을 통해 온실가스 배출권 거래제도에 대해 구체적으로 살펴보고자 한다.

A기업은 현재 생산공정에서 120톤의 온실가스를 배출하고 있다. 정부는 온실가스 감축을 고려하여 온실가스 배출권 100장을 A기업에게 부여하였다. 이때 A기업이 온실가스 감축에 성공하여 실제 80톤의 온실가스를 배출한다면, 정부에 배출권을 제출하고 남는 20장의 배출권을 보유하게 된다. A기업은 이러한 잉여분을 거래소를 통해 다른 기업에게 판매할 수 있으며 이를 통해 추가 이익을 얻을 수 있다. B기업도 A기업과 동일하게 온실가스 배출권 100장을 정부로부터 할당 받았다. 하지만 온실가스 감축에 실패하여 120톤의 온실가스를 배출했다면, 거래소를 통해 다른 기업으로부터 배출권을 초과 배출량만큼 구매하여야 한다. 이 경우 온실가스를 배출하는 데 추가 비용이 소요된다. 이처럼 온실가스 배출권 거래제도는 기업에게 온실가스를 감축하도록 인센티브를 부여한다.

온실가스 배출권 거래제도

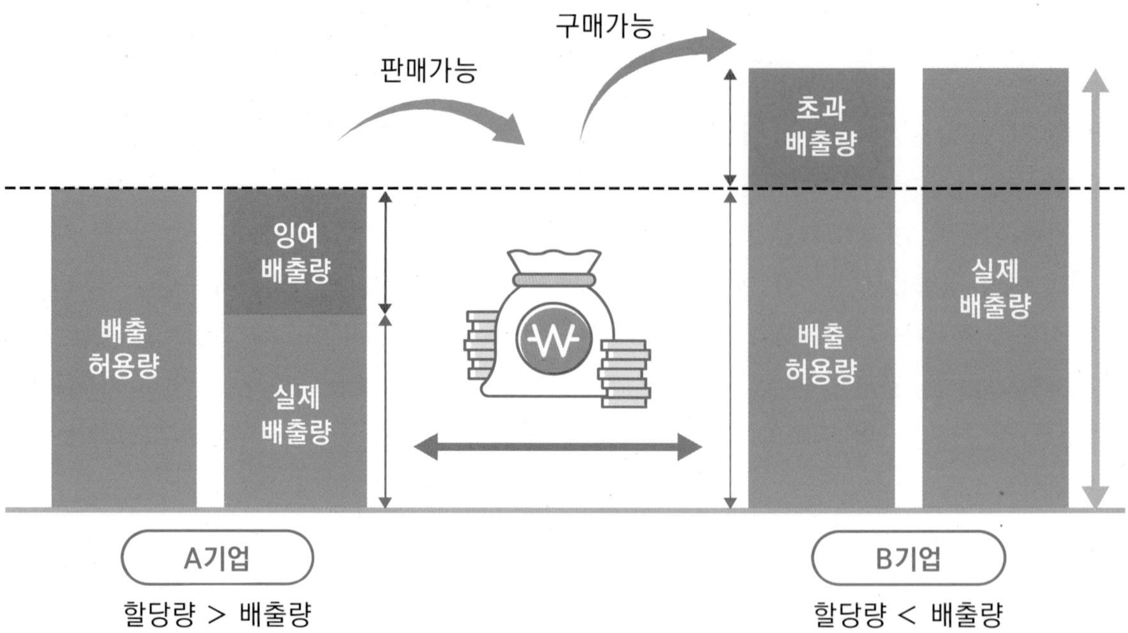

출처: 환경부(2014)

배출권 거래제도는 계획기간별로 운영되고 있으며, 정부는 계획기간 전에 각 이행연도별로 무상할당 배출권을 부여한다.

배출권 거래제도 이행 계획

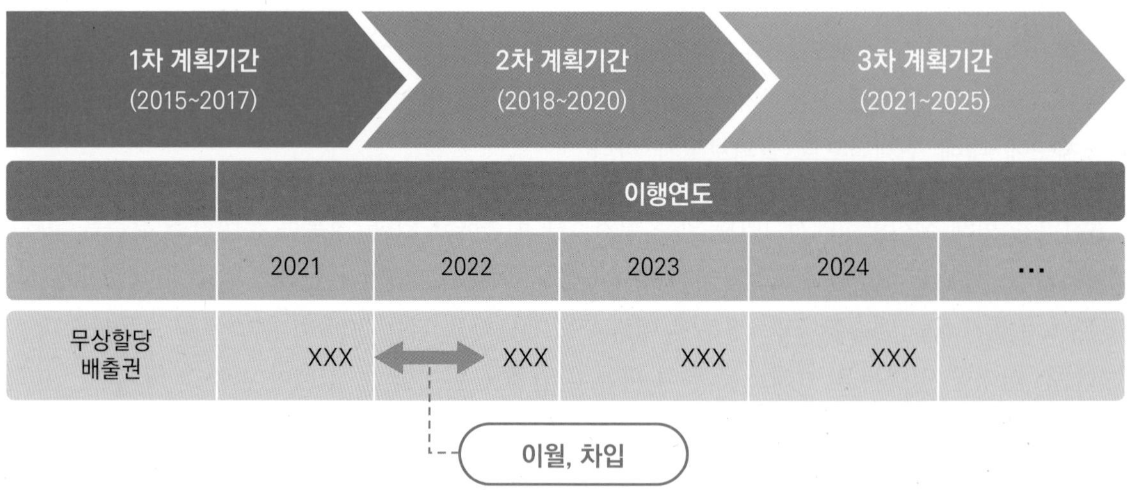

2) 온실가스 배출권 회계처리[56]

(1) 배출권의 인식과 최초 측정

배출권은 배출권에서 발생하는 미래경제적효익이 기업에 유입될 가능성이 매우 높고 그 원가를 신뢰성 있게 측정할 수 있을 때 자산으로 인식한다. 배출권은 정부로부터 무상으로 할당 받은 배출권과 기업이 매입한 배출권으로 구분할 수 있다. 무상으로 할당 받은 배출권도 기업이 배출권 거래제도의 대상이 된 이상 해당 배출권이 없으면 이를 매입하거나 과징금 등을 지불해야 한다. 따라서 무상할당 배출권을 보유하고 있으면 온실가스 배출에 대한 비용을 절감할 수 있다는 점에서 미래경제적효익의 유입 가능성이 매우 높다고 할 수 있다. 따라서 무상할당 배출권은 이를 사용할 수 있는 시작시점부터 자산의 인식요건을 충족한다.

배출권을 최초 측정할 때에는 무상할당 배출권은 '0'(취득원가)으로 측정하고, 매입한 배출권은 관련 원가로 측정한다.[57]

(2) 배출권의 후속 측정

배출권의 후속 회계처리는 보유 목적에 따라 달라진다.

의무를 이행을 위하여 보유하는 배출권의 경우, 최초 인식 원가에 손상차손누계액을 차감한 장부금액으로 측정하며 배출권의 손상에 대해서는 자산손상 기준서를 적용한다. 배출권은 상각하지 않는다. 이는 정부에 제출하기 전까지 시장에서 매각할 수 있으며, 정부에 제출하고도 남으면 다음 회계연도로 이월할 수 있는 등 온실가스 배출 과정에서 배출권이 소모되지 않고 부채의 결제수단이나 매매 대상의 성격을 가지고 있기 때문이다.

단기간의 매매차익을 얻기 위하여 보유하는 배출권의 경우, 이를 통해 기업이 얻는 효익은 단기매매증권과 비슷하기 때문에 공정가치로 측정하고 공정가치의 변동과 처분손익을 당기손익으로 인식한다.

정부에 제출하고도 남을 것으로 확정된 무상할당 배출권을 단기간의 매매차익을 얻기 위하여 보유하는 것으로 목적을 변경하는 경우에는 재분류 시점에 해당 배출권을 공정가치로 측정하고, 공정가치와 장부금액의 차이는 배출원가에서 차감한다.

---

56 본 장에서는 우리나라 일반기업회계기준 제33장의 내용을 근거로 온실가스 배출권과 배출부채 회계처리에 대해 살펴보고자 한다.

57 IEAF의 정부보조금이 IAS 20 정부보조금 및 기타 정부지원에 대한 회계처리에 명시된 지침에 따라 취득원가(0)로 기록되기 때문에 배출권을 처음 취득할 때 이연소득 인식의 개념이 존재하지 않는다. 다수의 기업들이 이 방법을 사용하는 것은 IFRIC 3에서 권장하는 접근방식에 비해 상당히 덜 복잡하기 때문이다(Riley, 2007).

판매목적으로 온실가스 배출권을 보유한 경우 보유한 온실가스 배출권은 저가법에 의해 재고자산으로 기록한다.[58]

보유목적별 온실가스 배출권 후속 회계처리

보유목적	분류	후속 측정
의무이행 목적	무형자산	- 원가 평가: 손상차손 인식[1] - 장부가액=원가-손상차손누계액
단기매매차익 목적	유동자산	공정가치 평가 (1) 단기매매차익 목적 보유: 공정가치 평가[2]. 공정가치 변동분과 처분손익은 당기손익(영업손익 또는 영업외손익) 반영 (2) 확정된 잉여 무상할당 배출권: 단기보유 목적으로 변경 시(재분류 시) 공정가치로 평가, 평가손익은 배출원가에서 가감[3]
판매목적	재고자산	저가법

1) 일반기업회계기준 문단 33.5
2) 일반기업회계기준 문단 33.17-33.18
3) 일반기업회계기준 문단 33.6

(3) 배출부채의 인식 및 측정

배출부채는 온실가스를 배출하여 정부에 배출권을 제출해야 하는 현재의무가 있고, 의무 이행을 위한 자원의 유출가능성이 매우 높으며, 소요되는 금액을 신뢰성 있게 측정할 수 있을 때 인식한다. 온실가스 배출권 거래제도는 당기에 온실가스를 배출하면, 그다음 연도에 정부로부터 배출량을 인증 받고 배출권을 제출하는 구조이다. 따라서 온실가스를 배출한 기업에게는 보고기간 말 정부에 배출권을 제출해야 하는 현재의무가 있다. 또한 이 의무 이행을 위해 자원이 유출될 가능성이 매우 높고, 배출권 거래소를 통해 의무 이행에 소요되는 금액을 신뢰성 있게 추정할 수 있다.

배출권 거래제도와 보고기간 말 기업의 현재의무

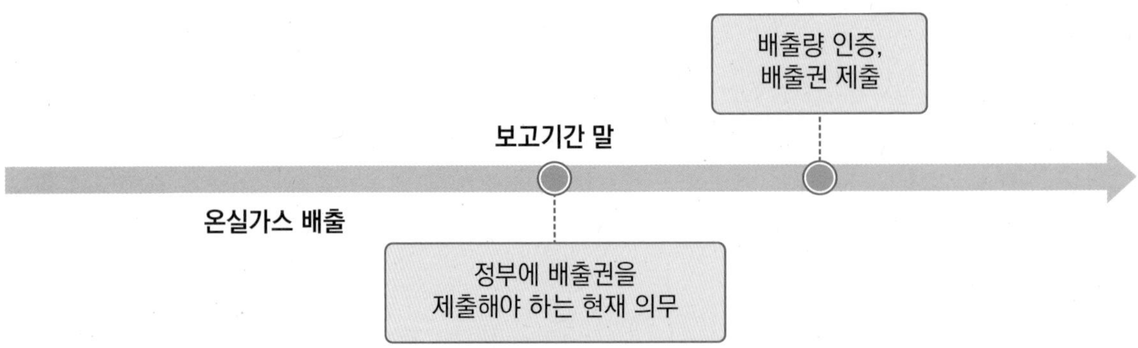

58 국내에서는 온실가스 배출권 판매 업체인 휴켐스가 보유한 온실가스 배출권을 무형자산으로 인식하고 있다.

배출부채는 현재 의무는 존재하나 지출 금액이 불확실하다는 점에서 충당부채의 성격을 갖고 있다. 일반적으로 충당부채의 경우 의무 이행에 소요되는 지출에 대해 보고기간 말 최선의 추정치로 측정한다. 그러나 배출부채를 일반적인 충당부채처럼 측정하는 경우 배출자산은 배출권의 원가로 측정하는 반면 배출부채는 현행원가로 측정하게 되어 자산과 부채 간의 측정 불일치가 발생한다. 이런 측정 방식의 차이로 인한 회계불일치를 해소하기 위해, 배출부채를 보유 배출권의 장부금액과 연계하여 측정하기로 하였다. 따라서 배출부채는 정부에 제출할 해당 이행연도 분으로 보유한 배출권의 장부금액에, 배출권 수량을 초과하는 배출량에 대해서 의무를 이행하는 데 소요되는 지출에 대한 최선의 추정치를 더하여 측정한다.

배출부채의 측정

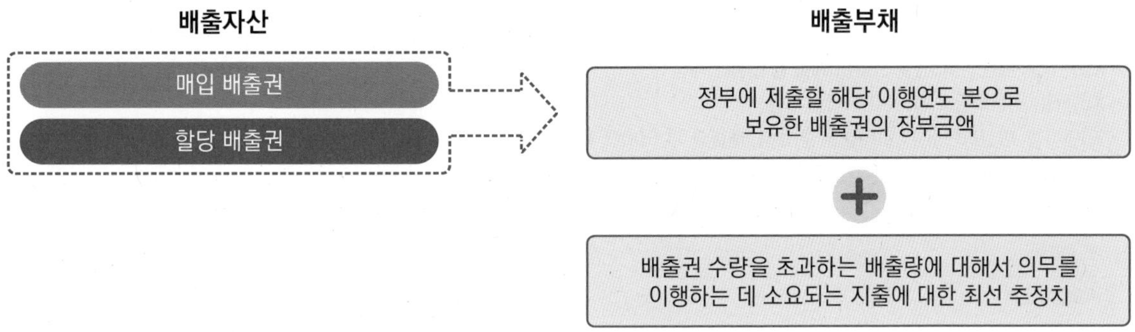

(4) 배출권 및 배출부채의 제거

배출권은 정부에 제출하거나 매각할 때 또는 배출권을 더 이상 사용할 수 없게 되는 경우(예: 이행연도의 경과, 할당 취소)에 제거한다. 배출권을 제거할 때 장부금액과 순매각금액의 차이인 처분손익은 어떤 배출권을 매각한 것인지에 따라 달라진다. 다음 연도 온실가스 배출량을 확인하여 정부에 제출하고도 남을 것으로 확정된 무상할당 배출권을 매각한 경우에는 처분손익을 배출원가에서 차감한다. 반면 온실가스 배출량을 확인하기 전에 매각한 경우에는 처분손익을 이연수익으로 인식하여 매각한 배출권이 속하는 이행연도에 걸쳐 배출원가와 상계한다. 이렇게 회계처리를 하는 이유는 무엇일까? 온실가스 배출이 할당량에 비해 감축되었는지 확인되지 않은 상태에서 매각한 배출권의 처분손익을 영업외손익으로 분류한다면 이후 정부에 제출할 때 부족분이 발생하게 되면 의무 이행을 위하여 배출권을 추가 매입하여야 하므로 매출원가를 상승시킬 수 있다. 또한 해당 이행연도분이 아닌 배출권을 매각한 경우 처분이익을 해당 이행연도의 배출원가에서 차감하면 매출원가를 왜곡할 수도 있기 때문이다. 한편, 매입한 배출권을 매각하는 경우에는 그 처분손익은 영업외손익으로 분류한다. 배출부채는 배출권을 정부에 제출하여 의무가 소멸되는 때에 제거한다.

(5) 배출권 및 배출부채 표시

배출권은 보유 목적에 따라 다르게 표시한다. 의무를 이행하기 위하여 보유하는 배출권은 무형자산으로 분류하며, 보고기간 말로부터 1년 이내에 정부에 제출할 부분은 유동자산으로 표시한다. 단기간의 매매차익을 얻기 위하여 보유하는 배출권은 유동자산으로 분류한다.

배출부채의 경우 보고기간말로부터 1년 이내에 결제될 부분은 유동부채로 분류하고, 그 밖의 부분은 비유동부채로 분류한다.

배출권 적용사례

- X4년: 계획기간의 이행연도 별로 각 10,000개의 배출권 무상할당
- X5년 6월: 배출권(X5년물) 1,000개를 @12원에 매입
- X5년 말: 이산화탄소 11,000톤 배출 추정
- X6년 5월: 이산화탄소 11,000톤 배출 인증, 배출권 11,000개 제출

	이행연도		
	20x5	20x6	20x7
무상할당 배출권(개)	10,000	10,000	10,000
배출권 시장가격(원)	@12		

- X6년 9월: 배출권(X7년물) 1,000개를 @12원에 매각
- X6년 말: 이산화탄소 11,000톤 배출 추정
- 배출권 부족분은 다음 이행연도에서 차입
- X7년 5월: 이산화탄소 11,000톤 배출 인증, 차입 승인, 배출권 11,000개 제출

	이행연도	
	20x6	20x7
무상할당 배출권(개)	10,000	10,000
배출권 시장가격(원)	@11	

- X7년 말: 이산화탄소 11,000톤 배출 추정
- X8년 5월: 이산화탄소 11,000톤 배출 인증, 배출권 3,000개 @12원에 매입하여 제출

	이행연도
	20x7
무상할당 배출권(개)	10,000
배출권 시장가격(원)	@11

배출권 무상할당

배출권 0* 정부보조금 0

* X5, X6, X7년 이행연도분 무상할당 배출권

배출권 매입(X5년 6월)

배출권 12,000 현금 12,000

배출부채 인식(X5년 말)

배출원가 12,000 배출부채 12,000*

* 무상할당(10,000×0) + 매입배출권(12,000)

배출권 제출(X6년 5월)

배출부채 12,000 배출권 12,000

배출권(X7년물) 매각

현금 12,000 이연수익 12,000 (인증 전 매각)

배출부채 인식(X6년 말)

배출원가 11,000 배출부채 11,000*

* 무상할당(10,000×0) + 최선추정치(1,000×11)

배출권 제출(X7년 5월)

배출부채 11,000 이연수익 11,000 (배출권 차입)

배출부채 인식 및 이연수익 상계(X7년 말)

배출원가 33,000 배출부채 33,000*

* 무상할당(8,000×0) + 최선추정치(3,000×11)

이연수익 23,000 배출원가 23,000*

* 매각 이연수익(12,000) + 차입 이연수익(11,000)

배출권 매입 및 제출(X8년 5월)

배출권 36,000 현금 36,000

배출부채 33,000 배출권 36,000

배출원가 3,000

(6) 온실가스 배출권 회계처리의 쟁점

2003년 국제회계기준위원회 산하 국제회계기준해석위원회에서는 국제회계기준에 따른 온실가스 배출권 회계처리방안에 대한 해석초안을 발표하였다. 국제회계기준해석위원회(The International Financial Reporting Interpretations Committee, 이하 IFRIC)는 이를 바탕으로 해석초안과 거의 동일한 내용을 담은 IFRIC 3을 유럽연합 탄소배출권거래제(Emissions Trading Scheme, ETS)의 시행에 발맞춰 2004년 12월 공표하였다.

그러나 유럽위원회는 일부 국가가 온실가스 배출권을 기업에 할당하는 것에 대한 준비가 미흡했고 초창기 유럽연합 탄소배출권거래제 시행 후 온실가스 배출 거래시장이 원활하지 않을 것이라 예상하여 회계기준 적용 연기를 요청하였다. 더군다나 많은 이해관계자들이 온실가스 배출권 회계처리방안에 대해 큰 우려를 표명하자 IFRIC은 2005년 6월 IFRIC 3를 철회하기에 이르렀다. 이후 2007년 12월 온실가스 배출권 회계처리 연구를 재착수한 뒤, 2010년에는 공청회까지 개최하였지만 결론을 내리지 못하였다. 이는 국가마다 온실가스 배출권 제도에 큰 차이(예: 무상 또는 저가로 할당하는 배출권의 가치인식)가 있어 온실가스 배출권에 대한 통일된 기준을 마련하는 일이 매우 어렵기 때문이었다.

IFRIC 3가 철회된 후 현재까지 온실가스 배출권에 대한 통일된 회계기준이 없기 때문에 유럽연합 회원국들은 국가마다 다르게 회계처리하고 있다. 예컨대, 배출권의 자산 계정에 관한 문제에 대해 네덜란드, 포르투갈, 스페인 등은 IFRIC 3와 같이 무형자산으로 인식할 것을 요구하고 있다. 반면, 무형자산의 인식에 소극적인 독일과 오스트리아는 온실가스 배출권을 재고자산으로 분류할 것을 권고하고 있다. 심지어 프랑스 회계기준위원회(ANC)는 「온실가스 배출 회계처리 제안서(Proposals for Accounting of GHG Emission Rights)」를 2012년 5월에 발표하였는데 배출권의 특성과 기업의 배출권 운영 방식, 기업이 배출권을 매입하는 이유에 근거하여 배출권을 무형자산이나 재고자산으로 회계처리 할 수 있도록 모두 허용하고 있다.

우리나라에서는 국내 기업 간 재무정보의 비교 가능성을 고려하여 우선 국제회계기준을 적용하고 있는 유럽기업들이 가장 많이 사용하는 것으로 조사된 실무적 회계처리를 기초로 일반기업회계기준을 제정하였고, 이를 한국채택국제회계기준을 도입한 기업들도 사용하고 있다. 2021년 이전까지 온실가스 배출권 유상할당량이 3%였으나, 2021년부터 10%로 크게 증가하면서 온실가스 배출권에 대한 회계처리가 점점 중요해지고 있다.

이처럼 온실가스 배출권이 점차 중요해짐에 따라 현행 온실가스 배출권 관련 기준을 보완 및 수정할 필요가 있다는 일부 의견도 있다. 다만, 기준서 개정은 재무정보의 유용성 증대, 기업에 미치는 영향, 실무적 부담 등 관련 사안들을 종합적으로 분석하며 신중히 접근하여야 할 사안에 해당하는 만큼, 중장기적인 관점에서 접근할 필요가 있다. 또한 국제회계기준위원회에서도 향후 5년 동안 다룰 안건의 예비목록으로 오염물질 가격책정 제도를 포함하는 등 관련 논의가 진행되고 있으므로 국제동향에 대한 면밀한 검토가 계속 요구된다.

6-2 ESG 세무

기업이 소유하는 자산, 기업 활동을 위한 소비 그리고 기업 활동의 결과물인 소득에 부과되는 조세는 오랜 기간 동안 기업 경영자에게 최소화해야 하는 비용 또는 어쩔 수 없이 지켜야만 하는 컴플라이언스로 인식되어 왔다. 이에 따라, 경영자들은 절세를 곧 기업의 가치 증대로 인식하며 다양한 방식으로 절세전략을 추구해왔으며, 때론 다국적기업들의 공격적인 조세회피전략이 사회적 논란을 일으키기도 했다.

그러나 ESG 경영이 본격적으로 대두되면서 조세에 관한 이러한 통념이 깨지고 있다. 기업의 조세전략이 기업의 지속가능성 전략, 나아가 기업 가치 및 목적과 어떻게 통합되는지에 대한 투자자와 이해관계자들의 관심이 증대되고 있는 가운데, 코로나19 대유행과 그에 따른 막대한 공적 지출로 인해 이러한 관심은 더욱 증폭되고 있다. 실제로 코로나19는 세계 여러 국가에서 경제회복을 위한 공격적인 재정지출과 감세정책을 가져왔으며, 팬데믹의 종식은 다시 재정적자 완화를 위한 증세 논의를 촉진하고 있다. 이에 더해 기후 위기와 에너지 위기를 대응하기 위해 세계 각국은 탄소세 도입 등 환경 관련 조세에 대한 새로운 변화를 예고하고 있다.

기업이 부담하는 조세는 이제 단순히 줄여야 마땅한 비용이 아니라, 환경을 위한 정부의 투자 재원이 되기도 한다. 따라서 정부는 환경 보호에 앞장서는 기업에게 새로운 조세 인센티브를 부여할 수도 있다. 조세는 정부의 재정 지출과 복지 정책의 재원으로서 사회적 가치를 창출하는 중요한 도구가 된다. 동시에 탄소국경조정제도와 같은 새로운 조세제도를 고려하는 기업의 가치사슬 재편이나 디지털세와 같은 공격적인 글로벌 조세회피방지 정책에 대응하는 기업의 지배구조 재편에도 영향을 주고 있다.

이러한 환경 속에서 경영진들은 기업의 조세 정책, 조세 지배구조, 조세 투명성 보고, 가치사슬 및 공급망의 변화 그리고 세무 부문의 운영모델 개편을 적극 고려하여야 한다.

세무가 ESG 지표로 부상하는 이유

1	2	3	4	5
재정 적자	지속가능 성장	변화의 견인차	협력적 컴플라이언스	이해관계자 자본주의
코로나19 대유행으로 '공평과세' 개념 논란 재점화	지속가능개발 목표달성 재원조달과 유지를 위해 세금이 필요하다는 인식 증가	'녹색'재정 정책 및 조세 거버넌스 틀은 기후 및 사회적 포용 전략의 핵심부분 (당근과 채찍 접근방식)	신뢰성 및 투명성 기반(자발적) 세무 컴플라이언스 집행 전략: 비전 및 전략에서 신고까지	주주중심의 사업 모형에서 이해관계자 중심의 사업 모형으로 전환됨에 따른 이해관계자와 소통 전략상 조세의 의미

출처: 삼일회계법인(2021c)

1. ESG 사안이 세무에 미치는 영향

1) 조세 정책

경영자들은 소위 '조세 공평성' 의제, 투명성, 책임성 및 ESG에 대한 강조 등 최근 물밀듯이 밀려오는 정부의 조세 정책 개발이 기업에 미칠 영향에 대해 충분히 인지해야 한다. 이를 위해 먼저 기업에 영향을 미칠 수 있는 조세 정책 동향에 대한 최신 정보를 입수하고 분석하여 다양한 문제들에 대한 기업의 자체적 접근 방향을 결정해야 한다. 특히 디지털화와 세계화로 인한 다국적기업들의 공격적인 글로벌 조세회피전략은 디지털세 등 새로운 국제 조세체계의 개혁을 가져왔다. 이에 따라 세계를 무대로 활동하는 우리 기업의 경영자들은 새로운 국제 조세체계의 변화에 대응하여 가치사슬 및 기업의 지배구조를 재고하고, 자사의 대응이 현재 어느 지점에 위치하고 있는지 정확히 진단할 수 있어야 한다. 납부하는 세금의 총규모, 국가별로 납부하는 세금의 종류, 이슈화된 주요 세목에 대한 기업의 입장 등을 포함한 조세 정책을 기업이 투자자 및 이해관계자들에게 어떤 방식으로 전달하는가 하는 문제는 기업의 평판 위험과 밀접하게 관련된다. 나아가보다 광범위한 기업의 투명성에도 영향을 줄 수 있다.

아래 표와 같이 사회, 비즈니스, 개인에게 영향을 주는 여러 글로벌 이슈들이 각국의 다양한 조세 정책 의제들을 낳고 있다. 경영자는 이러한 잠재적인 조치들이 정책으로 자리 잡기 전에 그 영향을 조기에 평가해야 한다. 그래야 기업의 사업 모형 및 관련 사업에 미치는 영향을 미리 예측할 수 있고, 사업계획 등에 합리적으로 반영하여 보다 정확한 세후 투자수익률을 추정할 수 있으며, 조세 정책변화를 고려하여 잠재적인 거래 구조와 지배구조의 조정에 성공할 수 있을 것이다. 이와 같은 조세 정책에 대한 적극적 대응은 경영자가 기업뿐만 아니라 주주 및 이해관계자들이 조세정책 영향을 더 잘 이해하도록 돕고, 과세당국 및 정책입안자와의 신뢰 구축을 지원할 것이다.

글로벌 이슈와 가능한 조세정책의 개발

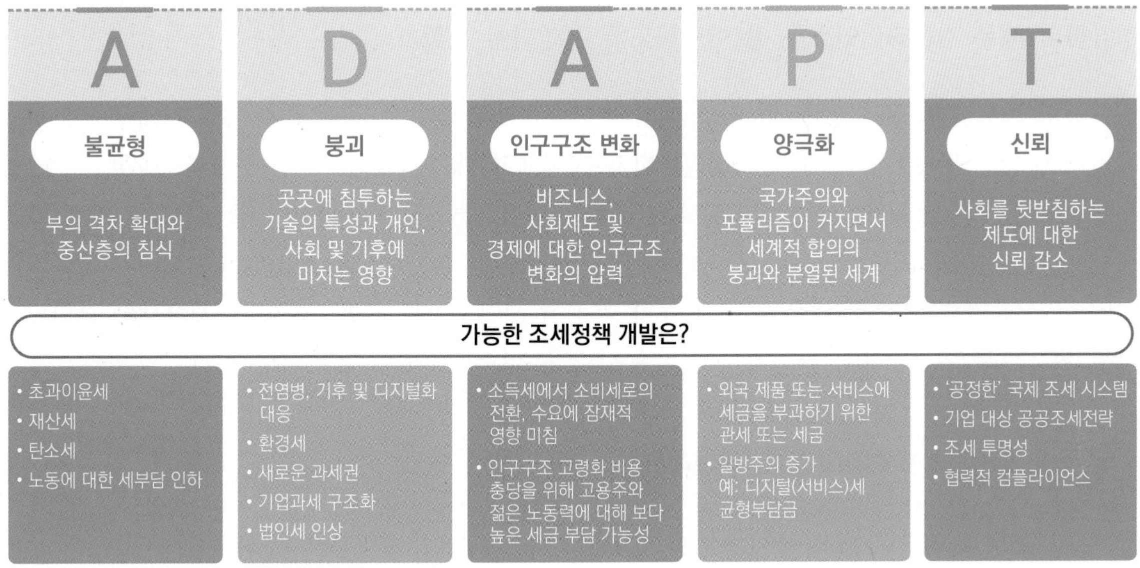

출처: 삼일회계법인(2021c)

2) 조세 지배구조

코로나19는 전 세계 국가들의 대규모 재정지출을 초래하였으며, 현재도 여러 과세당국들은 세금 징수를 통한 재정 보완을 계획하고 있다. 또한, 위축된 내수 경제 활성화를 위해 국내 투자에 대해 과감한 인센티브를 부여하는 정책 또한 내놓고 있는 상황이다.

조세 지배구조는 기업의 전체 지배구조 프레임워크 중 세금을 적정하게 신고 및 납부할 수 있도록 하는 과정 및 절차를 통칭한다. 코로나19로 인한 각 과세당국의 적극적인 세무조사 의지, 다양한 조세 인센티브 신청에 동반하는 위험, 여기에 세무 팀원과 과세당국의 원격근무 일상화로 인해 기업들은 세금 신고 납부를 위한 절차 및 내부 조세 통제 프레임워크를 원활하게 작동하기 힘든 환경에 처해 있다. 또한, 기술 발전으로 인해 각국의 과세당국은 전자적 형태의 세금계산서 등을 수취하고 이를 실시간 관리하면서 기업정보를 거래 단위까지 집계할 수 있게 되었으며, 각종 데이터 분석 도구를 개발하여 세무조사에도 활용하고 있다.

이에 따라 기업들은 세금 신고에 활용되는 원시 데이터들의 정확성을 사전에 검증하고, 세금 계산에 오류가 발생하지 않는지 등에 관해 세금 신고 및 납부 이전에 자체적으로 파악할 수 있어야 한다. 요컨대 기업들이 세무 위험의 파악이 가능한 조세 통제 프레임워크를 강화해야 할 필요성이 매우 커졌다. 기업의 조세 지배구조가 효과적으로 작동하기 위해서는 조세 통제 프레임워크, 즉 세무 위험을 통제할 수 있는 도구와 과정 및 절차가 필요하다. 또한 조세 통제 프레임워크는 효과적으로 작동될 수 있도록 설계되어야 하고, 실질적으로도 설계된 대로 세무 위험을 파악하고 해당 위험을 경감하며 세무 컴플라이언스를 잘 이행하도록 운영되어야 한다.

이처럼 조세 통제 프레임워크와 이 프레임워크의 효과적인 설계 및 운영은 조세 지배구조에 필수적인 요소라고 할 수 있다. 보다 진화된 회사는 이에 더해 이러한 시스템이 효과적으로 설계 및 운영되고 있는지 지속적으로 모니터링하고 검증하는 절차를 거친다. 나아가서는 전사적 자원 관리(Enterprise Resource Planning, ERP) 등의 시스템 또는 파워비아이(Power BI)나 알테릭스(Alteryix)와 같은 어플리케이션을 통해 조세 통제 프레임워크의 운영 상태를 실시간으로 모니터링하고 검증하여 경영진에게 보고하는 프로세스를 갖추는 회사들도 증가하고 있다.

효과적인 조세 통제 프레임워크를 위한 체크리스트

- 이사회나 경영진의 승인을 받은 정교하게 문서화된 조세 시스템이 존재합니까?
- 세무위험을 효과적으로 관리할 수 있는 세무 위험 및 거버넌스 정책이 문서화되어 존재합니까?
- 세무위험을 포함한 조직의 위험에 대해 확인하고, 측정하고, 관리하고, 보고하는 공식화된 방법이 있습니까?
- 경영진은 세무부서의 시스템, 업무 수행 절차, 수행 인력이 회사의 전반적인 세무 컴플라이언스를 이행하는 데 충분하다고 생각합니까?
- 경영진이 중요한 세무위험에 대해 정기적으로 이사회에 보고하는 공식 보고 프로세스가 존재합니까?
- 세무 컴플라이언스 이행을 위해 주요 세무 업무를 지원하거나 주요 세무위험을 발견, 경감, 모니터링 하는 기술이 도입되었습니까?
- 지난 3년 내 조세 통제 프레임워크가 효과적으로 운영되는지 독립적으로 검증한 적이 있습니까?
- 회사의 세무 전략이나 조세 통제 프레임워크에 대해 외부에 공시된 명확한 성명서가 있습니까?
- 현재의 조세 통제 프레임워크가 향후 세법의 개정이나 세무환경의 변화를 고려하여 조직에 서 적합하게 설계 및 운용되고 있습니까?

출처: PwC(2021a)

3) 조세 투명성 보고

조세 투명성에 대한 보고는 오래 전부터 논의되어 왔으나, 경제협력개발기구의 소득이전을 통한 세원잠식(Base Erosion and Profit Shifting, BEPS) 방지 프로젝트와 최근 ESG 경영 등이 화두가 되면서 '조세 투명성을 어떤 기준으로 어떻게 보고하느냐'가 보다 중요한 과제로 떠올랐다. 조세 투명성에 대한 보고가 기업 이해관계자들의 투자의사결정이나 기업 가치에 미치는 영향, 과세당국의 조사 가능성과 조세부담 등에 미치는 영향 등에 대해서는 학계에서도 연구가 활발히 진행되고 있다. 또한 법인세 회계 등에 대한 기존의 재무제표 공시와 같이 기업의 강제적인 조세 관련 보고 의무 외에 조세 투명성에 대한 자발적인 보고나 공시에 대한 관심도 고조되고 있다.

그동안 GRI 기준, WEF-IBC 지표, 유럽연합의 국가별 보고기준 등 다양한 ESG 보고기준에서도 조세 투명성과 관련한 기준을 제시해왔다. 특히 국제지속가능성공시기준의 제정을 계기로 이러한 조세 관련 ESG 공시의 기준 역시 통일화될 것으로 기대한다. 향후 국제지속가능성공시기준 제정에 따라 공시 의무가 강화될 경우 조세 투명성 보고에 대한 요구는 ESG와 연계하여 더욱 높아질 것으로 보인다.

현재까지 조세 투명성을 자발적으로 공시하는 다국적기업들이 일반적으로 수용하고 있는 GRI 207, WEF-IBC 지표 그리고 한국 기업들에게 적용되는 법인세 처리 기준 관련 사항의 주요 내용을 정리하면 다음과 같다.

(1) GRI 207

GRI 207: 조세	2019년 12월에 발표
GRI 표준 적용 대상	지속가능성보고서를 발간하는 기업들은 중요하다고 판단할 경우 GRI 기준을 따를 것으로 예상되며, 이는 기업이 자율적으로 결정
공개 대상 범위는?	- 관리접근방식 공개 - 공시 207-1 조세 접근방식 - 공시 207-2 조세 거버넌스, 통제 및 위험관리 - 공시 207-3 조세 관련 이해관계자 참여와 우려사항의 관리 - 주제별 공개 - 공시 207-4 국가별 보고서
최초 공개 시점은?	GRI 207: 조세는 2021년 발간되는 보고서부터 적용 가능. 공시 207-4 관련 정보 공개는 가장 최근에 감사 받은 연결재무제표와 연관되어야 함. 만약 해당기간의 정보가 없을 경우, 가장 최근의 재무제표 및 바로 직전의 재무제표여야 함. 기업이나 기관들은 경제적, 환경적, 사회적 임팩트에 대한 통합보고서를 정기적으로 공개한다고 약정할 것으로 예상됨
무엇을 통해 공개?	지속가능성보고서 작성 시 GRI 기준을 사용
다국적기업들의 반응은?	에너지 다국적기업인 Anglo American과 Rio Tinto가 GRI 207: 조세 기준을 수용하기로 약정. 아직은 초기이지만 GRI 표준에 따라 지속가능성보고서를 발간하고 있는 기업들은 사내 지속가능성팀과 접근방식에 대해 논의 중임

(2) WEF-IBC SCM

WEF-IBC 공통지표 백서란?	지속가능 가치의 핵심 측면에 대해 일관성 있고 비교 가능한 보고를 가능하게 하는 이니셔티브. 협의 과정을 통해 "이해관계자 자본주의 매트릭스(Measuring Stakeholder Capitalism)" 백서(Common Metrics Paper) 발행. 21개의 핵심지표와 34개의 확장지표를 자세히 설명
조세분야 측정지표 적용 대상 기업은?	WEF의 국제비즈니스협의회(IBC) 회원 → 세계 100대 기업의 최고경영자들로 구성되어 있으며 대다수가 측정지표에 따라 보고할 것을 약정. 이 지표들은 국제비즈니스협의회 회원이 아닌 기업들에게도 적용 가능함.

공개 대상 범위는?	총납부 조세(TTC) – 기업의 총 글로벌 조세부담(세목별로 법인세, 재산세, 비공제 부가세 및 기타 매출세, 고용주 부담 급여세금 및 기업 비용에 해당하는 기타 제세). 확장 지표에는 총납부 조세의 세금 징수 요소 및 / 또는 'GRI 201 – 경제적 성과'에 기반한 해당 데이터의 지리적 분석을 포함하는 옵션이 있음
최초 공개 시점은?	이 백서는 모든 국제비즈니스협의회 회원들로 하여금 측정지표와 공개범위에 따라 보고할 것을 권장하며, 이 프로세스에 대한 일정은 총괄적으로 2021년 1월 국제비즈니스협의회 회의에서 발표
무엇을 통해 공개?	연관이 있거나 가능한 경우에 한해, 주류를 이루는 기업 보고서(연차보고서나 주주총회 안건보고서)들에 먼저 권장 핵심지표들을 보고하도록 독려하고 있음. 기업의 연차보고서(이사의 경영진단 및 분석의견(MD&A), 전략보고서, 통합보고서 등), 지배구조보고서(Proxy Statement)에서 중요한 ESG 지표를 다루게 되면 중요한 ESG 요소들이 결국 이사회의 의제에 포함될 것이며, 이에 따라 전반적인 기업 지배구조 프로세스의 일부가 될 것임
다국적기업들의 반응은?	이는 비교적 최근의 전개 상황이며 기업들은 저마다 접근방식을 고려 중임. 일부 기업은(공식적으로 발표하지 않았지만) 총납부 조세 공개를 고려 중임. WEF-IBC는 기업들이 이해관계자 자본주의를 포용하는 뜻에서 핵심 및 확장지표를 보고하는 여정에 착수하는 것을 목표로 함

총납부 조세(Total Tax Contribution, TTC)

- 회사가 중앙, 지방 등 모든 단계의 정부에게 현금으로 납부한 각종 세금 및 부과금의 총액
- 지출 시 회사에 비용이 되는 세금(세금 부담)과 회사가 정부를 대신하여 징수하는 세금(세금 징수)을 구분함
- 총조세부담을 통한 기업의 사회(재정) 기여를 보여줌

출처: PwC(2021b)

(3) 한국채택국제회계기준 해석서 제2123호(법인세 처리의 불확실성)

IAS 12 '법인세'에서는 법인세 자산 및 부채의 인식 및 측정 요구 사항을 포함하지만, 불확실성을 반영하는 방법은 규정하지 않는다. 이에 IFRIC은 세법의 적용이 불확실할 때 기업이 다양한 보고 방법을 적용하고 있다고 보아 법인세 처리의 불확실성 해석서(IFRIC 23)를 2017년 6월에 발행하였다. 우리나라도 이에 대응하여 한국채택국제회계기준 해석서 제2123호(법인세 처리의 불확실성)를 적용한 회계처리를 2019년부터 적용하고 있다.

불확실한 법인세 처리란 기업이 적용한 법인세 처리가 과세당국에 의해 인정될지에 대한 불확실성이 존재하는 경우로 불확실성의 추정 결과에 따라 과세소득(세무상결손금), 세무 기준액, 미사용 세무상결손금, 미사용 세액공제, 세율을 산정한다. 법인세 불확실성에 따라 법인세 처리를 변경하였

다면, 한국채택국제회계기준서 제1001호 및 제1012호에 따라 산정에 사용한 판단, 산정에 사용한 가정과 추정에 대한 정보, 법인세 관련 우발부채와 우발자산을 공시하여야 한다.

현재까지 다수의 법인들이 법인세 불확실성에 대한 회계처리를 인식하고 있진 않고 있다. 그러나 향후 ISSB의 국제 지속가능성공시기준 제정에 따라 공시 의무가 강화될 경우 불확실성하의 법인세 처리와 공시사항에 대한 기준 및 공시 의무 역시 강화될 것으로 예상된다.

기업은 과세당국이 조사할 권한이 있는 만큼 모두 조사할 것이고, 조사를 하면 관련정보를 모두 알게 된다고 가정해야 한다. 기업은 과세당국이 불확실한 법인세 처리를 수용할 가능성이 높은지 판단하여 과세소득(세무상결손금), 세무 기준액, 미사용 세무상결손금, 미사용 세액공제, 세율을 산정해야 한다. 반대로 수용할 가능성이 높지 않다면 가능성이 가장 높은 금액이나 기대치 중 불확실성을 더 잘 해소할 것으로 예상하는 방법을 사용하여 불확실성의 영향을 반영하여야 한다.

(4) 금융감독원 법인세 회계처리 감리 강화

금융감독원은 상장회사의 2020년 재무제표 심사 시 전 업종에 걸쳐 이연법인세 회계처리의 적정성을 중점 점검하였다. 법인이 향후 과세소득의 발생가능성이 높지 않음에도 불구하고 부채비율 감소를 목적으로 이연법인세자산을 인식하는 일의 방지에 감리 목적이 있다. 즉, 법인이 현재시점에 미래의 예상 과세소득을 적정하게 예측하고 이에 따른 세무상 효과를 재무제표에 반영하도록 하는 데 주안점을 두고 있다.

4) 가치사슬/공급망의 변화

국가 간 또는 법인 간에 지속 가능한 합리적인 이익의 배분은 독립기업원칙에 따라 결정된다. 여기서 말하는 독립기업원칙은 각 법인에서 다국적기업의 핵심가치창출에 대한 기여도에 따라 이익이 배분되는 것을 의미한다. 가치창출에 대한 기여 분석은 기업이 속한 산업의 특성과 가치사슬에 참여하는 법인들에 대한 기능분석을 통하여 이뤄진다. 즉, 조세를 최소화하도록 국가 간 또는 법인 간 소득을 이전하는 계획보다, 기업 내 가치를 창출하는 법인들의 기능에 따라 합리적으로 이익을 배분하는 것이 기업의 지속가능성을 높이는 조세 전략임을 뜻한다.

이러한 지속가능 시스템 기반의 가치사슬 내 이익배분을 위한 산업 및 기능분석 방법을 요약하면 다음과 같다.

가치사슬 내 이익배분을 위한 산업 및 기능분석 방법

단계	구분		
1단계	**다국적 기업 그룹 내 가치 창출** 본절차는 다국적 기업 내 가치 창출을 뒷받침하는 기본 요소의 파악으로부터 시작	**1단계 – 관련 산업 내 변화에 대한 설명** 전문가 분석을 통해 해당 산업 내 주요 변화에 대한 심도있는 분석 수행(예: 코로나19로 인해 상당 부분 변경 가능함)	**2단계 – 핵심 가치 분석** 관련 담당자를 대상으로 하는 인터뷰 수행(예: 연구개발비, 마케팅, 기업 인수·합병 담당자)을 통해 다국적 기업 그룹이 속한 산업의 주요 변화에 대한 대응 방법을 파악함. 구체적으로, 주요 성장동력, 경쟁 상황에서의 변화 대응 방식 등이 이에 해당됨
2단계	**시장 분석** 해당 산업에 종사하는 기업들의 가치 창출 사례를 다국적 기업 그룹과 비교하여 심층 분석	**3단계 – 피어 그룹 및 역량 분석** • 다양한 수준의 수직/수평적 통합을 이루고 있는 다국적 기업 그룹의 피어 그룹에 대한 검토 수행 • 경제적 가치 또는 추가적인 이익을 창출하는 핵심 산업 역량에 대한 분석	**4단계 – 그룹의 가치 분석** 다국적 기업 그룹만의 차별화 요소와 더불어 다국적 기업 그룹 가치사슬의 다양한 측면에서의 경쟁 우위를 파악하기 위한 광범위한 인터뷰 수행 (예: 사업 부문, 지역별 등)
3단계	**기능과 가치 창출과의 연계** 창출된 가치에 대한 주요 기여도를 팀/인력, 자산 및 궁극적으로 관계 법인과 연계시켜 파악	**5단계 – 주요 기여 및 의사결정 주체** • 핵심 가치 동인과 관련하여 다국적 기업 그룹 내의 기여 주체와 의사 결정 주체에 대한 파악 • 4단계 작업과 관련된 더욱 심도깊은 인터뷰와 병행하여 분석	**6단계 – 지속가능성 및 기회 식별** (i) 기존 사업 운영 체계의 유지 또는 (ii) 잠재 수익에 대한 추가적인 중앙집중관리를 위해 그룹 본사 및 현지에 각각 배치될 예정인 핵심 권한/팀에 대한 비교분석

* 동 분석상 피어 그룹 분석이라 함은 경쟁 환경에 대한 동적 해석(Dynamic Interpretation) 절차로서, 이를 통해 기업들은 가치사슬 과정의 일부에 진입할 수 있음

출처: 삼일회계법인(2021c)

ESG를 고려한 가치사슬/공급망 관리는 이러한 다국적 그룹 내 합리적인 이익 배분만을 의미하지는 않는다. ESG 세무에 더해 디지털세의 도입, 탄소배출과 관련한 탄소국경조정제도의 도입 등은 그룹 전체의 탄소배출을 최소화하는 생산지 변경 및 통합, 효율적이고 효과적인 조세 관리를 위한 기업 지배구조 개편, 자유무역협정(FTA) 및 각 국가의 관세 등 간접세를 고려한 거래구조의 개편 등의 방법을 통해 기업들이 기존의 기업 지배구조 및 거래구조를 능동적으로 변화시키는 효과를 가져올 수 있다.

5) 세무 부문 운영 모델

점점 복잡해지는 내부 및 외부 도전 요소들 속에서 세무 부문은 기업의 비즈니스 의사결정에 필요한 정보를 민첩하고 정확하게 제공하는 기능을 다해야 한다. 뿐만 아니라 과세 관할권 보고로 더욱 복잡해진 규정과 계산 과정을 준수해야 함과 동시에 세무 부문 기능의 예산과 관련한 상당한 비용 압박에도 대처해야 한다.

세무 부문에 영향을 미치는 내·외부 요인

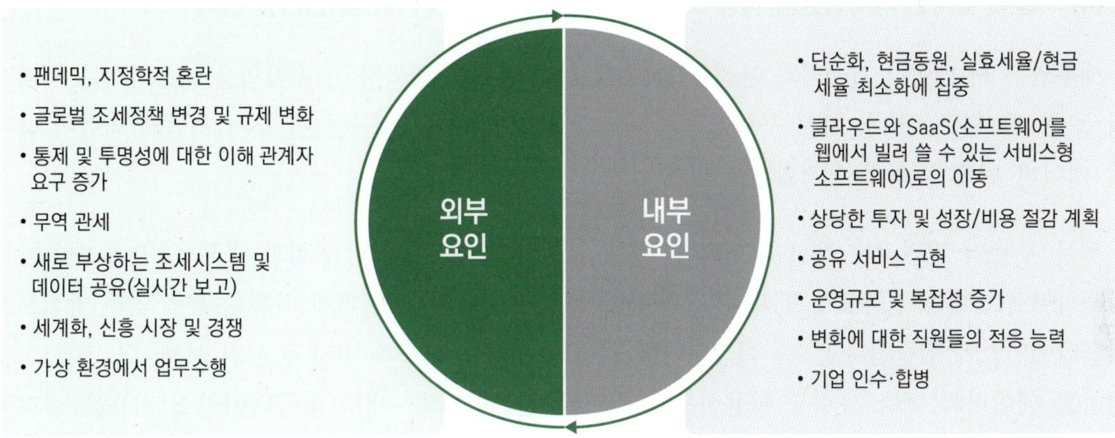

출처: 삼일회계법인(2021c)

기업이 세무 부문의 기능과 관련하여 고려해야 할 핵심적인 사항은 다음과 같다.

(1) 세무는 비즈니스 변화의 중요한 파트너

세무는 비즈니스 전략의 모든 측면에 포함되어야 한다. 인수합병 및 파트너십을 통한 사업 확장, 효율적인 현금동원, 영향권 내 국가 간 재화와 서비스의 채널과 흐름 및 가격결정의 진화, 공급망에 예상치 못한 비용을 초래하여 수익성을 잠식하고 이전 가격과 글로벌 실효세율을 교란할 수 있는 관세와 직접세 및 간접세의 영향 등의 변화에 대해 선제적으로 대응할 수 있어야 한다.

(2) 조세정책 및 규제 변화 수용

과세당국과 규제당국 및 기타 이해관계자들은 기업의 세무 업무 관리 방식과 관련하여 엄격한 통제와 투명성 및 책임성을 요구하고 있는데 최근에는 발을 맞춰 점점 더 공격적으로 변하는 모습이다. 세무 부문은 법률 및 정책변화에 신속 대응함은 물론 경영진 및 각 부서에게 여러 국가에서 비즈니스에 영향을 미치는 최근의 주요 동향에 대한 전문적인 인사이트를 제공할 수 있어야 한다.

(3) 전통적인 세무기능 운용 구조 한계 극복 및 새로운 운용 구조 정립 필요성

세무 부문은 부문의 운용모델이 목적에 맞는 것인지, 조직의 목표를 달성할 수 있는지, 품질 유지와 위험관리에 적합한지 여부를 평가해야 한다. 최근 기업들은 심층조사 증가 현상에 직면하고 있다. 이에 대처하기 위해 전략적 인소싱[59], 코소싱[60], 아웃소싱과 제3자관리 서비스를 포함하여 세무 부문 운영모델을 고려하여야 한다. 분산된 활동의 표준화 및 자동화를 통해 특정 프로세스들을 보다 중앙 집중된 모형으로 이전하는 방안 또한 생각해 볼 수 있다.

(4) 사실에 입각한 의사결정과 역량 조성을 위한 세무 기술 활성화 및 신기술 습득

세무업무 시 데이터 가시화와 분석을 통해 더 나은 통찰을 획득하고, 수작업을 자동화하는 처리방식 등을 고려할 수 있다. 부서 구성원들이 이러한 새로운 기술을 습득하면 부서 기능의 역량이 높아져 데이터 난제를 쉽게 해결할 수 있다.

세무 부문이 직면하는 새로운 변화에 대한 고려와 함께, 다양한 위험과 규제 영역에 대응하는 컴플라이언스 활동의 중요성 또한 점차 높아질 것으로 예상된다. 위험에 더욱 초점을 맞춘 방식으로 컴플라이언스에 접근한다면, 즉 핵심전략에 부합하는 기술 사용과 인간 중심의 설계, 그 결과로 발생하는 데이터와 예측 능력을 활용하는 방식으로 접근한다면, 세무 컴플라이언스 비용을 절감할 뿐만 아니라 조직이 더 적은 노력으로 더 많은 세무 업무를 처리함으로써 비용 효과를 높일 수 있다. 이를 통해 규제 변화에 대한 조직의 적절한 대처에 도움을 주고, 고객과 신뢰를 구축하고, 조직의 성장에 기여하며, 나아가 지속적인 혁신을 촉진할 수 있을 것이다.

2. 유럽연합 탄소국경조정제도

2023년 1월 1일부터 시행 예정인 유럽연합 탄소국경조정제도(Carbon Border Adjustment Mechanism, CBAM)는 유럽연합 역내에 물품을 수출할 때 수출국의 탄소배출 비용을 고려하여 유럽연합이 탄소배출량에 따라 관세를 부과하는 제도이다. 보호무역관세의 일종이라고 할 수 있다. 유럽연합 수출 비중이 높은 우리나라의 탄소집약적 기업들은 단기적으로는 탄소국경조정제도 컴플라이언스 이행을 신속히 준비하여야 한다. 또한 중장기적으로 이러한 글로벌 ESG 제도 개편에 따른 잠재 영향을 최소화할 수 있는 근본적인 경영전략에 대한 논의가 필요하다.

---

59 기업이나 조직의 서비스와 기능을 조직 안에서 총괄적으로 제공, 조달하는 방식이다.

60 아웃소싱의 발전적 형태로써 복수의 주체가 각각 서로의 경영자원을 공유하고 상호보완적으로 활용하는 형태다.

1) 탄소 중립에 대한 글로벌 동향

유럽연합과 미국 등 주요국은 중장기 탄소중립 비전과 추진 방안을 발표한 뒤 2050년 전후로 탄소중립을 달성하기 위한 구체적인 탄소저감 정책을 입법화하고 있다.

2021년 미국의 파리협정 재가입으로 미국, 유럽연합, 중국 등 주요 참여국의 탄소중립 선언과 함께 파리협정 세부이행규칙이 완성되었으며, 주요 경제국은 탄소 저감의 일환으로 수입가격에 포함된 탄소가격에 대한 조정 제도 마련을 통해 자국 생산기반 보호 및 '공평한 조건에서 경쟁하기(Level The Playing Field)'를 실천하고 있다.

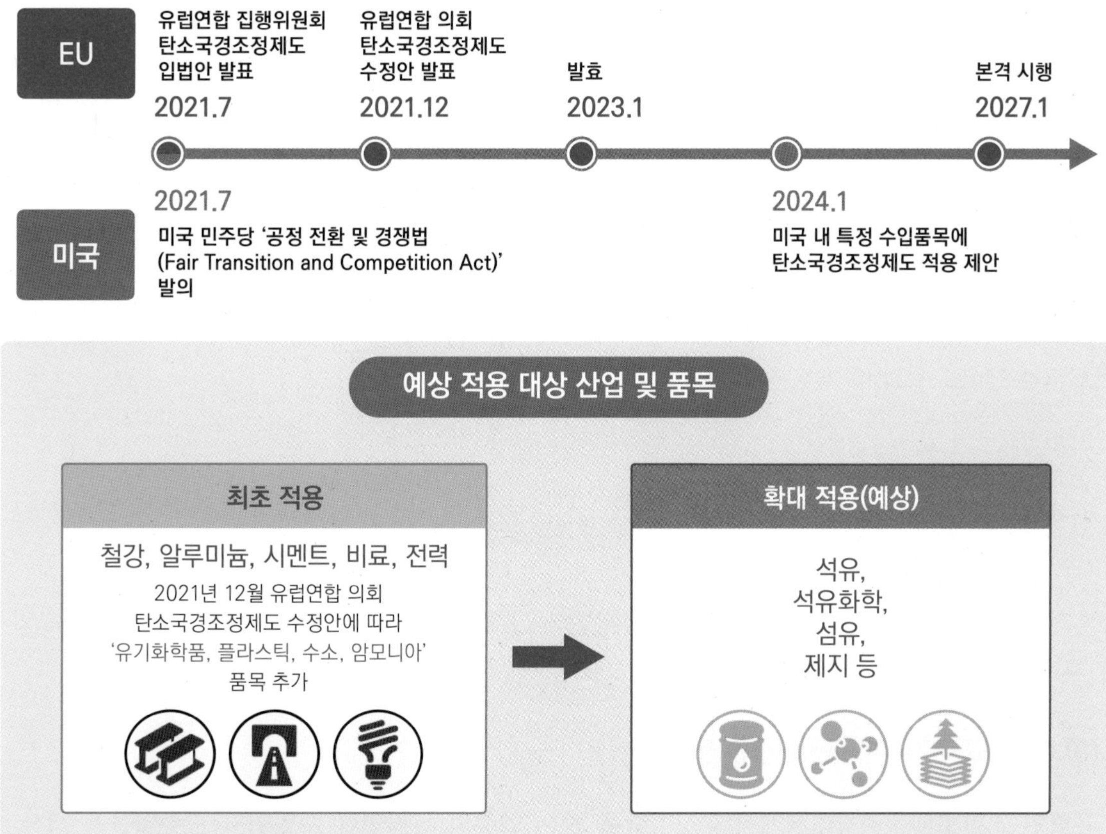

출처: 삼일회계법인(2021d)

2) 탄소 중립에 대한 기업들의 대응 방향

탄소 저감 정책의 중대성을 인지한 국내 대기업들은 경쟁력 강화를 위하여 탄소 중립 대응을 적극적으로 계획하고 있다. 국내외 글로벌 기업들 역시 탄소배출량 절감을 위한 노력을 기울이는 한편 저탄소 공급망 재편을 시도하고 있다.

탄소집약적 산업을 영위하는 우리나라 기업들도 탄소국경조정제도 대응 역량을 강화하고 전 세계적인 탄소 중립 요구에 부응할 수 있는 선제적인 공급망 및 생산 공정 개선 대응 전략을 수립해야 한다.

3) 탄소국경조정제도의 주요 내용

(1) 적용 대상

유럽연합 탄소국경조정제도는 부속서 Ⅰ에 열거된 철강, 알루미늄, 비료, 시멘트, 전기의 수입에 적용된다. 단, 유럽연합 의회 탄소국경조정제도 수정안에 따라 유기화학품, 플라스틱, 수소, 암모니아 품목이 적용 대상에 추가되었다.

(2) 기업의 컴플라이언스 의무

전환기간은 2023년 1월 1일부터 2026년 12월 31일까지이다. 수출업자는 수입업자가 제품의 직접 및 간접 탄소배출량 등이 포함된 탄소국경조정제도 보고서를 관련 당국에 제출할 수 있도록 정보를 제공하며, 수입업자는 이 정보를 기반으로 수출업자를 등록한다.

탄소국경조정제도 보고서의 필수 정보
- 해당 제품을 생산하는 공장별 각 제품의 총량
- 각 제품의 실제 탄소배출량
- 각 제품의 간접적인 실제 탄소배출량
- 수입 상품의 원산지에서 부과되는 탄소가격

본격 시행은 2027년 1월 1일부터이며, 이때부터 실제 배출량을 기준으로 탄소국경조정제도 인증서 구매 비용[61]을 부담하게 된다.

(3) 탄소배출권거래제 무상배출권 철폐

유럽연합 탄소배출권거래제에서 무상할당을 받는 업종의 유럽연합 수입업자는 수입물품 생산 시 발생한 탄소 배출량에서 무상할당량만큼을 제외한 탄소국경조정제도 인증서를 구매할 수 있다. 2022년 6월 유럽연합 의회의 탄소국경조정제도 최종안에서는 유럽연합 탄소배출권거래제의 무상배출권을 2032년까지 폐지하는 내용이 포함되어 있다. 구체적으로 무상배출권 감축 시나리오가 2027년 93%, 2028년 84%, 2029년 69%, 2030년 50%, 2031년 25%, 2032년 0%로 제시되었다.

61 연합 탄소배출권거래제 배출권의 주간 거래종가 평균×이산화탄소 실제 배출량(톤)을 포함한다. 배출량을 계산할 수 없는 경우 탄소배출량이 제일 많은 유럽연합 상위 10% 공장의 평균 배출량을 사용할 수 있으며 추가적인 비용 부담 가능성 존재한다.

(4) 탄소 배출 범위

탄소국경조정제도 수정안에서는 탄소 배출범위를 기존 직접배출에서 간접배출로 확대함에 따라, 산업 부문의 전력소비량이 높은 우리나라의 부담이 커질 것으로 예상된다.

또한, 탄소국경세 산출기준인 탄소배출량에는 수입물품 자체의 생산 공정 중에 발생된 배출량뿐만 아니라, 원자재 단위의 생산 공정 중에 발생한 배출량까지 포함된다.

탄소국경조정제도 입법안 vs. 수정안

탄소국경조정제도 입법안(2021년 7월)	탄소국경조정제도 수정안(2021년 12월)
Article 3 Point 16 '탄소배출량'은 상품 생산과정에서 배출되는 직접배출량을 의미하며···	**Article 3 Point 16** '탄소배출량'은 상품 및 그 전방산업 제품의 생산 중에 방출되는 직간접적 배출을 의미하며···
Article 3 Point 28 '간접배출'이란 재화의 제조공정 중 소비되는 전력, 냉난방 등의 생산과정에서 발생하는 배출···	**Article 3 Point 28** '간접배출'이란 제품의 제조공정 중 소비되는 전력 생산 과정에서 발생하는 온실가스 배출량을 의미

출처: 삼일회계법인(2022)

(5) 역외국의 탄소가격제 인정범위

수출업자가 유럽연합 역외국에서 수입물품에 대한 탄소세 등을 이미 납부한 경우, 유럽연합 역내 수입업자는 해당 금액만큼 탄소국경세 면제 신청이 가능하다. 탄소국경조정제도 수정안에는 유럽연합 역외국의 명시적 탄소가격제(예: 배출권 거래제도, 탄소세)만이 탄소국경세 감축 및 면제에 사용될 수 있다는 내용이 포함되었다.

명시적 탄소가격제 vs. 묵시적 탄소가격제

명시적 탄소가격제(Explicit Carbon Pricing)	묵시적 탄소가격제(Implicit Carbon Pricing)
• **유럽연합 탄소배출권거래제**: 정부가 탄소 총배출량을 설정한 후 기업이 허용 범위 내에서 탄소 배출권을 부여 받아 사고파는 제도 • **탄소세**: 석탄, 석유, 천연가스 등 이상화탄소를 배출하는 화석연료의 사용량에 부과하는 세금	• 재생에너지 보조금 • 화석연료세 • 발전소 등에 대한 CO_2 배출기준 설정

출처: 삼일회계법인(2022)

(6) 탄소국경조정제도 집행기관의 중앙화

기존 규정에서는 각 유럽연합 국가가 관련 당국(Competent Authority)을 지정하여 탄소국경조정제도를 관리하도록 정하고 있었다. 유럽연합이 실무적인 부분을 각 유럽연합 국가에 위임하고 있었던 것이다. 그러나 탄소국경조정제도 수정안에는 유럽연합 집행위원회 내에 탄소국경조정제도 집행기관을 설치하고 여기서 업무를 총괄 관리한다는 내용이 포함되어 있다.

4) 유럽연합 탄소국경조정제도의 국내 영향

탄소국경조정의 취지가 탄소 누출을 방지하는 데에 있는 만큼 한국의 탄소 가격 정책이 유럽연합 정책에 미달하는 경우, 1차 적용 산업을 비롯하여 유럽연합 수출 비중이 높은 산업들이 향후 탄소국경조정 대상에 포함될 가능성이 있다.

현재 유럽연합의 탄소배출권 가격은 매년 상승하고 있는 추세이며, 유럽연합의 규제 강화에 따른 탄소배출권 수요 증가는 가격을 더욱 상승시킬 것으로 예상된다. 한편 현재 우리나라는 탄소가격제도 중 탄소배출권거래제만 시행하고 있으며 탄소배출권 가격 역시 약 2~3만 원으로 유럽연합 탄소배출권거래제 가격보다 현저히 낮은 상황이다.

이에 따라 국가정책 측면에서 단기적으로는 전환기간 동안 국내 기업들의 탄소국경조정제도 대응을 위한 정부 차원의 지원이 필요하다. 중기적으로는 유럽연합 교역상대국들과의 긴밀한 협의를 통해 탄소국경조정제도에 대한 통상법적 대응에 성공해야 하며, 장기적으로는 국내 탄소세의 도입이나 탄소배출권거래제 거래 촉진 등 유럽연합 정책과 동등성을 인정받을 수 있는 수준의 탈탄소 정책을 추진할 필요가 있다.

또한, 우리 기업들은 단기적으로는 탄소국경조정제도 컴플라이언스 대응을 위한 배출데이터 관리체계를 확립해야 하고, 장기적으로는 탄소 배출량 감소를 위해 공정효율화, 수출품목 변화, 유럽연합 내 생산기지 이전 등 글로벌 가치사슬재편과 같은 근본적인 대책 마련이 반드시 필요하다.

참고 문헌

가치보고재단(VRF), 2021, 2021 SASB Standards Implementation Webinar Series.

가치보고재단(VRF), 2022, What's the Future of the 〈IR〉 Framework under the IFRS Foundation?.

경제협력개발기구(OECD), 2019, Social Impact Investment: The Impact Imperative for Sustainable Development.

고정연, 2022, 국내 ESG보고서 인증현황, 제1회 한국공인회계사회 ESG인증포럼 발표자료.

국제감사인증기준위원회(IAASB), 2013, ISAE 3000 (Revised), Assurance Engagements Other than Audits or Reviews of Historical Financial Information.

국제감사인증기준위원회(IAASB), 2021, Non-Authoritative Guidance on Applying ISAE 3000 (Revised) to Extended External Reporting (EER) Assurance Engagements.

국제결제은행(BIS), 2020, The green swan "Central banking and financial stability in the age of climate change".

국제기후채권기구(CBI), 2022, Sustainable Debt Global State of the Market 2021.

국제노동기구(ILO), 1998, ILO Declaration on Fundamental Principles and Rights at Work.

국제자본시장협회(ICMA), 2021a, Guidance Handbook.

국제자본시장협회(ICMA), 2021b, The Green Bond Principles.

국제자본시장협회(ICMA), 2022a, Guidelines for Green, Social, Sustainability and Sustainability-Linked Bonds External Reviews.

국제자본시장협회(ICMA), 2022b, The Social Bond Principles.

국제증권감독기구(IOSCO), 2021, Environmental, Social and Governance (ESG) Ratings and Data Products Providers Final Report.

국제증권감독기구(IOSCO), 2022, IOSCO Encourages Standard-Setters' Work on Assurance of Sustainability-Related Corporate Reporting, 2022.9.15. 보도자료.

국제회계사연맹(IFAC), 2021a, Enhancing Corporate Reporting: Sustainability Building Blocks.

국제회계사연맹(IFAC), 2021b, The State of Play in Sustainability Assurance.

국제회계사연맹(IFAC), 2022, The State of Play in Reporting and Assurance of Sustainability Information: Update 2019-2020 Data & Analysis.

권수영, 황유선, 허진숙, 2014, 통합보고(Integrated Reporting)의 현황과 기업보고서로의 당면과제 분석-포스코 사례분석을 중심으로.

권세원, 하원석, 2021, ESG 관련 인증제도 및 기준 조사 연구, 한국공인회계사회 연구보고서.

금융위원회, 2021, 기업공시제도 개선방안, 2021.1.14. 보도자료.

금융위원회, 2022, 기업지배구조보고서 가이드라인 개정, 2022.3.7. 보도자료.

김수현, 김창훈, 2020, 유럽 그린딜의 동향과 시사점, 에너지경제연구원 수시연구보고서 2020-01.

내부통제기준위원회, 2005, 내부회계관리제도 모범규준.

뉴욕타임즈, 2012, Dividends Emerge in Pressing Apple Over Working Conditions in China, 2012.3.7. 자.

더 벨, 2022, "ESG채권 인증기준 통일 시급, 사후평가 의무화해야", 2022.4.28. 자.

대한민국정부, 2020, 대한민국 2050 탄소중립 전략.

대한상공회의소, 2022a, 지속가능경영보고서 작성기준 및 유의점, 제8차 대한상공회의소 ESG경영포럼 2022 발표 자료.

대한상공회의소, 2022b, 지속가능경영을 위한 기업 가이드 ESG A to Z.

딜로이트(Deloitte), 2021, Sustainable Finance Disclosure Regulation-Is the financial industry ready for the Big One?.

딜로이트(Deloitte), 2022, Ingraining Sustainability in the Next Era of ESG Investing, Deloitte Insights April 2022.

로레알 홈페이지, https://www.loreal.com/en/commitments-and-responsibilities.

모건 스탠리(Morgan Stanley), 2020, Morgan Stanley's Task Force on Climate-Related Financial Disclosures Report.

미국 증권거래위원회(SEC), 2022, Enhancement and Standardization of Climate-Related Disclosures-Fact Sheet.

박시완, 김승완, 2019, 脫석탄 정책 및 법제연구: 유럽 사례를 중심으로, 기후변화법제연구 19-16-1-02.

박영석, 이효섭, 2021, 기업의 ESG 경영 촉진을 위한 금융의 역할. 자본시장연구원 이슈보고서 21-10.

불룸버그(Bloomberg), 2022, ESG 2022 Market Outlook.

사회적가치연구원, 2021, ESG Handbook.

삼일회계법인, 2021a, 기업지배구조: ESG 정보 공개 가이던스, 감사위원회와 지배구조 Vol.14.

삼일회계법인, 2021b, EU 탄소국경조정제도.

삼일회계법인, 2021c, Tax in ESG.

삼일회계법인, 2021d, We Solve Our Clients' CBAM Issues.

삼일회계법인, 2022, 탄소국경조정제도(CBAM) 동향 Update.

서스테이널리틱스(Sustainalytics), 2021, How Sustainable Finance is Shaping Change in Banking.

서스테이널리틱스(Sustainalytics) 홈페이지, https://www.sustainalytics.com/corporate-solutions/esg-solutions/esg-risk-ratings.

세계경관포럼(GLF), 2019, Global Landscapes Forum Luxembourg 2019.

세계경제포럼(WEF), 2020, Measuring Stakeholder Capitalism: Toward Common Metrics and Consistent Reporting of Sustainable Value Creation.

세계경제포럼(WEF), 2021a, ESG Ecosystem Map.

세계경제포럼(WEF), 2021b, The Global Risks Report 2021, 16th Edition.

신한금융그룹, 2021, 2021 ESG 보고서.

연경흠, 2021, 지속가능금융, 자본시장의 새로운 패러다임, 딜로이트(Deloitte)-SAS가 함께 하는 금융권 기후 리스크(Climate Risk) 관리를 위한 ESG 세미나 발표자료.

오태현, 2021, EU 지속가능금융 입법안의 주요 내용과 전망, 대외경제정책연구원 세계경제 포커스, Vol.4 No.27.

온실가스 프로토콜(Greenhouse Gas Protocol), 2011, Corporate Value Chain(Scope 3) Accounting and Reporting Standard.

유럽연합(EU), 2014, The Non-Financial Reporting Directive (Directive 2014/95/EU, the NFRD).

유럽연합(EU), 2019, Sustainable Finance Disclosure Regulation (EU) 2019/2088 (SFDR).

유럽연합(EU), 2020, Taxonomy Regulation (EU) 2020/852.

유럽연합(EU), 2021a, Proposal for a Corporate Sustainability Reporting Directive (CSRD).

유럽연합(EU), 2021b, Study on Sustainability-Related Ratings, Data and Research.

유럽위원회(EC), 2021, EU Sustainable Finance Strategy-Factsheet.

유럽위원회(EC) 홈페이지, https://finance.ec.europa.eu/sustainable-finance/overview-sustainable-finance/platform-sustainable-finance_en.

유럽의회(European Parilament), 2022, Sustainable Economy: Parliament Adopts New Reporting Rules for Multinationals, 2022.11.10, 보도자료.

유럽증권시장감독청(ESMA), 2022, Outcome of ESMA Call for Evidence on Market Characteristics of ESG Rating and Data Providers in the EU.

유엔(UN), 1948, Universal Declaration of Human Rights.

유엔(UN), 2003, United Nations Convention Aganinst Corruption.

유엔글로벌콤팩트(UNGC) 홈페이지, http://unglobalcompact.kr.

유엔 지속가능발전목표(UN SDGs) 홈페이지, https://sdgs.un.org/goals.

유엔 책임투자원칙(UN PRI), 2020, 2020 Annual Report.

유엔환경개발회의(UNCED), 1992, The Rio Declaration on Environment and Development.

유엔환경계획(UNEP), 2016, United Nations Environment Programme.

은행연합회, 금융투자협회, 생명보험협회, 손해보험협회, 여신금융협회, 2022, 금융권 녹색금융 핸드북.

이상현, 2022, 지속가능금융의 의의와 통계 현황, 국민계정리뷰 2022년 제1호.

이영한, 정준혁, 정준희, 2022, 기업 공시환경 및 제도 개선방안 연구, 한국공인회계사회 연구보고서.

이웅희, 윤나영, 2021, 지속가능성 보고의 현황: 국제 표준화를 앞두고, 한국회계기준원 개원 22주년 기념 웹세미나 발표자료.

이진호, 2022, ESG 공시, 한국공인회계사회 ESG 아카데미 강의자료.

인베스트조선, 2021, '맛보기' 끝난 ESG채권 인증 시장…신평사·회계법인은 지속성 고민, 2021.5.18. 자.

임수빈, 2020, 유럽연합 녹색분류체계(Taxonomy) 현황과 시사점, 주간 KDB리포트 제891호.

전규안, 김범준, 김정남, 2022, ESG 관련 한국공인회계사회의 대응방안, 한국공인회계사회 연구보고서.

전규안, 정준희, 2022, 국내 지속가능성 공시기준 제정을 위한 정책 제언, 한국회계기준원 KSSB 준비위원회 정책제언 포럼 발표자료.

정준희, 기도훈, 2022, 국내지속가능성보고서의 IFRS S1, S2 수용 수준에 대한 연구, 한국공인회계사회 연구보고서.

한국거래소, 2021, ESG 정보 공개 가이던스.

한국거래소, 2022, 기업지배구조보고서 개정 가이드라인.

한국거래소 사회책임투자증권 홈페이지, https://sribond.krx.co.kr/.

한국공인회계사회, 2010, 공인회계사 윤리기준.

한국공인회계사회, 2022a, 역사적 재무정보에 대한 감사 및 검토 이외의 인증업무기준(2022년 개정).

한국공인회계사회, 2022b, 지속가능성보고서 등에 대한 인증업무기준 적용 가이던스.

한국사회책임투자포럼, 2022, 2021 한국석탄금융 백서.

한국생산성본부인증원 공식 블로그, https://blog.naver.com/kpc-qa/222324649440WW.

한국회계기준원, 2014, 일반기업회계기준서 제33장 온실가스배출권과 배출부채.

한국회계기준원, 2020, IFRS재단의 지속가능경영보고 협의문서 발표, 2020.10.8. 보도자료.

한국회계기준원, 2021a, 기업들이 지속가능성 공시 표준화에 대비할 수 있도록, SASB 기준 국문번역을 공개합니다, 2021.11.10. 보도자료.

한국회계기준원, 2021b, IFRS재단의 ISSB설립 발표, 2021.11.4. 보도자료.

한국회계기준원, 2021c, IFRS재단의 ISSB 위원장 선임 발표, 2021.12.17. 보도자료.

한국회계기준원, 2022a, IFRS재단의 ISSB 부위원장 및 특별고문 선임 발표, 2022.1.28. 보도자료.

한국회계기준원, 2022b, IFRS 지속가능성 공시기준 공개초안 주요 내용 및 검토의견(안).

한국회계기준원, 2022c, IFRS 지속가능성 공시기준 공개초안 Snapshot.

한국회계기준원. 2022d. IFRS S1 일반요구사항 공개초안 번역본.

한국회계기준원. 2022e. IFRS S2 기후 관련 공시 공개초안 번역본.

한국회계기준원, 2022f, IFRS S2 기후 관련 공시 부록 A 용어의 정의.

한국회계기준원, 2022g, ISSB, 지속가능성 공시기준 공개초안 발표, 2022.4.1. 보도자료.

한국회계기준원, 2022h, SASB 기준 국문 번역본.

한국ESG기준원, 2021a, 개정 ESG 모범규준 공개, 2021.8.5. 보도자료.

한국ESG기준원, 2021b, ESG 모범규준.

한국ESG기준원, 2022, 2022년 ESG 평가대상기업 안내, 2022.4.29. 보도자료.

한지혜, 2022, GRI, 한국공인회계사회 ESG아카데미 강의자료.

환경부, 2014, 온실가스 배출권 거래제 쉽게 이해하기.

환경부, 2020, 녹색채권 가이드라인.

환경부, 2021, 한국형 녹색분류체계 가이드라인.

환경정보공개시스템 홈페이지, https://www.env-info.kr/member/open/companyTotalInfoSearch.do.

ADB Background Paper, 2021, Sustainable Finance: A Primer and Recent Developments.

Australian Taxation Office, 2021, Seven Principles of Effective Tax Governance.

BASF 홈페이지, https://www.basf.com/global/en/who-we-are/sustainability/we-drive-sustainable-solutions/circular-economy.html.

CDP, 2022a, CDP Climate Change 2022 Scoring Methodology.

CDP, 2022b, CDP Water 2022 Scoring Methodology.

CDP, 2022c, Scoring Introduction 2022.

CDP, CDSB, GRI, IIRC and SASB, 2020, Statement of Intent Work Together towards Comprehensive

Corporate Reporting.
Coppola, M. and J. Rinkel, 2020, 지속가능한 전환을 위한 금융-지속가능금융을 시작하는 유럽의 CFO, Deloitte Insights 특집호.
EY, 2021, Applying IFRS Accounting for Climate Change.
EY한영회계법인, 2015, 국제 통합보고 프레임워크 한국어판.
EY한영회계법인, 2022, 표준화된 기후 보고·공시의 가시화, PP Spotlight 2022년 제2호.
Glasslewis, 2022, ESG Profile Methodology.
Global Sustainable Investment Alliance, 2020, Global Sustainable Investment Review 2020.
GRI, 2016, GRI Standards 2016.
GRI, 2021a, A Short Introduction to the GRI Standards.
GRI, 2021b, GRI Standards 2021.
GRI, 2021c, GRI Universal Standards 2021 FAQ.
GRI 홈페이지, https://www.globalreporting.org/standards/standards-development/universal-standards/#about.
IFRS재단(IFRS Foundation), 2020a, Effects of Climate-Related Matters on Financial Statements.
IFRS재단(IFRS Foundation), 2020b, IFRS Sustainability Disclosure Standards Exposure Draft.
IFRS재단(IFRS Foundation), 2021a, Meeting Investors' Needs for Sustainability-Related Information.
IFRS재단(IFRS Foundation), 2021b, Summary of the Technical Readiness Working Group's Programme of Work.
IFRS재단(IFRS Foundation), 2021c, Update on the Work of the Technical Readiness Working Group (TRWG).
IFRS재단(IFRS Foundation), 2022a, Exposure Draft - Snapshot.
IFRS재단(IFRS Foundation), 2022b, ISSB Communicates Plans to Build on SASB's Industry-Based Standards and Leverage SASB's Industry-based Approach to Standards Development, 2022.3.31. 보도자료.
IFRS재단(IFRS Foundation), 2022e, [Draft] General Requirements for Disclosure of Sustainability-related Financial Information.
IFRS재단(IFRS Foundation), 2022f, [Draft] IFRS S2 Climate-related Disclosures.
IIRC, 2013, The International IR Framework.
IIRC, 2021, The International IR Framework.
IPCC, 2018, Special Report on Global Warming of 1.5℃.
ISO, 2010, ISO 26000:2010 Guidance on Social Responsibility.
ISS, 2021, Corporate Ranking Methodology Brochure.
KB금융그룹, 2021, 2021 지속가능경영보고서.
KPMG, 2015, KPMG Sustainability Assurance Methodology.
KPMG, 2020, The Time Has Come: The KPMG Survey of Sustainability Reporting 2020.

KPMG, 2021, What's the Impact on Cash Flow Projections Used for Impairment Testing of Non-Financial Assets?.

MOL그룹 홈페이지, https://molgroup.info.

MSCI, 2022, ESG Ratings Methodology.

NYU and SASB, 2021, Business Case for Sustainability in the Automotive Sector.

PCAF, 2020, The Global GHG Accounting and Reporting Standard for the Financial Industry.

PwC, 2021a, Tax Governance: Why is It More Important Now than Ever.

PwC, 2021b, The Total Tax Contribution Framework-Tax Takes a Step Forwards Sustainability.

PwC, 2022a, Climate Change Reporting (Reporting Examples-Financial Statement Impacts).

PwC, 2022b, Tax is a Crucial Part of the ESG Conversation.

RE100, 2022, Annual Disclosure Report 2021 "Stepping Up: RE100 Gathers Speed in Challenging Market".

Riley, S., 2007, Emission Rights Accounting: Accounting for Hot Air. Student Accountant ACCA, (3): 48-51.

SASB, 2017, SASB Conceptual Framework 2017.

SASB, 2020, Proposed Changes to the SASB Conceptual Framework & Rules of Procedure 2020.

SASB, 2021a, BASF: 'Implementation Insights, BASF: Integrated Reporting Facilitates Holistic Assessments', Implementation Insights.

SASB, 2021b, Materiality Map Screenshot.

SBTi 홈페이지, https://sciencebasedtargets.org/sectors.

Shroders, 2022, Outlook 2022 Sustainable Investment.

S&P 글로벌, 2021, SAM CSA Companion Book.

TCFD, 2017, Recommendations of the Task Force on Climate-Related Financial Disclosures.

TCFD, 2020, Technical Supplement: The Use of Scenario Analysis in Disclosure of Climate-Related Risks and Opportunities.

TCFD, 2021a, Guidance on Metrics, Targets, and Transition Plans.

TCFD, 2021b, Implementing the Recommendations of the Task Force on Climate-Related Financial Disclosures.

TCFD, 2021c, 2021 Status Report.

2050 저탄소 사회 비전 포럼, 2020, 2050 장기 저탄소 발전전략-「2050 저탄소 사회 비전 포럼」 검토안.

index

ㅇ

ㅈ

저자

권미엽

PwC삼일회계법인 ESG Platform Team 파트너, 공인회계사

공인회계사로 삼일회계법인 ESG Platform Team에서 ESG 보고서 작성 자문 및 인증, 사회·환경적 가치평가, ESG 경영전략 자문 등을 제공하고 있다. 한국지속가능성기준위원회(KSSB)의 기술자문위원으로 IFRS재단이 발표하는 지속가능성 공시기준 공개초안에 대한 국내 의견을 전달하기 위해 한국지속가능성센터(한국회계기준원 산하)에 자문을 제공하고 있으며, 한국공인회계사회 ESG 위원회, 윤리조사심의위원회, 한국임팩트가치평가원 등의 위원으로도 활동 중이다. 한국공인회계사회 ESG 아카데미에서 ESG 보고서 이해 및 해석 부분 강의를 담당하였다.

김홍현

PwC삼일회계법인 파트너, 공인회계사

삼일회계법인 Global Tax Service 본부에서 ESG 세무자문을 제공하고 있다. 서울대학교 경영학과석사과정을 수료하고, 2002년부터 삼일회계법인에서 국내 주요 기업들의 해외 진출 자문을 제공해왔다. 글로벌 투자 및 거래구조, 해외 사업 재편, 탄소국경조정제도 등 기업들이 직면하는 다양한 글로벌 조세 이슈를 해결하고 있으며, 저서로는 해외 사업 및 투자기본가이드, 동남아시아 주요 7개국 투자가이드 등이 있다. 한국공인회계사회 ESG 아카데미에서 ESG 세무 부분 강의를 담당하였다.

박경상

EY한영회계법인 파트너

영국 런던대(School of Oriental and African Studies, SOAS)에서 개발금융학 석사 학위를 취득했고 삼일회계법인 Sustainability and Climate Change 팀, 삼성전자 ESG 전략그룹에서 일했다. 현재는 EY한영 Climate Change and Sustainability Services의 담당 파트너로서, 삼성전자를 비롯한 국내 유수 기업 및 공공기관을 대상으로 ESG 전략, 리스크 관리, 기후변화 대응 체계 마련, 탄소중립 전략 관련 자문을 제공하고 있다. 한국공인회계사회 ESG 연구 TF위원, CDP 한국 평가파트너 등 ESG 관련 활동도 활발히 펼치고 있다. 한국공인회계사회 ESG 아카데미에서 ESG 소개 및 국내외 ESG 동향과 기후변화 부분 강의를 담당하였다.

손주현

KPMG삼정회계법인 매니저

고려대학교 행정학과를 졸업하고 KPMG에서 ESG 전략컨설턴트로 근무 중이다. SK SUPEX 추구협의회, 롯데그룹, 삼성전자, NAVER 등 국내 유수 기업의 ESG 전략수립 및 성과 관리, 정보공시 프로젝트를 이끌었고 한국공인회계사회 ESG 연구 TF 전문위원으로 활동 중이다. 한국공인회계사회 ESG 아카데미에서 ESG 평가 부분 강의를 담당하였다.

연경흠

Deloitte안진회계법인 Audit & Assurance 수석위원(상무)

Audit & Assurance 본부의 지속가능 및 기후 전략 리더이다. 현재 Assurance 그룹의 ESG 전략과 에너지, 기후, 지속가능 분야를 총괄하고 있다. 발전 및 유틸리티 분야 및 철강, 화학, 자동차 및 소비재 등 산업 전반에 걸쳐 ESG 서비스를 18년 넘게 서비스를 제공하고 있으며, 최근에는 딜로이트 비재무공시연구센터 활동과 기업 ESG 실사, 기후 재무영향 및 공급망 관리 영역에 대한 서비스 자문을 제공하고 있다.

유하은

한국회계기준원 선임연구원, 공인회계사

한영회계법인 감사본부에서 근무하였으며, 현재는 한국회계기준원 지속가능성보고지원센터에 재직 중이다. SASB 기준서 국문 번역과 ISSB 기준 공개초안의 번역에 참여하였다. 한국공인회계사회 ESG 아카데미에서 ESG 회계와 ISSB 지속가능성공시기준 공개초안 부분 강의를 담당하였다.

윤나영

한국회계기준원 책임연구원

KAIST 경영대학원 경영공학과 회계분야 박사 학위 취득 후, 한국회계기준원 지속가능성센터 책임연구원으로 근무 중이다. SASB 기준서 국문 번역과 ISSB 기준 공개초안의 번역에 참여하였다. 한국공인회계사회 ESG 아카데미에서 ISSB 지속가능성공시기준 공개초안 부분 강의를 담당하였다.

이아령

KPMG삼정회계법인 매니저

美 Boston University 경영학과를 졸업하고 삼정회계법인 전략컨설팅본부 ESG&Strategy 부문 매니저로 근무 중이다. ESG/기후변화 전략컨설팅 분야에서 8년의 경력을 가지고 있으며, 한국공인회계사회 ESG 연구 TF 전문위원으로 활동 중이다. 한국공인회계사회 ESG 아카데미에서 보고서의 이해 및 IR 프레임워크 부분 강의를 담당하였다.

이진규

PwC삼일회계법인 ESG Platform 파트너, 공인회계사

연세대학교 경영학과를 졸업하였으며, 공인회계사 및 온실가스검증 심사원으로서 삼일회계법인 ESG Platform Team에서 ESG 보고서 작성 자문 및 인증, 기후 관련 재무적 영향 측정 및 보고(TCFD), 사회·환경적 가치 측정 및 ESG 경영전략 자문 등을 제공하고 있다. 2007년부터 2009년까지 PwC US 보스턴 오피스에서 근무하였으며, 2011년부터 온실가스 검증 심사원 활동을 하고 있다. 한국상장사협의회 ESG 실무 교육 및 한국공인회계사회 ESG 아카데미에서 SASB 부분 강의를 담당하였다.

장상훈

NH투자증권 차장

University of Edinburgh 석사학위를 취득했다. PwC 삼일회계법인에서 컨설턴트로 근무하였으며, 2020년부터 EY한영회계법인에서 기후변화 및 지속가능경영 본부에서 재직 후, 현재 NH투자증권 운용사업부 탄소금융TFT에서 근무 중이다. 현대건설, 한국남동발전, 한국수출입은행, 신한은행, 한국국제협력단, 대림에너지 등 여러 산업 부문의 국내외 기업 탄소중립 및 지속가능경영 자문 프로젝트에 참여한 바 있다. 한국공인회계사회 ESG 아카데미에서 기후변화와 TCFD 권고지침 및 CDP 부분 강의를 담당하였다.

정재욱

KPMG삼정회계법인 감사본부 파트너, 공인회계사

KPMG삼정회계법인 감사본부 및 KPMG Singapore(3년)에서 에너지 산업에 회계 및 감사 비감사업무를 수행하였으며, 2020년부터 한국보건교육개발원, 한국전선협회 등에서 ESG에 대한 교육 전문위원을 담당하였다. 현재는 KPMG삼정 ESG CoE Audit Function에서 지속가능경영보고서에 대한 자문을 포함하여 비재무정보에 대한 인증업무를 담당하고 있다. 한국공인회계사회 ESG 아카데미에서 지속가능경영보고서 인증 사례 부분 강의를 담당하였다.

황정환

KPMG삼정회계법인 감사본부 파트너, 공인회계사

연세대학교 경제학과를 졸업하고 공인회계사로서 KPMG삼정회계법인과 KPMG London office에서 감사 및 컨설팅 분야에서 활동했다. 현재는 KPMG삼정회계법인 ESG CoE 정보공시 및 인증 팀장과 KPMG SPAC ESG assurance Head를 담당하고 있으며 주요기업을 대상으로 지속경영보고서 작성 및 인증 자문를 제공하고 있다. 현재 주택금융공사 ESG자문위원, G7 Korea ESG 분과위원, 한국임팩트가치평가원 실무자문위원, 한국공인회계사회 ESG 연구 TF 산하 인증소위원회 위원으로 활동 중이다. 한국공인회계사회 ESG 아카데미에서 녹색분류체계와 ESG 채권/펀드 인증 사례 부분 강의를 담당하였다.

KICPA 한국공인회계사회

1954년 창립된 국내 최고의 회계 세무 전문가 단체로서 국민 경제 발전과 함께 성장해왔다. 2022년 9월 기준 25,000여 명의 공인회계사가 회계·감사·조세·경영자문·M&A 등 다양한 분야에서 전문가적 역량을 펼칠 수 있도록 지원하고 있다.
한국공인회계사회는 경제 전반의 회계투명성을 향상시키는 역사적 소임을 달성하기 위해 최고 수준의 전문가적 역량과 윤리를 갖추어 기업을 비롯한 민간 부문은 물론 공공 부문의 투명성을 제고하는 데 기여하고, 이를 통해 우리 경제가 지속적인 발전을 이루어나갈 수 있도록 노력하고 있다.

자문단

김광기 ESG경제 대표
오선영 코스맥스비티아이 감사, 공인회계사
이현승 KB자산운용 대표이사/사장
정준희 대구대학교 교수

기획편집

이병래 한국공인회계사회 상근대외협력부회장
조연주 한국공인회계사회 연구교육부문 이사, 공인회계사
고정연 한국공인회계사회 연구1본부 ESG연구·국제팀 팀장
박성원 한국공인회계사회 연구2본부 선임조사역
김은정 한국공인회계사회 연구1본부 ESG연구·국제팀 담당

ESG, 한 권에 담았다

초판 1쇄 발행 2022년 12월
초판 2쇄 발행 2023년 5월

발행인 김 영 식
한국공인회계사회
우) 03736 서대문구 충정로7길 12
TEL. 02-3149-0100

인쇄처 경성문화사
TEL. 02-786-2999

ISBN 979-11-5698-381-1